同一労働同一賃金

対応の手引き 第2版

TMI総合法律事務所
労働法プラクティスグループ [編著]

労務行政

第2版　はしがき

　本書の初版が発行された後、同一労働同一賃金規制が2020年4月1日に施行されましたが、その後、五つの重要な最高裁判決が出ました（大阪医科薬科大学事件、メトロコマース事件〔ともに最高裁三小　令2.10.13判決〕、日本郵便（東京）事件、日本郵便（大阪）事件、および日本郵便（佐賀）事件〔いずれも最高裁一小　令2.10.15判決〕）。これらの最高裁判決は、旧労働契約法20条に関する判断ではありますが、幾つかの実務的な論点について、一応の解決がなされました。また、最高裁判決以外にも重要な裁判例が出ており、さらには、労働者派遣法においても、新たな行政通達が出たことから、このたび、本書を改訂するに至りました。

　本書の改訂に当たっては、初版から心掛けていた特徴をそのままに、同一労働同一賃金に関する主要な裁判例や行政通達などをアップデートするとともに、その裁判例が示す判断枠組みを踏まえた実務的な対応を加筆することに重点を置きました。

　なお、本書は、弊所で労働法を主に取り扱う弁護士で組織した「労働法プラクティスグループ」のメンバーで執筆したものです（初版の編著者である「働き方改革サポートデスク」を改編した組織となります）。「労働法プラクティスグループ」は、労働法を中心に、企業の皆様に生じるさまざまな問題の解決を実践的なリーガルアドバイスを通じて全面的にサポートする組織です。これからも企業の皆様に向けて、さまざまな企画をしていく予定ですので、ぜひご期待ください。

　本書が、日頃からお世話になっております企業の皆様や実務家の方に広く利用していただけることを願っております。

　最後に、本書の初版に続きまして、担当していただいた労務行政研究所の井村憲一様には、私をはじめ執筆陣を粘り強く激励していただき、さらには、コロナ禍の中、編集作業に多大な労力を尽くしてくれました。心より感謝申し上げます。

2021年2月

執筆者を代表して

TMI総合法律事務所

弁護士　近藤　圭介

同一労働同一賃金への実務対応チャート ——— 11

第1章　いわゆる同一労働同一賃金とは

1▶政府の狙い ——— 14
2▶いわゆる同一労働同一賃金規制の中身 ——— 16
　[1] 対象 ——— 17
　[2] 規制内容 ——— 17
　[3] 知っておくべきポイント ——— 20
　[4] 違反した場合に考えられる労働者からの法的請求 ——— 21
　　（1）労働契約に基づく地位確認請求およびその地位に基づく賃金請求 ——— 21
　　（2）不法行為に基づく損害賠償請求 ——— 23
　　（3）会社法429条1項に基づく損害賠償請求 ——— 25
3▶法改正の概要 ——— 25
　[1] 概要 ——— 25
　[2] 不合理な待遇の禁止（パート有期法8条）——— 26
　[3] 差別的取り扱いの禁止（パート有期法9条）——— 29
　[4] 福利厚生施設（パート有期法12条）——— 31
　[5] 待遇の説明義務（パート有期法14条）——— 33
　[6] 実行確保措置の整備（パート有期法18条）——— 37
　[7] 紛争解決手段の整備（パート有期法23〜25条）——— 39

第2章　主な裁判例の動向

1▶主な裁判例の一覧 ——— 42
2▶最高裁判決の概要 ——— 45
　[1] ハマキョウレックス事件 ——— 45
　[2] 大阪医科薬科大学事件 ——— 53
　[3] メトロコマース事件 ——— 58
　[4] 日本郵便事件（東京、大阪、佐賀）——— 63

第 **3** 章 | 同一労働同一賃金ガイドライン

1 ▸ 概要 72
2 ▸ 総論部分のポイント 73
　　［1］「第1　目的」 73
　　［2］「第2　基本的な考え方」 74
3 ▸ 本指針の性格 77

第 **4** 章 | 「不合理」と判断されないために（短時間・有期雇用労働者）

1 ▸ 基本給 80
　　［1］基本給とは 80
　　［2］ガイドラインの解説 80
　　　　（1）ガイドラインの基本的な考え方 80
　　　　（2）ガイドラインが示す具体的な例 82
　　［3］参考裁判例の解説 84
　　［4］実務上の検討 91
2 ▸ 各種手当 93
　　［1］役職手当・資格手当 93
　　［2］特殊作業手当 96
　　［3］特殊勤務手当 104
　　［4］精皆勤手当 119
　　［5］食事手当（給食手当） 124
　　［6］家族手当 127
　　［7］住宅手当・単身赴任手当 133
　　［8］地域手当 141
　　［9］通勤手当・出張旅費 145
　　［10］時間外労働手当・深夜労働手当・休日労働手当 151

3 ▸ 賞与 154

　［1］賞与とは 154

　［2］ガイドラインの解説 155

　　（1）ガイドラインの基本的な考え方 155

　　（2）ガイドラインが示す具体的な例 155

　［3］参考裁判例の解説 156

　［4］実務上の検討 170

　　（1）賞与の性質に応じた不合理性の判断 170

　　（2）賞与の性質決定 173

　　（3）実務上の対応 174

4 ▸ 退職金 175

　［1］退職金とは 175

　［2］ガイドラインの解説 176

　［3］参考裁判例の解説 176

　［4］実務上の検討 179

　　（1）退職金制度の性質に応じた不合理性の判断 ... 179

　　（2）退職金の性質決定 181

　　（3）実務上の対応 181

5 ▸ 休職・休暇・福利厚生 182

　［1］休職 182

　［2］年次有給休暇 191

　［3］その他の法定外休暇 194

　［4］福利厚生施設 202

　［5］社宅・社員寮 203

第 **5** 章 ｜ **「不合理」と判断されないために**（定年後再雇用）

---

1 ▸ 長澤運輸事件の概要 206

2 ▸ 正社員と再雇用社員の賃金等の比較 206

3 ▸ 1審および控訴審の判断の比較 207

4 ▸ 最高裁判決の概要 209

5 ▸ **本判決の分析** ⋯⋯⋯⋯⋯⋯⋯⋯⋯⋯⋯⋯⋯⋯⋯⋯⋯ 210
  [1] 旧労働契約法20条における不合理性の判断基準 ⋯⋯⋯ 210
  [2] 本件における労働条件の相違の不合理性 ⋯⋯⋯⋯⋯ 211
    （1）再雇用社員の特殊性 ⋯⋯⋯⋯⋯⋯⋯⋯⋯⋯⋯⋯⋯ 211
    （2）能率給および職務給 ⋯⋯⋯⋯⋯⋯⋯⋯⋯⋯⋯⋯ 212
    （3）精勤手当 ⋯⋯⋯⋯⋯⋯⋯⋯⋯⋯⋯⋯⋯⋯⋯⋯ 212
  [3] 今後の実務対応 ⋯⋯⋯⋯⋯⋯⋯⋯⋯⋯⋯⋯⋯⋯⋯ 212

6 ▸ **その他裁判例** ⋯⋯⋯⋯⋯⋯⋯⋯⋯⋯⋯⋯⋯⋯⋯⋯⋯ 213

7 ▸ **労働条件の提示自体が不法行為となる場合** ⋯⋯⋯⋯ 215
  [1] 事案の概要 ⋯⋯⋯⋯⋯⋯⋯⋯⋯⋯⋯⋯⋯⋯⋯⋯⋯ 215
  [2] 判決内容の検討 ⋯⋯⋯⋯⋯⋯⋯⋯⋯⋯⋯⋯⋯⋯⋯ 215
  [3] 本件が実務に与える影響 ⋯⋯⋯⋯⋯⋯⋯⋯⋯⋯⋯ 216

第 6 章 │ 「不合理」と判断されないために（労働者派遣）

1 ▸ **不合理な待遇の禁止** ⋯⋯⋯⋯⋯⋯⋯⋯⋯⋯⋯⋯⋯⋯ 221
  [1] 派遣先の通常の労働者との均等・均衡待遇
  （派遣先均等・均衡方式） ⋯⋯⋯⋯⋯⋯⋯⋯⋯⋯⋯ 223
  [2] 派遣元における労使協定で定める以上の待遇 （労使協定方式） ⋯ 226
  [3] 内容変更時の情報提供義務 ⋯⋯⋯⋯⋯⋯⋯⋯⋯⋯ 238
  [4] 追加情報の提供その他の協力配慮義務 ⋯⋯⋯⋯⋯ 238
  [5] 派遣料金の交渉における配慮 ⋯⋯⋯⋯⋯⋯⋯⋯⋯ 238

2 ▸ **派遣労働者に対する説明義務の強化** ⋯⋯⋯⋯⋯⋯⋯ 239
  [1] 派遣先均等・均衡方式の場合 ⋯⋯⋯⋯⋯⋯⋯⋯⋯ 240
  [2] 労使協定方式の場合 ⋯⋯⋯⋯⋯⋯⋯⋯⋯⋯⋯⋯⋯ 240

3 ▸ **適正な就業の確保等** ⋯⋯⋯⋯⋯⋯⋯⋯⋯⋯⋯⋯⋯⋯ 241

4 ▸ **紛争解決** ⋯⋯⋯⋯⋯⋯⋯⋯⋯⋯⋯⋯⋯⋯⋯⋯⋯⋯ 242

5 ▸ **違反時の制裁** ⋯⋯⋯⋯⋯⋯⋯⋯⋯⋯⋯⋯⋯⋯⋯⋯ 242

6 ▸ **今後の対応** ⋯⋯⋯⋯⋯⋯⋯⋯⋯⋯⋯⋯⋯⋯⋯⋯⋯ 242

同一労働同一賃金対応・チェックリスト ⋯⋯⋯⋯⋯⋯⋯ 244

第**7**章 | 違法状態の是正

1▶待遇差是正に向けた各社の動き ……………………………………… 248
2▶違法状態の是正 …………………………………………………………… 249
　［1］待遇（労働条件）の変更による違法状態の是正 ……………… 249
　　　（1）非正規従業員の待遇改善 …………………………………… 250
　　　（2）正規従業員の待遇の引き下げ（不利益変更）…………… 252
　　　（3）非正規従業員の待遇改善（正規従業員化）……………… 257
　［2］職務内容等の見直し ……………………………………………… 257
　［3］ガイドラインが示す不適切な是正方法 ……………………… 259
　　　（1）待遇水準の低い通常の労働者を設けること …………… 259
　　　（2）不合理な待遇の相違等が残る形での職務内容等の分離 … 259
3▶待遇差是正に向けて ……………………………………………………… 260

第**8**章 | 同一労働同一賃金をめぐるQ&A

Q₁：「同一労働同一賃金」規制の適用対象 …………………………… 264
Q₂：法違反の制裁 ………………………………………………………… 265
Q₃：ガイドライン違反の場合の制裁 ………………………………… 266
Q₄：「賃金」以外への適用の有無 ……………………………………… 267
Q₅：退職金・企業年金制度の有期雇用者への適用 ……………… 267
Q₆：基本給の決定要素が複数ある場合の対応 …………………… 269
Q₇：人材獲得・定着を目的とした待遇差 ………………………… 270
Q₈：ある手当の代わりに他の手当を支給する取り扱い ……… 272
Q₉：非正規雇用の処遇改善で利用できる助成金 ………………… 273
Q₁₀：異動による不合理な待遇差の解消 …………………………… 275
Q₁₁：同一労働同一賃金の実現と年功型賃金制度 ……………… 276

資料1 短時間労働者であるか否かの判定方法 ⋯⋯⋯⋯⋯⋯⋯⋯⋯⋯⋯⋯⋯⋯ 280

資料2 同一労働同一賃金裁判例集 ⋯⋯⋯⋯⋯⋯⋯⋯⋯⋯⋯⋯⋯⋯⋯⋯⋯⋯⋯⋯⋯ 284

●略称表記

1 ▶ 主な法令、行政解釈

・パート有期法⋯⋯短時間労働者及び有期雇用労働者の雇用管理の改善等に関する法律

・パートタイム労働法⋯⋯短時間労働者の雇用管理の改善等に関する法律

・働き方改革関連法⋯⋯働き方改革を推進するための関係法律の整備に関する法律

・労働者派遣法⋯⋯労働者派遣事業の適正な運営の確保及び派遣労働者の保護等に関する法律

・同一労働同一賃金ガイドライン⋯⋯短時間・有期雇用労働者及び派遣労働者に対する不合理な待遇の禁止等に関する指針

・パート有期法通達⋯⋯短時間労働者及び有期雇用労働者の雇用管理の改善等に関する法律の施行について（平31.1.30　基発0130第1・職発0130第6・雇均発0130第1・開発0130第1）

2 ▶ 判例集

・労経速⋯⋯労働経済判例速報（経団連）

・労判⋯⋯労働判例（産労総合研究所）

同一労働同一賃金への実務対応チャート

■短時間・有期雇用労働者と通常の労働者との間の不合理な待遇差を点検・
検討する手順

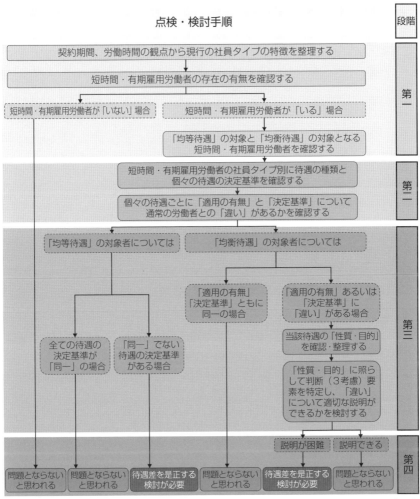

点検・検討手順　　　　　　　　　　　　　　　　　　　段階

資料出所：厚生労働省「不合理な待遇差解消のための点検・検討マニュアル～パート
タイム・有期雇用労働法への対応」〈https://www.mhlw.go.jp/content/
11909000/000494536.pdf〉

11

第 **1** 章

いわゆる
同一労働同一賃金とは

1 ▶ 政府の狙い

　2017年3月28日に公表された「働き方改革実行計画」において、いわゆる同一労働同一賃金の基本的な考え方が以下のとおり示されました。

- 正規労働者（無期雇用フルタイム労働者）と非正規労働者（有期雇用労働者、パートタイム労働者、派遣労働者）の間の不合理な待遇差の解消により、非正規労働者の勤労意欲を向上させ、労働生産性の向上につなげる
- 多様な働き方を自由に選択できるようにし、さらには、生産性向上や経済成長の成果を労働者に分配し、日本経済の潜在成長力の底上げを図る

　このような政府の狙いが示されるとともに、「我が国から『非正規』という言葉を一掃することを目指す」との力強い宣言がなされました。

（基本的考え方）

　我が国の非正規雇用労働者は、現在、全雇用者の4割を占めている。不本意ながら非正規の職に就いている方の割合はここ数年低下しているが、特に女性では結婚、子育てなどもあって、30代半ば以降自ら非正規雇用を選択している方が多い。非正規雇用で働く方の待遇を改善し、女性や若者などの多様な働き方の選択を広げていく必要がある。これは、デフレで傷んだ中間層を再興し、ますます希少となってくる人材を社会全体で育て、1人ひとりに自己実現の道を切り開くことにもなる。非正規雇用の割合が高いシングルマザーや単身女性の貧困問題の解決のためにも重要である。

　同一労働同一賃金の導入は、仕事ぶりや能力が適正に評価され、意欲をもって働けるよう、同一企業・団体におけるいわゆる正規雇用労働者（無期雇用フルタイム労働者）と非正規雇用労働者（有期

雇用労働者、パートタイム労働者、派遣労働者）の間の不合理な待遇差の解消を目指すものである。

　賃金等の処遇は労使によって決定されることが基本であるが、我が国においては正規雇用労働者と非正規雇用労働者の間には欧州と比較して大きな処遇差がある。同一労働同一賃金の考え方が広く普及しているといわれる欧州の実態も参考としながら、我が国の労働市場全体の構造に応じた政策とすることが重要である。

　我が国の場合、基本給をはじめ、賃金制度の決まり方が様々な要素が組み合わされている場合も多いため、同一労働同一賃金の実現に向けて、まずは、各企業において、職務や能力等の明確化とその職務や能力等と賃金等の待遇との関係を含めた処遇体系全体を労使の話し合いによって、それぞれ確認し、非正規雇用労働者を含む労使で共有することが肝要である。

　同一労働同一賃金の実現に向けては、各企業が非正規雇用労働者を含む労使の話し合いによって、職務や能力等の内容の明確化とそれに基づく公正な評価を推進し、それに則った賃金制度など処遇体系全体を可能な限り速やかに構築していくことが望まれる。その際、ベンチャーや中小企業については、職務内容が複層的又は流動的であることも勘案し、労使の話し合いにより処遇体系に工夫をしていくことが望ましい。

　職務や能力等の明確化と公正な評価については、法制度のみでなく、年功ではなく能力で評価する人事システムを導入する企業への支援や、様々な仕事に求められる知識・能力・技術といった職業情報の提供、技能検定やジョブカード等による職業能力評価制度の整備などの関連施策と連携して推進を図っていく。

　このような正規雇用労働者と非正規雇用労働者の間の不合理な待遇差の解消の取組を通じて、どのような雇用形態を選択しても納得

が得られる処遇を受けられ、多様な働き方を自由に選択できるよう
にし、我が国から「非正規」という言葉を一掃することを目指す。

　その後、このような狙いを実現するため、政府は2018年 6 月29日に
正規労働者と非正規労働者間の不合理な待遇差解消の実効性を確保する
法制度（いわゆる働き方改革関連法のうち、パートタイム労働法、労働
契約法、労働者派遣法の改正案）を成立させ、さらには、同年12月28
日には、「短時間・有期雇用労働者及び派遣労働者に対する不合理な待
遇の禁止等に関する指針（平30.12.28　厚労告430)」（いわゆる同一労
働同一賃金ガイドライン）を策定しました。

2 ▶ いわゆる同一労働同一賃金規制の中身

　旧労働契約法20条は、無期契約労働者と有期契約労働者との間の不
合理な労働条件の相違の禁止を規定していますが、その内容を、最高裁
判決を踏まえた上で、簡単に説明します。

　（期間の定めがあることによる不合理な労働条件の禁止）
旧労働契約法20条　有期労働契約を締結している労働者の労働契
　約の内容である労働条件が、期間の定めがあることにより同一の
　使用者と期間の定めのない労働契約を締結している労働者の労働
　契約の内容である労働条件と相違する場合においては、当該労働
　条件の相違は、労働者の業務の内容及び当該業務に伴う責任の程
　度（以下この条において「職務の内容」という。）、当該職務の内
　容及び配置の変更の範囲その他の事情を考慮して、不合理と認め
　られるものであってはならない。

[1] 対象

　旧労働契約法20条は、無期契約労働者[1]と有期契約労働者との間の労働条件の相違に関する規制であり、無期契約労働者間、有期契約労働者間の労働条件の相違に関しては適用がありません[2]。

　なお、フルタイム労働者とパートタイム労働者との間の不合理な待遇の相違を禁止する規定は、旧パートタイム労働法8条に定められています。

[2] 規制内容

　旧労働契約法20条は、「有期契約労働者の労働条件が、期間の定めがあることにより無期契約労働者の労働条件と相違する場合においては、当該労働条件の相違は、①労働者の業務の内容および当該業務に伴う責任の程度（以下、<u>職務の内容</u>）、②当該職務の内容および配置の変更の範囲（以下、<u>人材活用の仕組み</u>）および③<u>その他の事情</u>を考慮して、不合理と認められるものであってはならない」――とする規定です。本規定に関する具体的な考え方は、以下のとおりです。

1　無期契約労働者の中のどの労働者を比較対象として設定すべきかについては種々議論がなされており、裁判例においても設定が異なっていましたが（例えば、日本ビューホテル（定年後再雇用）事件　東京地裁　平30.11.21判決、大阪医科薬科大学事件［控訴審］　大阪高裁　平31.2.15判決）、最高裁判決（大阪医科薬科大学事件［上告審］　最高裁三小　令2.10.13判決、メトロコマース事件［上告審］　最高裁三小　令2.10.13判決）は、職務の内容等の相違を検討するに際して、労働者側により比較の対象とされた無期契約労働者（「教室事務員である正職員」「売店業務に従事する正社員」）を比較対象として設定しており、基本的には労働者側が設定した無期契約労働者が比較対象になるものと考えられます。

2　ただし、必ずしも無期契約労働者間および有期契約労働者間の労働条件の相違がすべて適法になるとも限らず、同一（価値）労働同一賃金の原則の基礎にある均等待遇の理念に反する待遇の格差があれば、公序良俗（民法90条）違反として違法と判断される可能性があります（丸子警報器事件　長野地裁上田支部　平8.3.15判決、第8章Q1［264ページ］参照）。また、井関松山製造所事件［控訴審］（高松高裁　令元.7.8判決）は、有期契約労働者と同一の労働条件が規定されている無期転換社員就業規則の合理性（労働契約法7条）が認められないとして、無期転換後の各手当の不支給に相当する損害賠償の支払い義務を認めました。かかる判断によれば、少なくとも無期転換前について労働契約法20条違反が肯定された手当を無期転換後も不支給とすることの合理性は、基本的には認められないものと考えられます。

▶「期間の定めがあることにより」

　有期契約労働者と無期契約労働者との労働条件の相違が期間の定めの有無に関連して生じたものであることをいう[3]。裁判例[4]によれば、労働条件の相違が、無期契約労働者と有期契約労働者とでそれぞれ異なる就業規則が適用されることにより生じているものであれば、当該相違は期間の定めの有無に関連して生じたものであるということができる、といえる[5][6]。

▶「労働条件」

　賃金や労働時間等の狭義の労働条件のみならず、労働契約の内容となっている災害補償、服務規律、教育訓練、付随義務、福利厚生等労働者に対する一切の待遇を包含するものである[7][8]。

3　ハマキョウレックス事件［上告審］（最高裁二小　平30.6.1判決）
4　ハマキョウレックス事件［上告審］（最高裁二小　平30.6.1判決）、長澤運輸事件［上告審］（最高裁二小　平30.6.1判決）
5　期間の定めがあることと労働条件の相違との間に因果関係が必要であるとの見解に立ちつつ、因果関係があることを緩やかに認める趣旨によるものと解されます（中島崇、村田一広「最高裁時の判例」『ジュリスト』1525号116ページ）。
6　ただし、「期間の定めがあることにより」に該当しないと判示した裁判例も存在します。例えば、北日本放送（定年後再雇用）事件（富山地裁　平30.12.19判決）は、「原告が裁量手当の支給を受けていないのは、原告が裁量労働制の対象として被告から指定されていないことによるのであって、これが期間の定めがあることに関連して生じたものであるとは認められない」として、労働契約法20条違反を否定しました。
7　「労働契約法の施行について」（平24.8.10　基発0810第2、最終改正：平30.12.28　基発1228第17）
8　ただし、「労働条件」該当性を否定した裁判例も存在します。例えば、大阪医科薬科大学事件［控訴審］（大阪高裁　平31.2.15判決）は、付属病院受診の際の医療費補助措置について、同制度は労働者のみならず学生等広範な者を対象とする制度であることなどを理由に、同制度は「恩恵的な措置というべきであって、労働条件に含まれるとはいえず、正職員とアルバイト職員との間の相違は労契法20条に違反する不合理な労働条件の相違とはいえないと判断する」と判示しました。また、北日本放送（定年後再雇用）事件（富山地裁　平30.12.19判決）は、「祝金は、専ら被告の裁量に基づき支給されるものであって、これが労働契約法20条にいう『労働契約の内容である労働条件』に当たるとはいえず、祝金の支給に関する有期契約労働者と無期契約労働者の相違について同条の適用は問題とならない」としつつ、続けて「労働契約の内容である労働条件とはいえない会社の従業員に対する給付であっても、それが同条の趣旨の潜脱に当たると評価し得るような特段の事情があるような場合には、当該給付の当否につき問題とする余地はあるものと考えられる」とし、「労働条件」に該当しない場合でも違法と判断する余地を残していることに留意する必要があります。

▶不合理性の判断方法

　両者の賃金の総額を比較することのみによるのではなく、当該賃金項目の趣旨を個別に考慮すべきものと解するのが相当である。なお、ある賃金項目の有無および内容が、他の賃金項目の有無および内容を踏まえて決定される場合もあり得る[9]ところ、そのような事情も、有期契約労働者と無期契約労働者との個々の賃金項目に係る労働条件の相違が不合理と認められるものであるか否かを判断するに当たり考慮されることになるものと解される[10]。

▶「不合理と認められるもの」

　有期契約労働者と無期契約労働者との労働条件の相違が不合理であると評価することができるものであることをいう[11]。すなわち、合理的とも不合理ともいえない場合には違法と評価されないことになる。

▶不合理性の主張立証責任

　不合理性の判断は規範的評価を伴うものであるから、①当該相違が不合理であるとの評価を基礎付ける事実については当該相違が同条に違反することを主張する者が、②当該相違が不合理であるとの評価を妨げる事実については当該相違が同条に違反することを争う者が、それぞれ主張立証責任を負う[12]。

▶「労働者の業務の内容及び当該業務に伴う責任の程度」

　労働者が従事している業務の内容および当該業務に伴う責任の程度を意味する。

---

9 他の待遇における優遇措置が、ある手当の不支給に対する合理的な代償措置と評価できるのであれば、かかる代償措置を踏まえて当該手当の不支給が決定されているといえることができるため、不合理性の評価障害事実に該当するといえます（ハマキョウレックス事件［差戻審］　大阪高裁　平30.12.21判決）。
10 長澤運輸事件［上告審］（最高裁二小　平30.6.1判決）
11 ハマキョウレックス事件［上告審］（最高裁二小　平30.6.1判決）、長澤運輸事件［上告審］（最高裁二小　平30.6.1判決）
12 ハマキョウレックス事件［上告審］（最高裁二小　平30.6.1判決）

▶「当該職務の内容及び配置の変更の範囲」

　今後の見込みも含め、転勤、昇進といった人事異動や本人の役割の変化等（配置の変更を伴わない職務の内容の変更を含む）の有無や範囲を意味する。

▶「その他の事情」

　合理的な労使の慣行などの諸事情が想定されており[13]、具体的には、職務の成果、能力、経験、合理的な労使の慣行、労使交渉の経過[14]のほか、正社員登用制度が用意されていること[15]や、定年後再雇用者であること[16]などもこれに含まれると考えられている。

[3]知っておくべきポイント

　旧労働契約法20条は、各要素を総合的に考慮して不合理であると認められる格差を禁止するものであり、職務の内容等が同一であったとしても、「その他の事情」を考慮した結果、格差が不合理でないと判断される可能性があります。他方で、職務の内容等が同一でなくても、格差

---

[13] 「労働契約法の施行について」（平24.8.10　基発0810第2、最終改正：平30.12.28　基発1228第17）

[14] 北日本放送（定年後再雇用）事件（富山地裁　平30.12.19判決）においても、「当該労働条件に関する労使交渉の経過も、労働契約法20条にいう『その他の事情』として考慮されることとなる事情に当たると解するのが相当である」と判示されています。

[15] 日本郵便（東京）事件［控訴審］（東京高裁　平30.12.13判決）においても、「正社員の登用制度が用意され、継続的に、一定数の時給制契約社員が正社員に登用され、正社員と時給制契約社員の地位が必ずしも固定的なものでないことは、労契法20条の不合理性の判断においても『その他の事情』として考慮すべき事情であるということができる」と判示されています。また、大阪医科薬科大学事件［上告審］（最高裁三小　令2.10.13判決）およびメトロコマース事件［上告審］（最高裁三小令2.10.13判決）においても、正社員等へ段階的に職種を変更するための試験による登用制度が設けられていたという事情について、「その他の事情」として考慮するのが相当であると判示されています。

[16] 長澤運輸事件［上告審］（最高裁二小　平30.6.1判決）においても、「有期契約労働者と無期契約労働者との労働条件の相違が不合理と認められるものであるか否かを判断する際に考慮されることとなる事情は、労働者の職務内容及び変更範囲並びにこれらに関連する事情に限定されるものではないというべきである」とした上で、「有期契約労働者が定年退職後に再雇用された者であることは……『その他の事情』として考慮されることとなる事情に当たると解するのが相当である」と判示されています。

の大きさによっては格差が不合理であると判断される場合があります。つまり、職務の内容等が異なる場合であっても、その違いを考慮して両者の労働条件が均衡のとれたものであることを求める規定であるといえます[17]。

以上を前提に、上記のほか、旧労働契約法20条に関して知っておくべきポイントをまとめると、以下のとおりとなります。

- 「労働（職務の内容、人材活用の仕組み）」と関連していない賃金（通勤手当や家族手当等）も格差禁止の対象となる。
- 「賃金」以外の労働条件（福利厚生や人事上の措置等）も格差禁止の対象となる。
- 「労働」が同一でなくとも、「労働」の違いに比べて労働条件の格差が大きく、これが不合理と評価されれば、違法となる。
- 「労働」が同一であって、労働条件が同一でない場合であっても、その他の事情を考慮して、それが不合理な格差でなければ、違法とはならない。

「同一労働同一賃金」という言葉から受けるイメージと旧労働契約法20条が意味する内容が必ずしも同一でないことには十分に留意すべきであると考えます。

[4]違反した場合に考えられる労働者からの法的請求

旧労働契約法20条に違反した場合に労働者から主にどのような法的請求がなされるかについて、以下で解説します。

(1)労働契約に基づく地位確認請求およびその地位に基づく賃金請求

まず、無期契約労働者と有期契約労働者との間における労働条件の相違が旧労働契約法20条に違反するとして、労働契約に基づき、当該労

働条件に関し、無期契約労働者と同一の権利を有する地位にあることの確認を求めるとともに、（相違があった労働条件が賃金であった場合には）労働契約に基づき、過去２年間[18]における有期契約労働者に支給された賃金と無期契約労働者に支給された賃金の差額の支払いを求めることが考えられます。

この点につき、裁判例[19]は、「労働契約法20条が有期契約労働者と無期契約労働者との労働条件の相違は『不合理と認められるものであってはならない』と規定していることや、その趣旨が有期契約労働者の公正な処遇を図ることにあること等に照らせば、同条の規定は私法上の効力を有するものと解するのが相当であり、有期労働契約のうち同条に違反する労働条件の相違を設ける部分は無効となるものと解される」として、私法上の効力を認めつつも、「同条は、有期契約労働者について無期契約労働者との職務の内容等の違いに応じた均衡のとれた処遇を求める規定であり、文言上も、両者の労働条件の相違が同条に違反する場合に、当該有期契約労働者の労働条件が比較の対象である無期契約労働者の労働条件と同一のものとなる旨を定めていない」として、「有期契約労働者と無期契約労働者との労働条件の相違が同条に違反する場合であっても、同条の効力により当該有期契約労働者の労働条件が比較の対象である無期契約労働者の労働条件と同一のものとなるものではないと解するのが相当である」として、旧労働契約法20条の直律的効力を否定しました。

また、ハマキョウレックス事件［上告審］および長澤運輸事件［上告審］においては、無期契約労働者に適用される就業規則と有期契約労働者に適用される就業規則が別々に作成されていること等に鑑みて、両者

---

18 労働基準法改正により2020年4月1日から退職手当以外の賃金債権の時効期間は5年となりましたが（労働基準法115条）、当分の間は3年となります（労働基準法143条3項）。
19 ハマキョウレックス事件［上告審］（最高裁二小　平30.6.1判決）。長澤運輸事件［上告審］（最高裁二小　平30.6.1判決）も同旨。

の労働条件の相違が旧労働契約法20条に違反する場合に、無期契約労働者に適用される就業規則の定めが有期契約労働者に適用されると解することは、就業規則の合理的な解釈としても困難であるとし、解釈的にも正社員と同一の権利を有する地位にあることの確認を求めることができない旨を判示し、結論的には、正社員と同一の権利を有する地位にあることの確認を求める請求および同一の権利を有する地位にあることを前提とする差額賃金請求について理由がない旨判示しました。

　したがって、就業規則等の定めに基づき旧労働契約法20条に違反する場合に有期契約労働者に対して無期契約労働者と同一の労働条件が適用されると合理的に解釈できる特殊な事案を除き[20]、旧労働契約法20条違反を理由として、労働契約に基づき、無期契約労働者と同一の権利を有する地位にあることの確認を求めることは困難といえます。

（2）不法行為に基づく損害賠償請求

　次に、無期契約労働者と有期契約労働者との間における労働条件の相違が旧労働契約法20条に違反するとして、不法行為に基づき、過去3年間[21]における有期契約労働者に支給された賃金と無期契約労働者に支給された賃金の差額の支払いを求めることが考えられます。

　この点、ハマキョウレックス事件［上告審］および長澤運輸事件［上告審］は、不法行為の成立要件である故意または過失の有無について十分な検討を行うことなく、旧労働契約法20条に違反する労働条件の相違を設けていたことを理由に不法行為の成立を認めました。

　他方で、ハマキョウレックス事件［差戻審］（大阪高裁　平30.12.21判決）は、①旧労働契約法20条は、強行法規として私法上の効力を有し、

20　両最高裁判決は、同一の就業規則において双方の労働条件が定められている場合に、就業規則の合理的な解釈として、有期契約労働者の労働条件が無期契約労働者の労働条件と同一のものとなり得るかについては判断をしていないことに留意する必要があります（中島崇、村田一広「最高裁時の判例」『ジュリスト』1525号115ページ）。
21　不法行為に基づく損害賠償請求権の時効期間は損害および加害者を知った時から3年です（民法724条）。

有期労働契約のうち同条に違反する労働条件の相違を設ける部分は無効となると解されること、②同条に違反する場合には、不法行為となり得ることが、旧労働契約法20条の施行時よりも前に、通達（平24.8.10基発0810第2）や多数の文献によって指摘されていたこと、③会社は、東証一部上場の株式会社であり、規模の大きな会社であったから、同条の施行前から、会社の業績や規模に相応する労務管理能力を有していたと推認されること、④会社においては、労働組合との交渉において、たびたび組合員である契約社員（パート労働者）の待遇改善を要求され、同条施行前に格差是正の件（手当支給）として、団体交渉の内容となっていたこと等に鑑みて、会社は、旧労働契約法20条の施行時までには、同条の趣旨に合致するように、契約社員の労働条件である諸手当について、正社員の労働条件と均衡のとれた処遇とするように取り組むべき注意義務があったとした上で、会社が同条施行時までに何らかの形で上記取り組みをしたことが認められないため、違法な取り扱いをしたことについて会社に過失があった旨判示しました。

　また、日本郵便（東京）事件［控訴審］（東京高裁　平30.12.13判決）が、各待遇における格差が不合理と評価できるものであることは、会社において、その評価の基礎となる事実関係を認識していたことから明らかであるため、これを認識することができたというべきであると判示したほか、他の裁判例においても、旧労働契約法20条の施行日までに十分な検討期間があったことや改正法公布前から組合から契約社員の待遇改善を求められていたことを理由に会社の過失を認めています[22]。

　このように、徐々に不法行為の故意または過失の認定について具体的な検討がなされるようになってはきたものの、依然として会社側が故意または過失の有無で争うことは難しい状況です。

　なお、原則として、手当等の差額が損害として認められ、当該損害金

---

22 メトロコマース事件［控訴審］（東京高裁　平31.2.20判決）

の支払いによってもなお慰謝されない精神的苦痛が残存する場合を除き、慰謝料は発生しないと解されています[23]。

(3)会社法429条1項に基づく損害賠償請求

このほか、会社の責任ではなく、役員等の個人責任を追及することも考えられます。役員等の第三者に対する損害賠償責任は、役員等がその職務を行うについて悪意または重大な過失があったと認められるときに生じるため、要件のハードルは低くないものの、会社の規模の大小、当該役員等の職務の内容および法律違反が存在することを認識する端緒（例えば、労基署による是正勧告や労働組合による団体交渉等）の有無等によっては、要件充足性が認められる可能性が否定できないため[24]、十分に留意する必要があります。

3 ▶ 法改正の概要

[1]概要

2018年6月29日に働き方改革関連法が成立し、労働契約法、パートタイム労働法が改正されることが決まり、2020年4月1日に施行されました（以下、本法改正）。本法改正により、旧労働契約法20条が削除され、旧パートタイム労働法の適用対象に有期契約労働者が含まれるとともに、正規労働者と非正規労働者間の不合理な待遇差解消の実効性を確保するための制度が設けられました。それに伴い、法律の名称も、「短時間労働者及び有期雇用労働者の雇用管理の改善等に関する法律」（いわゆる「パートタイム・有期雇用労働法」。以下、パート有期法）に変

---

23 大阪医科薬科大学事件［控訴審］（大阪高裁　平31.2.15判決）ほか
24 （旧労働契約法20条違反が争われている事案ではないが）会社法429条1項に基づき役員の従業員に対する損害賠償責任が認められた例として、昭和観光（代表取締役ら・割増賃金支払い義務）事件（大阪地裁　平21.1.15判決）

図表1-1	中小事業主に該当する基準		
業種	資本金の額または 出資の総額		常時使用する労働者数
小売業	5000万円	または	50名以下
サービス業	5000万円	または	100名以下
卸売業	1億円以下	または	100名以下
その他	3億円以下	または	300名以下

わりました。

　パート有期法の各規定の具体的内容を、以下で解説します。なお、中小事業主（図表1-1参照）については、施行日が2021年4月1日となります[25]。労働者派遣法の改正点は第6章にて解説します。

[2]不合理な待遇の禁止(パート有期法8条)

※下線部分はパートタイム労働法からの改正部分

パート有期法8条　事業主は、その雇用する短時間・有期雇用労働者の基本給、賞与その他の待遇のそれぞれについて、当該待遇に対応する通常の労働者の待遇との間において、当該短時間・有期雇用労働者及び通常の労働者の業務の内容及び当該業務に伴う責任の程度（以下「職務の内容」という。）、当該職務の内容及び配置の変更の範囲その他の事情のうち、当該待遇の性質及び当該待遇を行う目的に照らして適切と認められるものを考慮して、不合理と認められる相違を設けてはならない。

　本条は、正規労働者と非正規労働者間の不合理な待遇の禁止を定めた規定であり、基本的な内容は旧労働契約法20条と同様ですが、旧労働

---

25 働き方改革を推進するための関係法律の整備に関する法律（平30.7.6　法律71）附則11条

契約法20条と異なる点もあるため、これらの点について簡単に解説します。

①比較方法

　まず、パート有期法8条では、格差禁止の対象が「基本給、賞与その他の待遇のそれぞれについて」と明記され、これにより、不合理性の判断が、賃金の総額を比較して行われるのではなく、待遇ごとに比較して行われることが明確となりました。

②比較対象

　次に、比較の対象が「通常の労働者の待遇」と明記されました。通達[26]によれば、「通常の労働者」とは、社会通念に従い、比較の時点で当該事業主において「通常」と判断される労働者をいい、具体的には、いわゆる正規型の労働者および無期雇用フルタイム労働者をいうものとされています。そのため、フルタイムの有期雇用労働者や短時間（パートタイム）の無期雇用労働者は「通常の労働者」に該当しないこととなります。

　また、本条は、事業主が、短時間・有期雇用労働者と同一の事業所に雇用される通常の労働者や職務の内容が同一の通常の労働者との間だけでなく、その雇用するすべての通常の労働者との間で、不合理と認められる待遇の相違を設けることを禁止したものであり[27]、後述のパート有期法14条2項のような「通常の労働者」の範囲の限定はありません。

　なお、パート有期法の保護の対象となる「短時間労働者」とは、1週間の所定労働時間が同一の事業主に雇用される通常の労働者（当該事業主に雇用される通常の労働者と同種の業務に従事する当該事業主に雇用される労働者にあっては、厚生労働省令で定める場合を除き、当該労働者と同種の業務に従事する当該通常の労働者）の1週間の所定労働時間

---

26 平31.1.30　基発0130第1・職発0130第6・雇均発0130第1・開発0130第1（以下、パート有期法通達）
27 パート有期法通達

27

に比し短い労働者をいいます（パート有期法2条1項）。

　このように、パート有期法は、業務の種類ごとに「短時間労働者」を定義していることから、「通常」の判断についても業務の種類ごとに行うものとされています。「短時間労働者」であるか否かの具体的な判定方法は、第9章の「資料1」のとおりです。パート有期法2条1項における「通常の労働者」はあくまで「短時間労働者」であるかを判断する際に用いられる概念であり、パート有期法8条、9条、14条等における「通常の労働者」とは意味が異なることに注意が必要です。

③不合理性の考慮要素

　不合理性判断の考慮要素について、三つの考慮要素「のうち、当該待遇の性質及び当該待遇を行う目的に照らして適切と認められるもの」を考慮する旨が追記されましたが、これは、考慮要素が無限定ではなく、待遇の性質・目的に照らして適切と認められる事情を考慮して不合理性を判断することについて確認的に追記されたものであって、これによる大きな影響はないと考えられます。

　①②で述べた内容も含めて、本法改正によっても不合理な待遇の禁止の規定の内容は大きく変わらないため、旧労働契約法20条に関する裁判例は法改正後も重要な意義を有するといえます。

④制裁等

　本条に違反した場合、厚生労働大臣による報告徴収、助言、指導および勧告の対象にはなり得ますが（パート有期法18条1項）、勧告に従わなかった場合の企業名公表の対象にはなりません（同条2項）。

　また、本条に関し、短時間・有期雇用労働者であることを理由とする不支給など、本条に違反することが明確な場合を除き、パート有期法18条1項に基づく報告徴収、助言、指導および勧告の対象としないものとされています（パート有期法通達）。

[3]差別的取り扱いの禁止（パート有期法９条）

※下線部分はパートタイム労働法からの改正部分

パート有期法９条 事業主は、職務の内容が通常の労働者と同一の<u>短時間・有期雇用労働者</u>（第11条第１項において「<u>職務内容同一短時間・有期雇用労働者</u>」という。）であって、当該事業所における慣行その他の事情からみて、当該事業主との雇用関係が終了するまでの全期間において、その職務の内容及び配置が当該通常の労働者の職務の内容及び配置の変更の範囲と同一の範囲で<u>変更されることが見込まれるもの</u>（次条及び同項において「<u>通常の労働者と同視すべき短時間・有期雇用労働者</u>」という。）については、<u>短時間・有期雇用労働者</u>であることを理由として、<u>基本給、賞与その他の待遇のそれぞれ</u>について、差別的取扱いをしてはならない。

本条は、差別的取り扱いの禁止を定めた規定であるところ、旧労働契約法には存在しなかった規定であるため、本法改正により有期雇用労働者に対しても適用されることになりました。

本条の規定を簡単に要約すれば、①通常の労働者と職務の内容が同一であって、かつ、②雇用関係が終了するまでの全期間において人材活用の仕組みが通常の労働者と同一であると見込まれるものについて、③短時間・有期雇用労働者であることを理由とした差別的取り扱いを禁止する規定です。

パート有期法８条との違いは大きく分けて二つあります。一つ目は、「その他の事情」を考慮しないことです。旧労働契約法20条が適用された長澤運輸事件［上告審］（最高裁二小 平30.6.1判決）は、職務の内容および人材活用の仕組みが同一である無期雇用労働者と有期雇用労働者の間の待遇の格差に関して、定年後再雇用労働者であることを「その他の事情」として考慮し、複数の待遇の格差について不合理でないと判

断しました。本法改正により、無期雇用労働者と有期雇用労働者の間の待遇の格差に対しても、「その他の事情」を考慮しないパート有期法9条が適用されることになるため、今後は、長澤運輸事件と同様の事件における適法・違法の判断に影響を与える可能性があります。

　二つ目は、「短時間・有期雇用労働者であることを理由とし」た差別的取り扱いを禁止していることです。この点、職業経験・能力、業績・成果、勤続年数等を理由とする格差であれば「短時間・有期雇用労働者であることを理由とし」た差別的取り扱いに当たらず、許容され得ると解されます[28]。また、旧パートタイム労働法における差別的取り扱いの禁止が争われた過去の裁判例（ニヤクコーポレーション事件　大分地裁平25.12.10判決、京都市立浴場運営財団事件　京都地裁　平29.9.20判決）においては、いずれも差別的取り扱いをすることについて合理的理由があるとは認められないことを認定した上で、「短時間労働者であることを理由とし」た差別的取り扱いに該当すると判示しています。そのため、差別的取り扱いをすることに合理的理由があれば、「短時間・有期雇用労働者であることを理由とし」た差別的取り扱いに該当しないと判断される可能性が高いといえます。したがって、パート有期法9条の適用が問題となった場合、会社側としては、差別的取り扱いをすることに合理的理由があることを主張・立証していくことになると考えられます。この点、定年後再雇用労働者であることが合理的理由に該当するかについては、引き続き検討を要する点と考えます。

　いずれにしても、通常の労働者と職務の内容および人材活用の仕組みが同一である短時間・有期雇用労働者の待遇に差を設けた場合には、本条に違反すると判断される可能性が相当程度あるため、通常の労働者と短時間・有期雇用労働者の待遇に差を設ける場合には、①職務の内容と②人材活用の仕組みが同一にならないように注意する必要があります。

---

28 水町勇一郎『「同一労働同一賃金」のすべて』2018年、有斐閣

　この点、二つの要素を具体的にどのように判断していくかについては、図表1-2が参考になります。

　なお、本条に違反した場合、厚生労働大臣による報告徴収、助言、指導および勧告の対象になるとともに（パート有期法18条1項）、勧告に従わなかった場合には企業名を公表される可能性があり（同条2項）、この点もパート有期法8条と異なる点です。

[4] 福利厚生施設（パート有期法12条）

> ※下線部分はパートタイム労働法からの改正部分
>
> **パート有期法12条**　事業主は、通常の労働者に対して利用の機会を与える福利厚生施設であって、健康の保持又は業務の円滑な遂行に資するものとして厚生労働省令で定めるものについては、その雇用する短時間・有期雇用労働者に対しても、利用の機会を与えなければならない。

　本条は、一定の福利厚生施設[29]（給食施設、休憩室、更衣室）については、通常の労働者に対して利用の機会を与えているのであれば、短時間・有期雇用労働者に対しても利用の機会を与えなければならないとする規定です。

　旧パートタイム労働法においては、「短時間労働者に対しても、利用の機会を与えるように配慮しなければならない」と規定されていましたが、本法改正により、その適用対象者を有期雇用労働者にも広げるとともに、配慮義務規定を義務規定に改めました。

　これにより、一定の福利厚生施設の利用については、パート有期法8条・9条の規定にかかわらず、通常の労働者と短時間・有期雇用労働者の間で待遇差を設けることが禁じられることとなりました。

---

29 短時間労働者の雇用管理の改善等に関する法律施行規則5条

二つの要素の判断手順

■「職務の内容」が同じか否かの判断手順

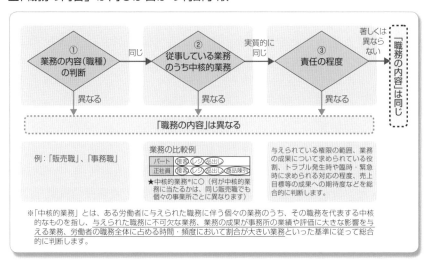

例：「販売職」、「事務職」

※「中核的業務」とは、ある労働者に与えられた職務に伴う個々の業務のうち、その職務を代表する中核的なものを指し、与えられた職務に不可欠な業務、業務の成果が事務所の業績や評価に大きな影響を与える業務、労働者の職務全体に占める時間・頻度において割合が大きい業務といった基準に従って総合的に判断します。

■「職務の内容・配置の変更の範囲」が同じか否かの判断手順

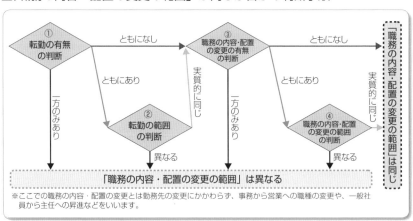

※ここでの職務の内容・配置の変更とは勤務先の変更にかかわらず、事務から営業への職種の変更や、一般社員から主任への昇進などをいいます。

資料出所：厚生労働省「不合理な待遇差解消のための点検・検討マニュアル～パートタイム・有期雇用労働法への対応」

　なお、「利用の機会を与えなければならない」とは、施設の定員の関係等でその雇用する労働者全員が施設を利用できないような場合に、増築等により結果として労働者全員が利用できるようにすることまでは求められませんが、通常の労働者と同じ利用規程を適用したり、利用時間帯に幅を設けたりすること等により、すべての短時間・有期雇用労働者に対して、通常の労働者と同様に利用する権利が確保される措置を求めるものであり、施設の定員の関係等で利用が制限されている場合においても、定員を理由としてその利用を通常の労働者に限定することは本条に違反することとなるものであると考えられています[30]。

[5]待遇の説明義務(パート有期法14条)

> ※下線部分はパートタイム労働法からの改正部分
>
> パート有期法14条　事業主は、短時間・有期雇用労働者を雇い入れたときは、速やかに、第8条から前条までの規定により措置を講ずべきこととされている事項（労働基準法第15条第1項に規定する厚生労働省令で定める事項及び特定事項を除く。）に関し講ずることとしている措置の内容について、当該短時間・有期雇用労働者に説明しなければならない。
>
> 2　事業主は、その雇用する短時間・有期雇用労働者から求めがあったときは、当該短時間・有期雇用労働者と通常の労働者との間の待遇の相違の内容及び理由並びに第6条から前条までの規定により措置を講ずべきこととされている事項に関する決定をするに当たって考慮した事項について、当該短時間・有期雇用労働者に説明しなければならない。

---

30 パート有期法通達

> 3　事業主は、短時間・有期雇用労働者が前項の求めをしたことを
> 理由として、当該短時間・有期雇用労働者に対して解雇その他不
> 利益な取扱いをしてはならない。

　本条は、短時間・有期雇用労働者に対する使用者の説明義務を定めた規定であり、旧労働契約法には存在しなかった規定です。本法改正により、その適用対象者を有期雇用労働者にも広げるとともに、説明義務の対象に、短時間・有期雇用労働者と通常の労働者との間の待遇の相違の内容および理由等が含まれ、また、説明を求めたことを理由とする不利益取り扱いを禁止することで、不合理な待遇差解消の実効性を確保するための重要な制度と考えられています。

　まず、旧法においては、雇入れ時に、労働基準法15条で明示が求められている事項に加え、昇給、退職手当、賞与の有無および相談窓口について、文書を交付することなどによって明示をする義務が課されています[31]。

　本法改正では、上記の明示義務に加えて、雇入れ後速やかに待遇の内容等に関する説明を行う義務が課されました。具体的には、労働時間制度や賃金制度はどうなっているのか、どのような教育訓練があるのか、どのような福利厚生施設が利用できるのか、どのような正社員登用制度があるのかなどを説明することになります。

　また、労働者から求めがあった場合には、通常の労働者との待遇の相違の内容やその理由等に加えて、待遇決定に際しての考慮事項についても説明を行う義務が課されます。この点につき、事業主は、比較の対象として、職務の内容、職務の内容および配置の変更の範囲等が、短時間・有期雇用労働者の職務の内容、職務の内容および配置の変更の範囲等に最も近いと事業主が判断する通常の労働者との間の待遇の相違の内容お

---

31 パート有期法6条、同法施行規則2条

および理由について説明することになります[32]。

「職務の内容、職務の内容および配置の変更の範囲等に最も近い」通常の労働者を選定するに当たっては[33]、

① 「職務の内容」ならびに「職務の内容および配置の変更の範囲」が同一である通常の労働者

② 「職務の内容」は同一であるが、「職務の内容および配置の変更の範囲」は同一でない通常の労働者

③ 「職務の内容」のうち、「業務の内容」または「責任の程度」が同一である通常の労働者

④ 「職務の内容および配置の変更の範囲」が同一である通常の労働者

⑤ 「職務の内容」「職務の内容および配置の変更の範囲」のいずれも同一でない通常の労働者

の順に「近い」と判断することを基本とすることになり、その上で、同じ区分に複数の労働者が該当する場合には、

• 基本給の決定等において重要な要素（職能給であれば能力・経験、成果給であれば成果など）における実態

• 説明を求めた短時間・有期雇用労働者と同一の事業所に雇用されるかどうか

等の観点から、さらに絞り込むことが考えられます[34]。

そして、「待遇の相違の内容」としては、通常の労働者と短時間・有期雇用労働者との間の待遇に関する基準の相違の有無、ならびに、通常の労働者および短時間・有期雇用労働者の待遇の個別具体的な内容、または、通常の労働者および短時間・有期雇用労働者の待遇に関する基準

---

[32] 事業主が講ずべき短時間労働者及び有期雇用労働者の雇用管理の改善等に関する措置等についての指針第3.2（1）

[33] 「職務の内容」や「職務の内容および配置の変更の範囲」の同一性の判定方法については図表1-2を参照

[34] パート有期法通達

を説明する必要があります[35]。

「待遇の個別具体的な内容」は、比較の対象となる通常の労働者の選び方に応じ、

- 比較対象として選定した通常の労働者が一人である場合には、例えば、賃金であれば、その金額
- 比較対象として選定した通常の労働者が複数人である場合には、例えば、賃金などの数量的な待遇については平均額または上限・下限、教育訓練などの数量的でない待遇については標準的な内容または最も高い水準・最も低い水準の内容

を説明することが考えられます[36]。

また、「待遇に関する基準」を説明する場合、例えば賃金であれば、賃金規程や等級表等の支給基準の説明をすることが考えられますが、説明を求めた短時間・有期雇用労働者が、比較の対象となる通常の労働者の待遇の水準を把握できるものである必要があり、「賃金は、各人の能力、経験等を考慮して総合的に決定する」等の説明では十分ではないと考えられます[37]。

次に、待遇の相違の理由としては、事業主は、通常の労働者および短時間・有期雇用労働者の職務の内容、職務の内容および配置の変更の範囲その他の事情のうち、待遇の性質および待遇を行う目的に照らして適切と認められるものに基づき説明する必要があります[38]。

なお、これらの説明は、一般的・抽象的なものでは足りず、具体的・客観的なものであることが必要であり、実態との整合性が取れているこ

---

35 事業主が講ずべき短時間労働者及び有期雇用労働者の雇用管理の改善等に関する措置等についての指針第3.2（2）
36 パート有期法通達
37 パート有期法通達
38 事業主が講ずべき短時間労働者及び有期雇用労働者の雇用管理の改善等に関する措置等についての指針第3.2（3）

とが必要です。そのため、各社において、通常の労働者と短時間・有期雇用労働者との間でどのような待遇差があるかを明確にした上で、それぞれの待遇差について理由を説得的に説明できるかどうかを検証する必要があります。

　説明の方法については、短時間・有期雇用労働者がその内容を理解することができるように、資料を活用し、口頭により説明することを基本とするものとされていますが、説明すべき事項をすべて記載した短時間・有期雇用労働者が容易に理解できる内容の資料を用いる場合には、当該資料を交付する等の方法でも差し支えないとされています[39]。なお、紛争化した場合に備えて、口頭により説明する場合であっても、念のため口頭説明と同じ内容が記載された書面を交付しておくことが望ましいと考えます（図表1-3）。

　本条に違反した場合、厚生労働大臣による報告徴収、助言、指導および勧告の対象になるとともに（パート有期法18条1項）、勧告に従わなかった場合には企業名を公表される可能性があります（同条2項）。

　また、労働者からの求めに対し待遇の相違の内容と理由について事業主が十分な説明をしなかったことは、待遇の相違の不合理性を基礎付ける事情となり得るため[40]、裁判においてパート有期法8条違反を争われた場合に備えて、十分に対策を講じる必要があると考えます。

[6]実行確保措置の整備（パート有期法18条）

　本条は、使用者にパート有期法を遵守させる手段として、厚生労働大臣による報告徴収、助言、指導、勧告および（勧告に従わなかった場合には）企業名公表といった行政上の措置を規定するものであり、労働契約法には存在しなかった規定です。現行法では、パート有期法違反があっ

39 事業主が講ずべき短時間労働者及び有期雇用労働者の雇用管理の改善等に関する措置等についての指針第3.2（4）
40 パート有期法通達

図表1-3 説明書モデル様式（記載例）

【第14条第2項の説明書の例】

○ 年 ○ 月 ○ 日

○○　　○○　殿　　事業所名称・代表者職氏名　○○百貨店
　　　　　　　　　　　　　　　　　　　　　　　　△△　△△

あなたと正社員との待遇の違いの有無と内容、
理由は以下のとおりです。
ご不明な点は「相談窓口」の担当者までおたずねください。

1　比較対象となる正社員

販売部門の正社員（おおむね勤続3年までの者）

比較対象となる正社員の選定理由

職務の内容が同一である正社員はいないが、同じ販売部門の業務を担当している正社員で、
業務の内容が近い者は、おおむね勤続3年までの者であるため。

2　待遇の違いの有無とその内容、理由

基本給	正社員との待遇の違いの有無と、ある場合その内容	**ある** ／ ない
	アルバイト社員は時給1100円、比較対象となる正社員は、売上目標の達成状況に応じて1100円〜1400円（時給換算）です。	
	待遇の違いがある理由	
	正社員には月間の売上目標があり、会社の示したシフトで勤務しますが、アルバイト社員は売上目標がなく、希望に沿ったシフトで勤務できるといった違いがあるため、正社員には重い責任を踏まえた支給額としています。	

賞与	待遇の目的	
	社員の貢献度に応じて会社の利益を配分するために支給します。	
	正社員との待遇の違いの有無と、ある場合その内容	**ある** ／ ない
	アルバイト社員は店舗全体の売上に応じて一律に支給（ww円〜xx円）しています。正社員については目標管理に基づく人事評価の結果に応じて、基本給の0か月〜4か月（最大zz円）を支給しています。	
	待遇の違いがある理由	
	アルバイト社員には売上目標がないので、店舗全体の売り上げが一定額以上を超えた場合、一律に支給しています。正社員には売上目標を課しているため、その責任の重さを踏まえて、目標の達成状況に応じた支給とし、アルバイト社員よりも支給額が多くなる場合があります。	

通勤手当	待遇の目的	
	通勤に必要な費用を補填するものです。	
	正社員との待遇の違いの有無と、ある場合その内容	ある ／ **ない**
	正社員、アルバイト社員ともに交通費の実費相当分（全額）を支給しています。	
	待遇の違いがある理由	

資料出所：厚生労働省「不合理な待遇差解消のための点検・検討マニュアル〜パートタイム・有期雇用労働法への対応」

た場合、行政による勧告や企業名公表の処分を受けるおそれがあるため、会社としては、レピュテーションの低下を避けるためにも、パート有期法の遵守が重要となります。

[7]紛争解決手段の整備(パート有期法23〜25条)

本条は、パート有期法に関連する紛争における行政ADRの手続き(紛争解決の援助、調停)の利用を定める規定であり、旧労働契約法20条には存在しなかった規定です。現行法においては、裁判だけでなく、行政ADRの手続きにおいてパート有期法の違反が争われるケースが増えることが想定されます。

第**2**章

主な裁判例の動向

1 ▶ 主な裁判例の一覧[41]

◆ハマキョウレックス事件（大津地裁彦根支部　平27.9.16判決［1審］、
大阪高裁　平28.7.26判決［控訴審］、最高裁二小　平30.6.1判決［上
告審］、大阪高裁　平30.12.21判決［差戻審］）

◆長澤運輸（定年後再雇用）事件（東京地裁　平28.5.13判決［1審］、
東京高裁　平28.11.2判決［控訴審］、最高裁二小　平30.6.1判決［上
告審］）

◆メトロコマース事件（東京地裁　平29.3.23判決［1審］、東京高裁
平31.2.20判決［控訴審］、最高裁三小　令2.10.13判決［上告審］）

◆ヤマト運輸（賞与）事件（仙台地裁　平29.3.30判決［1審］、仙台高
裁　平29.10.11判決［控訴審］）

◆日本郵便（佐賀）事件（佐賀地裁　平29.6.30判決［1審］、福岡高裁
平30.5.24判決［控訴審］、最高裁一小　令2.10.15判決［上告審］）

◆日本郵便（休職）事件（東京地裁　平29.9.11判決［1審］、東京高裁
平30.10.25判決［控訴審］）

◆日本郵便（東京）事件（東京地裁　平29.9.14判決［1審］、東京高裁
平30.12.13判決［控訴審］、最高裁一小　令2.10.15判決［上告審］）

◆学校法人産業医科大学事件（福岡地裁小倉支部　平29.10.30判決［1
審］、福岡高裁　平30.11.29判決［控訴審］）

◆大阪医科薬科大学事件（大阪地裁　平30.1.24判決［1審］、大阪高裁
平31.2.15判決［控訴審］、最高裁三小　令2.10.13判決［上告審］）

◆学究社（定年後再雇用）事件（東京地裁立川支部　平30.1.29判決）

◆九水運輸商事事件（福岡地裁小倉支部　平30.2.1判決［1審］、福岡
高裁　平30.9.20判決［控訴審］）

---

41 それぞれの裁判例の詳細は、第9章「資料2」参照

◆日本郵便（大阪）事件（大阪地裁　平30.2.21判決［1審］、大阪高裁　平31.1.24判決［控訴審］、最高裁一小　令2.10.15判決［上告審］）

◆医療法人Ａ会事件（新潟地裁　平30.3.15判決）

◆五島育英会（定年後再雇用）事件（東京地裁　平30.4.11判決［1審］、東京高裁　平30.10.11判決［控訴審］）

◆井関松山製造所事件（松山地裁　平30.4.24判決［1審］、高松高裁　令元.7.8判決［控訴審］）

◆井関松山ファクトリー事件（松山地裁　平30.4.24判決［1審］、高松高裁　令元.7.8判決［控訴審］）

◆日本ビューホテル（定年後再雇用）事件（東京地裁　平30.11.21判決）

◆北日本放送（定年後再雇用）事件（富山地裁　平30.12.19判決）

◆学校法人Ｘ事件（京都地裁　平31.2.28判決［1審］、大阪高裁　令2.1.31判決［控訴審］）

◆学校法人中央学院(非常勤講師)事件（東京地裁　令元.5.30判決［1審］、東京高裁　令2.6.24判決［控訴審］）

◆学校法人明泉学園事件（東京地裁　令元.12.12判決）

◆社会福祉法人青い鳥事件（横浜地裁　令2.2.13判決）

◆トーカロ事件（東京地裁　令2.5.20判決）

◆アートコーポレーション事件（横浜地裁　令2.6.25判決）

◆名古屋自動車学校事件（名古屋地裁　令2.10.28判決）

など

事件名	争われた手当等
ハマキョウレックス事件	無事故手当、作業手当、給食手当、通勤手当、皆勤手当、住宅手当
長澤運輸（定年後再雇用）事件	基本給、能率給、職務給、精勤手当、住宅手当、家族手当、役付手当、時間外手当・超勤手当、賞与
メトロコマース事件	基本給、資格手当、住宅手当、賞与、退職金、褒賞、早出残業手当

ヤマト運輸（賞与）事件	賞与
日本郵便（佐賀）事件	基本給、通勤手当、外務業務手当、早出勤務等手当、祝日給、夏期年末手当、作業能率評価手当、特別休暇
日本郵便（休職）事件	私傷病休職
日本郵便（東京）事件	外務業務手当、早出勤務等手当、祝日給、夏期年末手当、夜間特別勤務手当、郵便外務・内務業務精通手当、年末年始勤務手当、住居手当、夏期冬期休暇、病気休暇
学校法人産業医科大学事件	基本給
大阪医科薬科大学事件	基本給、賞与、年休の日数、夏期特別有給休暇、私傷病欠勤・休職、医療費補助
学究社（定年後再雇用）事件	賃金全般
九水運輸商事事件	通勤手当
日本郵便（大阪）事件	外務業務手当、郵便外務業務精通手当、早出勤務等手当、祝日給、夏期年末手当、年末年始勤務手当、住居手当、扶養手当、夏期冬期休暇、病気休暇
医療法人A会事件	賞与
五島育英会（定年後再雇用）事件	賃金全般
井関松山製造所事件	賞与、家族手当、精勤手当、住宅手当
井関松山ファクトリー事件	賞与、物価手当
日本ビューホテル（定年後再雇用）事件	基本給
北日本放送（定年後再雇用）事件	基本給、賞与、住宅手当、裁量手当、祝金
学校法人X事件	大学夜間担当手当
学校法人中央学院（非常勤講師）事件	本俸、賞与、年度末手当、家族手当、住宅手当
学校法人明泉学園事件	調整手当

社会福祉法人青い鳥事件	出産休暇、出産手当金
トーカロ事件	基本給、賞与、地域手当
アートコーポレーション事件	通勤手当
名古屋自動車学校事件	基本給、皆精勤手当および敢闘賞（精励手当）、家族手当、賞与

2 ▶ 最高裁判決の概要

　ここでは、旧労働契約法20条に関する最高裁判決のうち、長澤運輸（定年後再雇用）事件［上告審］（最高裁二小　平30.6.1判決。第5章で紹介します）を除き、六つの最高裁判決を紹介します。

　本法改正によって、旧労働契約法20条は削除されたものの、パート有期法8条（不合理な待遇の禁止）の適用対象に有期雇用労働者が含まれたため、現行法においても、パート有期法8条の適用において、旧労働契約法20条に関する裁判例が重要な意義を有することになります。

　なお、これらの裁判例は、あくまでも当該会社・法人における各待遇に係る相違が不合理と認められるか否かを判断したものであって、待遇の名称が同じであっても、待遇の趣旨・目的や賃金体系等における当該待遇の位置付け等は会社・法人によって異なり得るものです。そのため、不合理と認められるか否かの判断は、待遇の名称によって一律に定まるものではなく、当該事案の事実関係に照らして、個別具体的に判断されるべきものであることに留意する必要があります。

[1]ハマキョウレックス事件

　訴訟提起した契約社員を「A」、相手方となった会社を「H社」と表記します。

（1）正社員と契約社員の職務の内容、人材活用の仕組み、賃金体系等 の比較

区　分	正社員	契約社員
職務の内容	トラック運転手の業務内容、当該業務に伴う責任の程度に相違はない	
転勤や出向の可能性	あり（全国規模）	なし
会社の中核を担う人材となる可能性	あり	なし
基本給	月給制 ※年齢給、勤続給および職能給で構成される	時給制
無事故手当	該当者には月額1万円	支給なし
作業手当	該当者には月額1万～2万円 ※彦根支店では正社員に対して一律月額1万円	支給なし
給食手当	月額3500円	支給なし
住宅手当	21歳以下：月額5000円 22歳以上：月額2万円	支給なし
皆勤手当	該当者には月額1万円	支給なし
通勤手当	通勤距離に応じて支給 ※Aと交通手段および通勤距離が同じ正社員は月額5000円	限度額の範囲内で実費を支給 ※Aは月額3000円 ※2014年1月以降は正社員と同じ基準で支給
家族手当	扶養家族を有する者に支給	支給なし
定期昇給	原則あり	原則なし ※会社の業績および勤務成績を考慮して昇給することがある ※Aも時給1150円 　→1160円に昇給

賞与	会社の業績に応じて支給	原則支給なし ※会社の業績および勤務成績を考慮して支給することがある
退職金	5年以上勤務した退職者に支給	原則支給なし

（2）1審、2審、最高裁判決の結論の比較

賃金項目	1審	2審	最高裁
無事故手当	○	×	×
作業手当	○	×	×
給食手当	○	×	×
住宅手当	○	○	○
皆勤手当	○	○	×
通勤手当	×	×	×
家族手当	○	−	−
定期昇給	○	−	−
賞与	○	−	−
退職金	○	−	−

※「○」＝不合理でない。「×」＝不合理である。「−」＝旧労働契約法20条違反について判断なし。

（3）最高裁判決の要旨

賃金項目	判断理由の概要	結論
無事故手当	✓優良ドライバーの育成や安全な輸送による顧客の信頼の獲得を目的として支給される手当である ✓職務の内容は異ならないから、安全運転および事故防止の必要性は、職務の内容によって両者の間に差異が生じない ✓安全運転および事故防止の必要性は、当該労働者が将来転勤や出向をする可能性や、H社の中核を担う人材として登用される可能性の有無といった事情により異なるものではない	不合理

作業手当	✓特定の作業を行った対価として支給されるものであり、作業そのものを金銭的に評価して支給される性質の手当である ✓職務の内容は異ならない ✓職務の内容および配置の変更の範囲が異なることによって、行った作業に対する金銭的評価が異なることになるものではない	不合理
給食手当	✓従業員の食事に係る補助として、勤務時間中に食事を取ることを要する労働者に対して支給する手当である ✓職務の内容が異ならない上、勤務形態にも違いがない ✓職務の内容および配置の変更の範囲が異なることは、勤務時間中に食事を取ることの必要性やその程度とは関係がない	不合理
住宅手当	✓従業員の住宅に要する費用を補助する趣旨で支給される手当である ✓契約社員については就業場所の変更が予定されていないのに対し、正社員については、転居を伴う配転が予定されているため、契約社員と比較して住宅に要する費用が多額となり得る	不合理でない
皆勤手当	✓運送業務を円滑に進めるには実際に出勤するトラック運転手を一定数確保する必要があることから、皆勤を奨励する趣旨で支給される手当である ✓職務の内容は異ならないから、出勤する者を確保することの必要性は、職務の内容によって両者の間に差異が生じない ✓出勤する者を確保することの必要性は、当該労働者が将来転勤や出向をする可能性や、H社の中核を担う人材として登用される可能性の有無といった事情により異なるとはいえない ✓本件労働契約および本件契約社員就業規則によれば、契約社員については、H社の業績と本人の勤務成績を考慮して昇給することがあるとされているが、昇給しないことが原則である上、皆勤の事実を考慮して昇給が行われたとの事情もうかがわれない	不合理

通勤手当	✓通勤に要する交通費を補填する趣旨で支給される手当である ✓労働契約に期間の定めがあるか否かによって通勤に要する費用が異なるものではない ✓職務の内容および配置の変更の範囲が異なることは、通勤に要する費用の多寡とは直接関連するものではない	不合理

（4）分析

①概要

　本判決は、正社員と契約社員との間において、職務の内容が異ならない一方で、①将来転勤や出向をする可能性の有無や、②会社の中核を担う人材として登用される可能性の有無が異なると認定しました。その上で、各手当の支給目的・性質からして、①②の差異に関連しない手当（住宅手当以外の手当）の格差はいずれも不合理であると判断し、他方で、①の差異に関連する住宅手当の格差だけは不合理でないと判断しました。

　すなわち、本判決は、正社員と契約社員の間における職務の内容や人材活用の仕組みの違いの有無を認定した上で、各手当の支給目的・性質に鑑みてこれらの違いが各手当において格差を設ける理由になっているか否かを検討し、格差の不合理性の判断をしました。

②住宅手当

　本判決は、住宅手当の支給目的・性質を「従業員の住宅に要する費用を補助する趣旨」と認定した上で、正社員については転居を伴う配転が予定されており、契約社員と比較して住宅に要する費用が多額となり得ることを理由に、正社員に対してのみ住宅手当を支給することの不合理性を否定しました。

　この点、本判決は、正社員に対して支給している住宅手当の金額（21歳以下：月額5000円、22歳以上：月額2万円）の不合理性（住宅手当

の支給目的・性質に鑑みた支給金額の相当性）について明示的には判断していませんが、この論点は手当の支給目的・性質の解釈問題としても解消し得る[42]ため、本判決が手当の金額の不合理性を判断していないとは直ちにはいえないと考えられます。

　なお、正社員につき、就業規則上は転居を伴う配転が予定されているものの、実際には全く行われていないとの事実を認定することができる場合にも、本件と同様の結論となるか否かは、慎重に検討する必要があると考えます。

③皆勤手当

　控訴審は、契約社員に適用される就業規則の規定によれば、契約社員が全営業日に出勤した場合には、会社の業績と本人の勤務成績を考慮して昇給することがあり得るほか、有期労働契約の更新時に基本給である時間給の見直し（時間給の増額）が行われることがあり得るとともに、現に当該契約社員の時間給が1150円から1160円に増額されていることを理由として、有期契約労働者に対する皆勤手当の不支給を不合理でないと判断しました。

　これに対して、本判決は、当該就業規則によれば、契約社員については、会社の業績と本人の勤務成績を考慮して昇給することがあるとされていますが、昇給しないことが原則である上、皆勤の事実を考慮して昇給が行われたとの事情もうかがわれないとして、控訴審と異なり、有期契約労働者に対する皆勤手当の不支給を不合理と判断しました。

　このように、本判決は、皆勤の事実により時間給が昇給することがあり得ることのみでは皆勤手当を支給しないことの理由にはならないとしたものの、逆に皆勤の事実を考慮して昇給を決めているような実態があ

---

42 すなわち、不合理性の判断の考慮要素となる手当の支給目的・性質は、実態に沿って合理的に解釈・認定されるべきものと考えることができ、本判決が住宅手当の支給目的・性質を「従業員の住宅に要する費用を補助する趣旨」と認定したことにより、本件の住宅手当の金額が当該支給目的・性質に鑑みて不合理と認められないと判断したものと考えることもできます。

れば、そのような実態を理由とした皆勤手当の不支給が不合理とはいえないとの判断があり得ることを示唆したものといえます。

なお、本判決の差戻審（大阪高裁 平30.12.21判決）は、そもそも皆勤の評価が直ちに賃金に反映するのか不確実な制度であるというだけでなく、仮に皆勤の事実が事実上昇給に反映されていたとしても、皆勤手当（月額1万円）と比べると、昇給額はわずかの金額（最大でも月額504円程度）にすぎないのであるから、皆勤を奨励する趣旨で翌年の時給の増額がなされ得る部分があることをもって、皆勤手当を不支給とする合理的な代償措置と位置付けることはできないとして、有期契約労働者に対する皆勤手当の不支給を不合理と判断しました。

このように、差戻審は、議論を一歩進め、皆勤の事実が昇給に反映されているだけでなく、その昇給額が皆勤手当と比較して少額でない場合に限って、皆勤手当を不支給とする合理的な代償措置と評価できるとしました。

したがって、有期契約労働者に対するある手当の不支給を他の手当等の支給または支給額の増額等により正当化するためには、無期契約労働者に対する手当金額と有期契約労働者に対する当該他の手当等の支給金額・増額金額を比較し、金額的にも合理的な代償措置と評価できる必要があるといえます。

④「有能な人材の獲得、定着を図るため」や「長期勤務に対する動機付け」
　は待遇差を設ける理由になるか

控訴審は、住宅手当につき、住宅費用の援助および福利厚生を手厚くすることにより有能な人材の獲得・定着を図る、という目的自体に相応の合理性が認められると判断し、これを根拠の一つとして、格差が不合理でないと判断しましたが、本判決においてはそのような判示がなされていません。

また、控訴審は、給食手当についても、優秀な人材の獲得・定着を図る、という目的自体は一定の合理性を有すると判断しましたが、本判決

においては同様の判示がなされていません。

　この点につき、本判決は、正社員への福利厚生等を手厚くすることにより有能な人材の獲得・定着を図るとの目的があったことが、これらの手当に係る相違の不合理性を否定する事情となるか否かについては、判断を示さなかったものとも考えられます[43]。

　しかし、仮にそのような目的があったとしても、無期雇用労働者と有期雇用労働者の間で待遇差を設けるに当たっては、「有能な人材の獲得、定着を図るため」「長期勤務に対する動機付け」という抽象的な理由のみでは、待遇差を設ける理由として認められない可能性が高いと考えられます。これらの理由は、「職務の内容の違い」等の客観的・具体的な実態に基づくものではなく、主観的・抽象的なものにすぎないですし、どの待遇差の理由としても用いることができてしまうことから、少なくともこれらの手当について待遇差を設ける理由としては不十分であると考えます。

⑤その他

　本判決は、無事故手当、作業手当、給食手当および皆勤手当に関し、正社員と契約社員の間で職務の内容が異ならないことを不合理であると判断した理由の一つとして挙げているため、正社員と契約社員の間で職務の内容が異なっていれば、手当によっては格差が不合理でないと判断された可能性があります。

43 中島崇、村田一広「最高裁時の判例」『ジュリスト』1525号115ページ

[2]大阪医科薬科大学事件

(1)正職員とアルバイト職員の職務の内容、人材活用の仕組み、賃金体系等の比較

区　分	正職員	アルバイト職員
職務の内容	▶配置先によるが、総務、学務、病院事務等多岐に及ぶ ▶定型的で簡便な作業等ではない業務が大半を占め、中には法人全体に影響を及ぼすような重要な施策も含まれ、業務に伴う責任は大きい ▶教室事務員の正職員は、学内の英文学術誌の編集事務や広報作業、病理解剖に関する遺族等への対応や部門間の連携を要する業務または毒劇物等の試薬の管理業務等も行う	▶定型的で簡便な作業が中心。例えば、所属する教授や教員、研究補助員のスケジュール管理や日程調整、電話や来客等の対応、教授の研究発表の際の資料作成や準備、教授が外出する際の随行、教室内における各種事務（教員の増減員の手続き、郵便物の仕分けや発送、研究補助員の勤務表の作成や提出、給与明細書の配布、駐車券の申請等）、教室の経理、備品管理、清掃やごみの処理、出納の管理等 ※原告を含め、アルバイト職員の4割はフルタイム
配転や出向の可能性	あり ※約2年間で200人中、30人が異動の対象となった	原則なし ※内規上は他部門への異動を命ずることがあると定められているが、原則として業務命令による異動は行われず、例外的かつ個別的な事情によるものに限られていた
基本給	月給制	時給制 ※正職員の基本給に比して2割程度低額
賞与	支給は年2回で、支給額は通年で基本給4.6カ月分が一応の基準	支給なし ※契約職員に対しては正職員の約80%に相当する賞与が支給されていた

私傷病欠勤中の賃金	▶欠勤期間中、6カ月間は給料月額の全額を支給 ▶休職期間中、標準給与の2割を支給	支給なし
年次有給休暇の日数	正職員就業規則の定める日数（法所定の日数より多い日数）	労働基準法所定の日数
夏期特別有給休暇	5日間	なし
医療費補助	あり	なし
備考		▶契約期間は1年以内であり、更新可能性はあるが、上限は5年 ▶契約職員および正職員への登用制度あり ▶1審原告に対する年間支給額は新規採用の正職員の基本給および賞与の合計額の55%程度にとどまる

（2）1審、2審、最高裁判決の結論の比較

賃金項目	1審	2審	最高裁
基本給	○	○	－
賞与	○	×	○
私傷病欠勤中の賃金	○	×	○
年次有給休暇の日数	○	○	－
夏期特別有給休暇	○	×	－
医療費補助	○	○	－

※「○」＝不合理でない。「×」＝不合理である。「－」＝旧労働契約法20条違反について判断なし。

（3）最高裁判決の要旨

賃金項目	判断理由の概要	結論
賞与	✓支給実績に照らすと、業績連動でなく、算定期間における労務の対価の後払いや一律の功労報償、将来の労働意欲の向上等の趣旨を含む ✓正職員の基本給は、勤務成績を踏まえ勤務年数に応じて昇給するものとされており、勤続年数に伴う職務遂行能力の向上に応じた職能給の性格を有するものといえる上、おおむね、業務の内容の難度や責任の程度が高く、人材の育成や活用を目的とした人事異動が行われていたことからすれば、正職員としての職務を遂行し得る人材の確保やその定着を図るなどの目的から、正職員に対して賞与を支給することとしたものといえる ✓1審原告の業務は相当に軽易であることがうかがわれるのに対し、教室事務員である正職員は、これに加えて、学内の英文学術誌の編集事務等、病理解剖に関する遺族等への対応や部門間の連携を要する業務または毒劇物等の試薬の管理業務等にも従事する必要があったのであり、両者の職務の内容に一定の相違があったことは否定できない ✓教室事務員である正職員は、正職員就業規則上人事異動を命ぜられる可能性があったのに対し、アルバイト職員については、原則として業務命令によって配置転換されることはなく、人事異動は例外的かつ個別的な事情により行われていたものであり、両者の職務の内容および配置の変更の範囲に一定の相違があったことも否定できない ✓すべての正職員が同一の雇用管理の区分に属するものとして同一の就業規則等の適用を受けており、その労働条件はこれらの正職員の職務の内容や変更の範囲等を踏まえて設定されたものといえるところ、教室事務員である正職員が他の大多数の正職員と職務の内容および変更の範囲を異にするに至ったことについては、教室事務員の業務の内容や1審被告が行ってきた人員配置の見直し等に起因する事情が存在したものといえること、また、契約職員および正職員へ段階的に職種を変更するための試験による登用制度が設けられていたことは、「その他の事情」	不合理でない

	として考慮することができる	
	✓ 労務の対価の後払いや一律の功労報償の趣旨が含まれることや、契約職員に対して正職員の約80%に相当する賞与が支給されていたこと、1審原告に対する年間の支給額が新規採用の正職員の基本給および賞与の合計額と比較して55%程度の水準にとどまることを考慮しても、不合理であるとまで評価することができない	
私傷病欠勤中の賃金	✓ 正職員が長期にわたり継続して就労し、または将来にわたって継続して就労することが期待されることに照らし、正職員の生活保障を図るとともに、その雇用を維持し確保するという目的で支給される賃金である	不合理でない
	✓ 教室事務員である正職員とアルバイト職員との間には職務の内容および変更の範囲に一定の相違があったことは否定できない	
	✓ 教室事務員である正職員が、極めて少数にとどまり、他の大多数の正職員と職務の内容および変更の範囲を異にするに至っていたことについては、教室事務員の業務の内容や人員配置の見直し等に起因する事情が存在したほか、職種を変更するための試験による登用制度が設けられていたという事情が存在する	
	✓ アルバイト職員は、長期雇用を前提とした勤務を予定しているものとはいい難いため、雇用を維持し確保することを前提とする制度の趣旨が直ちに妥当するものとはいえない	
	✓ 1審原告は、勤務開始後2年余りで欠勤扱いとなり、欠勤期間を含む在籍期間も3年余りにとどまり、その勤続期間が相当の長期間に及んでいたとはいい難く、1審原告の有期労働契約が当然に更新され契約期間が継続する状況にあったことをうかがわせる事情も見当たらない	

(4)分析

①賞与

本判決は、賞与の趣旨・性質およびこれを支給する目的を踏まえて、不合理性の考慮要素である、職務の内容、人材活用の仕組みおよびその

他の事情をそれぞれ考慮して、高裁判決と異なり、賞与を正職員に対してのみ支給することの不合理性を否定しました。

　これまでの裁判例において賞与に関する待遇差の不合理性が否定された事案では、いずれも金額は低額であるものの有期雇用労働者に対しても幾分かの賞与（または賞与に準じるもの）が支給されていたため、本件のように有期雇用労働者に対して賞与を一切支給していない事案において不合理性が否定された点には大きな意義があります。

　また、本判決は、正職員の基本給が職能給であること、業務の内容の難度や責任の程度が高く、人材の育成や活用を目的とした人事異動が行われていたことなどに鑑みて、正職員としての職務を遂行し得る人材の確保やその定着を図るなどの目的を賞与の支給目的と認定したところ、賞与の趣旨・性質に労務の対価の後払いや一律の功労報償といったアルバイト職員に対しても一定程度妥当する趣旨が含まれると認定しながら不支給の不合理性を否定したことからすれば、かかる支給目的の認定が結論に大きな影響を与えたものと推察できます。

　したがって、特に上記に掲げた支給目的を認定する根拠となった前提事実が異なるケース（基本給の性質、職務の内容、人材活用の仕組み等に関して、正社員と有期雇用労働者との間の区別が明確にできていないケース等）においては、本判決と異なる支給目的の認定がなされる可能性があり、本判決と結論が変わり得ると考えます。

　なお、本判決では、試験による正社員登用制度が設けられていることが「その他の事情」として不合理性を否定する一つの事情として考慮されているため、登用制度を設けることはリスクヘッジ策の一つとして有効と考えられますが、かかる事情のみによって不合理性が否定される性質のものではないと考えますので、その点は留意が必要です。

②私傷病欠勤中の賃金

　本判決は、長期にわたり継続して就労し、または将来にわたって継続して就労することが期待される正職員の生活保障と雇用の維持確保を支

給目的と認定した上で、アルバイト職員は、長期雇用を前提とした勤務を予定しているものとはいい難いため、雇用を維持し確保することを前提とする制度の趣旨が直ちに妥当するものとはいえないなどとして、不支給の不合理性を否定しました。

　本判決が「長期雇用を前提とした勤務を予定しているものとはいい難い」と判断したのは、更新の上限を5年と定めており、これが有効に機能していたことが影響したものと推察されます。

　したがって、有期雇用労働者について、更新の上限を設けておらず、または設けていても遵守されておらず、かつ、ある程度長期にわたり継続して就労し、または継続して就労することが期待されると認められる場合には、本判決と結論が異なり得ると考えます。現に、後掲日本郵便（東京）事件［上告審］（最高裁一小　令2.10.15判決）においては、病気休暇に関する待遇差について、有期労働契約の更新を繰り返して勤務する者が存するなど、相応に継続的な勤務が見込まれているといえることなどを理由に、有期雇用労働者に対してのみ無給とすることは不合理であると判示されています。

［3］メトロコマース事件
（1）正社員と契約社員の職務の内容、人材活用の仕組み、賃金体系等の比較

区　分	正社員	契約社員B
職務の内容	▶職務の制限なし ▶売店業務を行う正社員は、販売員が固定されている売店において休暇や欠勤で不在になった販売員に代わって早番や遅番の業務を行う代務業務を行っていたほか、複数の売店を統括し、売り上げ向上のための指導、改善業務	▶一時的、補完的な業務に従事する ▶原則として代務業務を行わず、エリアマネージャー業務に従事することもない

	や売店の事故対応等の売店業務のサポートやトラブル処理、商品補充に関する業務等を行うエリアマネージャー業務に従事することがある	
配転や出向の可能性	あり	なし ※業務の場所の変更を命ぜられることはある
基本給	月給制（年齢給・職務給）	時給制 ※業務内容等を考慮して個別に定める
資格手当	年齢・資格等に応じて月額1000円〜7000円	支給なし
住宅手当	扶養家族あり：月額1万5900円 扶養家族なし：月額9200円	支給なし
早出残業手当	2時間までは27％増、2時間超は35％増	25％増
褒賞（永年勤労）	勤続年数に応じて一律に支給	支給なし
賞与	年2回 ※各回の平均支給実績：本給2カ月分＋17万6000円	年2回 ※各回12万円
退職金	計算基礎額である本給に勤続年数に応じた支給月数を乗じた金額を支給	支給なし ※職種限定社員（元契約社員A）には退職金制度あり
備考		▶契約期間は1年以内であるが、原則として更新され、更新の上限年齢は65歳 ▶契約社員Aおよび正社員への登用制度あり ▶定年が65歳と定められている ▶契約社員Aは2016年4

	月に職種限定社員に改められ、無期労働契約に変更されて退職金制度が設けられた

(2)1審、2審、最高裁判決の結論の比較

賃金項目	1審	2審	最高裁
基本給	○	○	－
資格手当	○	○	－
住宅手当	○	×	－
早出残業手当	×	×	－
褒賞	○	×	－
賞与	○	○	－
退職金	○	×	○

※「○」＝不合理でない。「×」＝不合理である。「－」＝旧労働契約法20条違反について判断なし。

(3)最高裁判決の要旨

賃金項目	判断理由の概要	結論
退職金	✓ 正社員は、1審被告の本社の各部署や事業本部が所管する事業所等に配置され、業務の必要により配置転換等を命ぜられることもあり、また、退職金の算定基礎となる本給は、年齢によって定められる部分と職務遂行能力に応じた資格および号俸により定められる職能給の性質を有する部分からなるものとされていた ✓ かかる退職金の支給要件や支給内容等に照らせば、当該退職金は、上記の職務遂行能力や責任の程度等を踏まえた労務の対価の後払いや継続的な勤務等に対する功労報償等の複合的な性質を有するものであり、1審被告は、正社員としての職務を遂行し得る人材の確保やその定着を図るなどの目的から、さまざまな部署等で継続的に就労することが期待される正社員に対し退職金を支給することとした	不合理でない

ものといえる

✓ 売店業務に従事する正社員と契約社員Bの業務の内容はおおむね共通するものの、正社員は、販売員が固定されている売店において休暇や欠勤で不在の販売員に代わって早番や遅番の業務を行う代務業務を担当していたほか、複数の売店を統括し、売り上げ向上のための指導、改善業務等の売店業務のサポートやトラブル処理、商品補充に関する業務等を行うエリアマネージャー業務に従事することがあったのに対し、契約社員Bは、売店業務に専従していたものであり、両者の職務の内容に一定の相違があったことは否定できない

✓ 売店業務に従事する正社員については、業務の必要により配置転換等を命ぜられる現実の可能性があり、正当な理由なく、これを拒否することはできなかったのに対し、契約社員Bは、業務の場所の変更を命ぜられることはあっても、業務の内容に変更はなく、配置転換等を命ぜられることはなかったものであり、両者の職務の内容および配置の変更の範囲にも一定の相違があったことが否定できない

✓ 売店業務に従事する正社員と、1審被告の本社の各部署や事業所等に配置され配置転換等を命ぜられることがあった他の多数の正社員とは、職務の内容および変更の範囲につき相違があったものであるが、再編成の経緯等に鑑みれば、賃金水準を変更したり、他の部署に配置転換等をしたりすることが困難な事情があったことがうかがわれるため、売店業務に従事する正社員が他の多数の正社員と職務の内容および変更の範囲を異にしていたことについては、1審被告の組織再編等に起因する事情が存在したものといえることのほか、開かれた試験による登用制度を設け、相当数の契約社員Bや契約社員Aをそれぞれ契約社員Aや正社員に登用していたことは、その他の事情として考慮することができる

✓ 契約社員Bの有期労働契約が原則として更新するものとされ、定年が65歳と定められるなど、必ずしも短期雇用を前提としているものではなく、1審原告らが10年前後の勤続期間を有していることを考慮しても、不合理であるとまで評価することはできない

(4)分析

○退職金

　本判決は、前掲大阪医科薬科大学事件［上告審］（最高裁三小　令2.10.13判決）の賞与に関する判断と同様に、退職金の性質およびこれを支給する目的を踏まえて、3要素を考慮した結果、高裁判決と異なり、退職金を正社員に対してのみ支給することの不合理性を否定しましたが、これには退職金の性質および支給目的の認定が大きく影響しているものと考えられます。

　この点、本判決が、退職金の性質を正社員の職務遂行能力や責任の程度等を踏まえた労務の対価の後払いや継続的な勤務等に対する功労報償等の複合的な性質と認定し、また、支給目的を正社員としての職務を遂行し得る人材の確保やその定着を図るなどの目的と認定した理由は、正社員が配置転換命令の対象になっていることや退職金の算定基礎となる本給の一部が職能給の性質を有することなどです。そのため、正社員と契約社員Ｂとで、基本給の性質、職務の内容および人材活用の仕組み等に関して、明確に区別できていないケース（例えば、有期雇用労働者についても正社員と同様にさまざまな部署等で継続的に就労することが期待されている実態があるケース等）においては、本判決と異なる性質・支給目的の認定がなされる可能性があり、本判決と結論が変わり得ると考えます。また、補足意見においても、「有期契約労働者がある程度長期間雇用されることを想定して採用されており、有期契約労働者と比較の対象とされた無期契約労働者との職務の内容等が実質的に異ならないような場合には、両者の間に退職金の支給に係る労働条件の相違を設けることが不合理と認められるものに当たると判断されることはあり得る」と述べられており、退職金に関する待遇差を検討する上では、長期雇用が想定されているかや職務の内容等の相違が重要なポイントになるものと考えられます。

　なお、本判決においても、開かれた試験による正社員登用制度が設け

られていたことが「その他の事情」として考慮できる旨判示されていますが、かかる事情のみによって不合理性が否定されるものでないことには留意が必要です。

[4]日本郵便事件(東京、大阪、佐賀)

(1)正社員と契約社員の職務の内容、人材活用の仕組み、賃金体系等の比較

区　分	正社員（新一般職）	月給制／時給制契約社員
職務の内容	▶郵便外務事務、郵便内務事務等の標準的な業務に従事することが予定されており、昇任や昇格は予定されていない ▶正社員の人事評価においては、業務の実績そのものに加え、部下の育成指導状況、組織全体に対する貢献等の項目によって業績が評価されるほか、自己研さん、状況把握、論理的思考、チャレンジ志向等の項目によって正社員に求められる役割を発揮した行動が評価される	▶郵便外務事務または郵便内務事務のうち、特定の業務のみに従事し、上記各事務について幅広く従事することは想定されておらず、昇任や昇格は予定されていない ▶時給制契約社員の人事評価においては、上司の指示や職場内のルールの遵守等の基本的事項に関する評価が行われるほか、担当する職務の広さとその習熟度についての評価が行われる一方、組織全体に対する貢献によって業績が評価されること等はない ▶月給制契約社員の人事評価においては、業務を適切に遂行していたかなどの観点によって業績が評価されるほか、上司の指示の理解、上司への伝達等の基本的事項や、他の期間雇用社員への助言等の観点により、月給制契約社員に求められる役割を発揮した行動が評価される一方、組織全体に対

		する貢献によって業績が評価されること等はない
配転や出向の可能性	配転の可能性はあるが、転居を伴わない範囲で命ぜられる可能性があるのみ	なし
基本給	月給制	月給制／時給制
郵便外務・内務業務精通手当（作業能率評価手当）	職務の精通度合い等に応じて支給	支給なし ※資格給による加算あり
外務業務手当	外務業務に従事した場合に区分に応じて支給	支給なし ※外務加算額の支給あり
早出勤務等手当	早朝・深夜勤務が４時間以上にわたる場合に支給	支給なし ※早朝・深夜勤務が１時間以上にわたる場合に追加の割増賃金を支給
夜間特別勤務手当	深夜帯に勤務した場合に支給	支給なし
年末年始勤務手当	年末年始期間において実際に勤務したときに支給 ※実働４時間以下の日は半額	支給なし
祝日給	祝日および年始期間に勤務したときに支給	支給なし ※祝日給に対応する祝日割増賃金の制度はあるが、年始期間は対象外
住居手当	家賃の額や住宅購入の際の借入額に応じて支給	支給なし
扶養手当	扶養親族の種類等に応じて、扶養親族１人につき月額1500円〜１万5800円を支給	支給なし
通勤手当	21日分相当の通勤費を支給	所定勤務日数相当の通勤費を支給
夏期年末手当	労使交渉の結果によって支給金額が決定	支給なし ※臨時手当あり
夏期冬期休暇	夏期・冬期各３日間（有給）	なし

病気休暇	90日間（有給）	10日間（無給）
備考		▶時給制契約社員の契約期間は6カ月以内で、更新可能性あり ▶月給制契約社員の契約期間は1年以内で、更新可能性あり ▶正社員登用制度あり

（2）1審、2審、最高裁判決の結論の比較

賃金項目	1審			2審			最高裁		
	東京	大阪	佐賀	東京	大阪	佐賀	東京	大阪	佐賀
基本給	－	－	○	－	－	○	－		
郵便外務・内務業務精通手当（作業能率評価手当）	○	○	○	○	○	○	－	－	－
外務業務手当	○	○	○	○	○	○	－	－	－
早出勤務等手当	○	○	○	○	○	○	－	－	－
夜間特別勤務手当	○	－	－	○	－	－			
年末年始勤務手当	×	×	－	×	×	－	×	×	
祝日給	○	○	○	○	×	○		×	
住居手当	×	×		×	×				
扶養手当	－	×	－		○	－		×	
通勤手当	－	－	○	－	－	○			
夏期年末手当	○	○	○	○	○	○			
夏期冬期休暇	×	－	○	×	×	×	－	－	×
病気休暇	×	－	－	×	×	－	×	－	－

※「○」＝不合理でない。「×」＝不合理である。「－」＝旧労働契約法20条違反について判断なし。

（3）最高裁判決の要旨

賃金項目	判断理由の概要	結論
年末年始勤務手当	✓年末年始期間は郵便の業務の最繁忙期であり、多くの労働者が休日として過ごしている期間において、業務に従事したことに対し、その勤務の特殊性から基本給に加えて支給される対価としての性質を有する手当である ✓年末年始勤務手当は、正社員が従事した業務の内容やその難度等にかかわらず、所定の期間において実際に勤務したこと自体を支給要件とするものであり、その支給金額も、実際に勤務した時期と時間に応じて一律である ✓上記の性質や支給要件および支給金額に照らせば、これを支給することとした趣旨は、郵便の業務を担当する時給制契約社員にも妥当する	不合理
祝日給	✓年始期間の勤務に対する祝日給は、特別休暇が与えられることとされているにもかかわらず最繁忙期であるために年始期間に勤務したことについて、その代償として、通常の勤務に対する賃金に所定の割り増しをしたものを支給することとされたものと解され、祝日給に関する労働条件の相違は特別休暇に係る労働条件の相違を反映したものと考えられる ✓契約社員は、契約期間が6カ月以内または1年以内とされており、1審原告らのように有期労働契約の更新を繰り返して勤務する者も存するなど、繁忙期に限定された短期間の勤務ではなく、業務の繁閑にかかわらない勤務が見込まれている。そうすると、最繁忙期における労働力の確保の観点から、契約社員に対して上記特別休暇を付与しないこと自体には理由があるということはできるものの、年始期間における勤務の代償として祝日給を支給する趣旨は、契約社員にも妥当する	不合理
扶養手当	✓扶養手当が支給されているのは、正社員が長期にわたり継続して勤務することが期待されることから、その生活保障や福利厚生を図り、扶養親族のある者の生活設計等を容易にさせることを通じて、その継続的な雇用を確保するという目的によるものであり、継続的な勤務が見込まれる労働者に扶養手当を支給するものとすることは、使用者の経営判断とし	不合理

	て尊重し得るものと解される ✓ 上記目的に照らせば、契約社員についても、扶養親族があり、かつ、相応に継続的な勤務が見込まれるのであれば、扶養手当を支給することとした趣旨は妥当するというべきである。そして、１審被告においては、契約社員は、契約期間が６カ月以内または１年以内とされており、１審原告らのように有期労働契約の更新を繰り返して勤務する者が存するなど、相応に継続的な勤務が見込まれているといえる	
夏期冬期休暇	✓ 夏期冬期休暇が与えられているのは、年次有給休暇や病気休暇等とは別に、労働から離れる機会を与えることにより、心身の回復を図るという目的によるものであると解され、夏期冬期休暇の取得の可否や取得し得る日数は正社員の勤続期間の長さに応じて定まるものとはされていない ✓ 郵便の業務を担当する時給制契約社員は、契約期間が６カ月以内とされるなど、繁忙期に限定された短期間の勤務ではなく、業務の繁閑にかかわらない勤務が見込まれているのであって、夏期冬期休暇を与える趣旨は、時給制契約社員にも妥当する	不合理
病気休暇	✓ 正社員が長期にわたり継続して勤務することが期待されることから、その生活保障を図り、私傷病の療養に専念させることを通じて、その継続的な雇用を確保するという目的によるものであり、継続的な勤務が見込まれる労働者に私傷病による有給の病気休暇を与えるものとすることは、使用者の経営判断として尊重し得るものと解される ✓ 上記目的に照らせば、郵便の業務を担当する時給制契約社員についても、相応に継続的な勤務が見込まれるのであれば、私傷病による有給の病気休暇を与えることとした趣旨は妥当するというべきである ✓ 時給制契約社員は、契約期間が６カ月以内とされており、１審原告らのように有期労働契約の更新を繰り返して勤務する者が存するなど、相応に継続的な勤務が見込まれているといえる ✓ 私傷病による病気休暇の日数につき相違を設けることはともかく、これを有給とするか無給とするかにつき労働条件の相違があることは、不合理であると評価することができる	不合理

(4)分析

①概要

　本判決は、各待遇の性質、適用要件等から各待遇の趣旨・目的を認定し、当該趣旨・目的が契約社員にも妥当するか否かを検討することにより、不合理性の判断を行っているところ、3要素をすべて考慮した前掲大阪医科薬科大学事件およびメトロコマース事件の最高裁判決とはやや判断過程が異なるように思われます。また、本判決においては、賞与や退職金と異なり、いずれも職務の内容等との関連性が薄い待遇の相違の不合理性が争点となっているところ、各待遇の相違の不合理性を判断するに当たって、正社員と契約社員との間の基本給の性質や職務の内容等の違いに言及せず、各待遇の性質、適用要件等を個別に検討して趣旨・目的を認定していることからすれば、職務の内容等との関連性が薄い待遇については、賞与や退職金のように正社員人材の確保定着が趣旨・目的と認定される可能性は低いと考えられます。

②年末年始勤務手当

　本判決は、年末年始勤務手当について、手当の性質、支給要件および支給金額から、手当の趣旨を認定し、当該趣旨が郵便の業務を行う契約社員にも妥当するとして、不合理性を肯定しました。

　なお、勤続期間の長さに関する言及はないため、手当の趣旨との関係で勤続期間は関連性がないとの判断がなされたものと推察されます（祝日給、夏期冬期休暇および病気休暇についても同様ですが、通算契約期間が5年を超えた以降に限って不合理性を肯定した大阪高裁の判断を採用しませんでした）。

③祝日給

　本判決は、祝日給について、支給趣旨を年始期間における勤務の代償と認定し（特別休暇における勤務への代償であるとの会社側の主張は不採用）、繁忙期に限定された短期間の勤務ではなく、業務の繁閑にかかわらない勤務が見込まれている者については、当該趣旨が妥当するとし

て、本事案において不合理性を肯定しました。

　なお、どの程度の契約期間であれば「業務の繁閑にかかわらない勤務が見込まれている」といえるかは明確ではありませんが、夏期冬期休暇に関する判断を踏まえると、契約期間が少なくとも6カ月程度であれば、「業務の繁閑にかかわらない勤務が見込まれている」といえると考えられます。

④扶養手当

　本判決は、扶養手当の支給目的を、長期にわたる継続勤務が期待されている正社員の生活保障等を図ることでその継続的な雇用を確保することと認定し、契約社員についても、相応に継続的な勤務が見込まれるのであれば、当該支給目的が妥当するとして、本事案において不合理性を肯定しました。

　「相応に継続的な勤務が見込まれる」か否かの基準は明らかではありませんが、本事案の1審原告らの勤続期間が少なくとも10年弱であること、通算契約期間が5年を超えた場合には無期転換権が生じることなどを考慮すれば、5年以上の継続勤務が見込まれているかを一つの目安とすることは合理的であると考えます。

⑤夏期冬期休暇

　本判決は、夏期冬期休暇の目的を心身の回復を図ることと認定し、繁忙期に限定された短期間の勤務ではなく、業務の繁閑にかかわらない勤務が見込まれている者については、当該目的が妥当するとして、本事案において不合理性を肯定しました。他方で、本判決は、夏期冬期休暇の取得の可否や取得し得る日数が正社員の勤続期間の長さに応じて定まるものとはされていないことを不合理性を肯定する一つの理由として認定していることからすると、業務内容や勤続期間の長さ等に応じた休暇の取得条件や日数が定められている場合には、単に「心身の回復を図ること」ではない別の支給目的が認定される可能性があり、その場合には業務内容や勤続期間の長さ等に応じて非正規従業員との間で取得の可否や

日数に相違を設けることも許容され得ると考えられます。

⑥病気休暇

　本判決は、扶養手当と同様に、有給の病気休暇の付与目的を、長期にわたる継続勤務が期待されている正社員の生活保障を図ることでその継続的な雇用を確保することと認定し、契約社員についても、相応に継続的な勤務が見込まれるのであれば、当該付与目的が妥当するとして、本事案において有給・無給の相違が不合理であると判断しました。

　「相応に継続的な勤務が見込まれる」か否かは、扶養手当と同様に、５年以上の継続勤務が見込まれているかを一つの目安とすることが合理的であると考えられるため[44]、例えば、有期雇用労働者の更新の上限を５年と設定し、それが厳格に運用されているケースにおいては、「相応に継続的な勤務が見込まれる」とはいえないと評価し得ると考えられます。

　なお、病気休暇の日数の相違（90日と10日）については、許容範囲が不明確であるため、事案ごとに慎重に検討する必要があります。

---

[44] 病気休暇については、大阪事件の高裁判決（契約社員の通算契約期間が5年を超えているか否かを不合理性判断の基準としました）が確定したことも一つの根拠として挙げられます。

第 **3** 章

同一労働同一賃金
ガイドライン

1 ▶ 概要

　厚生労働省は、2018年12月28日、「短時間・有期雇用労働者及び派遣労働者に対する不合理な待遇の禁止等に関する指針（平30.12.28　厚労告430）」(以下、本指針) を公表しました。なお、厚生労働省は、略称 (通称) として、「同一労働同一賃金ガイドライン」という名称を用いています。

　その目次は、以下のとおりです。

　第1　目的
　第2　基本的な考え方
　第3　短時間・有期雇用労働者
　　1　基本給
　　2　賞与
　　3　手当
　　4　福利厚生
　　5　その他
　第4　派遣労働者
　　1　基本給
　　2　賞与
　　3　手当
　　4　福利厚生
　　5　その他
　第5　協定対象派遣労働者
　　1　賃金
　　2　福利厚生
　　3　その他

　このうち、手当については、役職手当、特殊作業手当、特殊勤務手当、精皆勤手当、時間外労働手当、深夜・休日労働手当、通勤手当・出張旅費、食事手当、単身赴任手当および地域手当には原則となる考え方が示されていますが、住宅手当、家族手当および退職手当については示されていません。

　本章では、本指針の総論部分と性格を解説するにとどめ、具体的な内容については第4章で詳しく触れます。

2 ▶ 総論部分のポイント

[1]「第1　目的」

　我が国においては、基本給をはじめ、賃金制度の決まり方には様々な要素が組み合わされている場合も多いため、まずは、各事業主において、職務の内容や職務に必要な能力等の内容を明確化するとともに、その職務の内容や職務に必要な能力等の内容と賃金等の待遇との関係を含めた待遇の体系全体を、短時間・有期雇用労働者及び派遣労働者を含む労使の話合いによって確認し、短時間・有期雇用労働者及び派遣労働者を含む労使で共有することが肝要である。また、派遣労働者については、雇用関係にある派遣元事業主と指揮命令関係にある派遣先とが存在するという特殊性があり、これらの関係者が不合理と認められる待遇の相違の解消等に向けて認識を共有することが求められる。

　今後、各事業主が職務の内容や職務に必要な能力等の内容の明確化及びその公正な評価を実施し、それに基づく待遇の体系を、労使の話合いにより、可能な限り速やかに、かつ、計画的に構築していくことが望ましい。

この記載は、通常の労働者と短時間・有期雇用労働者および派遣労働者との間の不合理な格差をなくすために、各事業主において、各労働者の職務の内容や当該職務に必要な能力等の内容を明確化し、それらと賃金等との関係を含めた待遇の体系全体を整理することで、各労働者の職務の内容や能力に紐づいた不合理な格差のない賃金体系を実現することを求めるものですが、その過程においては、「労使の話合いによって確認し、……労使で共有することが肝要である」と明記されており、賃金体系は、基本的には労使間の協議によって構築されるべきものであるとの考えが示されています。

[2]「第2　基本的な考え方」

> 　この指針は、通常の労働者と短時間・有期雇用労働者及び派遣労働者との間に待遇の相違が存在する場合に、いかなる待遇の相違が不合理と認められるものであり、いかなる待遇の相違が不合理と認められるものでないのか等の原則となる考え方及び具体例を示したものである。事業主が、第3から第5までに記載された原則となる考え方等に反した場合、当該待遇の相違が不合理と認められる等の可能性がある。

　本指針の考え方等に反した場合、「不合理と認められる等の可能性がある」とされていますが、裏を返せば本指針の考え方等に反した場合であっても直ちに違法と判断されるわけではないことを意味します。本指針においては、原則となる考え方および具体例を示したものであるところ、不合理性の判断は、あくまで各社におけるさまざまな事情を考慮して個別になされるものであり、本指針の考え方および具体例はその際に参考にされるものにすぎないと考えます。

　なお、短時間・有期雇用労働法第8条及び第9条並びに労働者派遣法第30条の3及び第30条の4の規定は、雇用管理区分が複数ある場合であっても、通常の労働者のそれぞれと短時間・有期雇用労働者及び派遣労働者との間の不合理と認められる待遇の相違の解消等を求めるものである。このため、事業主が、雇用管理区分を新たに設け、当該雇用管理区分に属する通常の労働者の待遇の水準を他の通常の労働者よりも低く設定したとしても、当該他の通常の労働者と短時間・有期雇用労働者及び派遣労働者との間でも不合理と認められる待遇の相違の解消等を行う必要がある。

　「通常の労働者」とは、社会通念に従い、比較の時点で当該事業主において「通常」と判断される労働者をいい、具体的には、いわゆる正規型の労働者および無期雇用フルタイム労働者をいうものとされています。

　「通常の労働者」の中には、総合職、一般職、限定正社員等さまざまな雇用管理区分がありますが、基本的にはそれらのすべての「通常の労働者」との間で不合理な格差を設けることが禁止されていますので、この記載のとおり、雇用管理区分を新設することにより不合理な格差の問題を回避することはできません。

　さらに、短時間・有期雇用労働法及び労働者派遣法に基づく通常の労働者と短時間・有期雇用労働者及び派遣労働者との間の不合理と認められる待遇の相違の解消等の目的は、短時間・有期雇用労働者及び派遣労働者の待遇の改善である。事業主が、通常の労働者と短時間・有期雇用労働者及び派遣労働者との間の不合理と認められる待遇の相違の解消等に対応するため、就業規則を変更することにより、その雇用する労働者の労働条件を不利益に変更する場合、労働契約法（平成19年法律第128号）第9条の規定に基づき、原則と

して、労働者と合意する必要がある。また、労働者と合意することなく、就業規則の変更により労働条件を労働者の不利益に変更する場合、当該変更は、同法第10条の規定に基づき、当該変更に係る事情に照らして合理的なものである必要がある。ただし、短時間・有期雇用労働法及び労働者派遣法に基づく通常の労働者と短時間・有期雇用労働者及び派遣労働者との間の不合理と認められる待遇の相違の解消等の目的に鑑みれば、事業主が通常の労働者と短時間・有期雇用労働者及び派遣労働者との間の不合理と認められる待遇の相違の解消等を行うに当たっては、基本的に、労使で合意することなく通常の労働者の待遇を引き下げることは、望ましい対応とはいえないことに留意すべきである。

　この記載のとおり、通常の労働者と短時間・有期雇用労働者および派遣労働者との間の不合理な格差を禁止する目的は、短時間・有期雇用労働者および派遣労働者の待遇の改善であるため、パート有期法8条および9条を遵守するに当たっては、通常の労働者の待遇を引き下げるのではなく、短時間・有期雇用労働者および派遣労働者の待遇を改善する方法により不合理な格差を解消することが望ましいと考えられますが、本指針は、不合理と認められる待遇の相違の解消等を行うに当たっては、「基本的に、労使で合意することなく通常の労働者の待遇を引き下げることは、望ましい対応とはいえない」と記載しているにすぎず、通常の労働者の待遇を引き下げることが直ちに違法になるとは断言していません。

　したがって、労働者の受ける不利益の程度、労働条件の変更の必要性、変更後の就業規則の内容の相当性、労働組合等との交渉の状況その他の事情によっては、通常の労働者の待遇を引き下げる内容の就業規則の変更を行うことにより、パート有期法8条および9条を遵守することもできると考えます。

3 ▶ 本指針の性格

　本指針は、通常の労働者と短時間・有期雇用労働者および派遣労働者との間の不合理な待遇差の禁止等に関する基本的な考え方を明らかにして事業主・労使の取り組みを促す趣旨であり、当該基準に違反した待遇差については「不合理と認められる等の可能性がある」にとどまり、裁判所の法的判断を拘束するものではありません。ただし、裁判所が本指針を踏まえて不合理性の判断を行う可能性は極めて高く[45]、事実上本指針に沿った内容の判決が出ることは十分に予測できることから、各社においては、本指針の内容を踏まえた上で検討を進める必要があると考えます。

---

[45] メトロコマース事件［控訴審］（東京高裁　平31.2.20判決）においても、時間外労働割増賃金の割増率の相違の不合理性を検討する中で本指針の内容に言及し、結果的には本指針の内容に沿った判断をしています。

第 **4** 章

「不合理」と
判断されないために
（短時間・有期雇用労働者）

通常の労働者と短時間・有期雇用労働者との間に待遇の相違が存在する場合に、いかなる待遇の相違が不合理かを押さえておかなければなりません。以下では、「基本給」「各種手当」「賞与」「退職金」「休職・休暇・福利厚生」等の別に見ていきます。

1 ▶ 基本給

[1]基本給とは

賃金は、会社において毎月支給される賃金（月例賃金）と特別に支給される賃金とに区分され、そのうち月例賃金は、さらに所定内賃金と所定外賃金（所定外の労働に対して支払われる賃金）に区分されるところ、基本給とは、一定の支給条件が設けられている各種手当を除いた、所定内賃金の主たるものとして支払われる金銭をいいます。

基本給は、時間給・日給・月給等の時間を単位として決定される場合（定額給）や、出来高に応じて決定される場合（出来高給・歩合給）のほか、両者を併用して決定される場合もあります。そして、定額給の場合には、職務内容、年齢・勤続年数、もしくは労働者の職務遂行能力等の各要因や、またはそれらの要因を併用するなどして、個々の労働者の時間単価が算定され、時間単価を基に定額給が決定されることになります。

[2]ガイドラインの解説
(1)ガイドラインの基本的な考え方

ガイドラインは、基本給であって、労働者の①能力または経験に応じて支給するもの、②業績または成果に応じて支給するもの、③勤続年数に応じて支給するものそれぞれに関して、以下のとおり基本的な考え方を示しています。

●基本給であって、労働者の①能力または経験／②業績または成果
／③勤続年数のいずれかに応じて支給するものについて、

- 通常の労働者と同一の①能力または経験／②業績または成果／
  ③勤続年数である短時間・有期雇用労働者には、①能力または
  経験／②業績または成果／③勤続年数に応じた部分につき、同
  一の支給をしなければならない。

- ①能力または経験／②業績または成果／③勤続年数に一定の相
  違がある場合においては、その相違に応じた支給をしなければ
  ならない。

- なお、基本給とは別に、労働者の②業績または成果に応じた手
  当を支給する場合も同様である。

●昇給であって、労働者の勤続による能力の向上に応じて行うもの
について、

- 通常の労働者と同様に勤続により能力が向上した短時間・有期
  雇用労働者には、勤続による能力の向上に応じた部分につき、
  通常の労働者と同一の昇給を行わなければならない。

- 勤続による能力の向上に一定の相違がある場合においては、そ
  の相違に応じた昇給を行わなければならない。

●通常の労働者と短時間・有期雇用労働者との間に基本給……等の
賃金に相違がある場合において、その要因として通常の労働者と
短時間・有期雇用労働者の賃金の決定基準・ルールの相違がある
ときは、「通常の労働者と短時間・有期雇用労働者との間で将来
の役割期待が異なるため、賃金の決定基準・ルールが異なる」等
の主観的または抽象的な説明では足りず、賃金の決定基準・ルー
ルの相違は、通常の労働者と短時間・有期雇用労働者の職務の内
容、当該職務の内容および配置の変更の範囲その他の事情のうち、
当該待遇の性質および当該待遇を行う目的に照らして適切と認め

(2)ガイドラインが示す具体的な例

　ガイドラインは、基本給であって、労働者の①能力または経験に応じ
て支給するもの、②業績または成果に応じて支給するもの、③勤続年数
に応じて支給するものそれぞれに関して、問題とならない例と問題とな
る例を具体的に示しています。例えば、以下のような具体例が挙げられ
ています。

①基本給であって、労働者の能力または経験に応じて支給するもの

[問題とならない例]	[問題となる例]
A社においては、定期的に職務の内容および勤務地の変更がある通常の労働者の総合職であるXは、管理職となるためのキャリアコースの一環として、新卒採用後の数年間、店舗等において、職務の内容および配置に変更のない短時間労働者Yの助言を受けながら、Yと同様の定型的な業務に従事しているが、A社は、Xに対し、管理職となるためのキャリアコースの一環として従事させている定型的な業務における能力または経験に応じることなく、Yに比べ高額の	基本給について、労働者の能力または経験に応じて支給しているA社において、通常の労働者Xが有期雇用労働者であるYに比べて多くの経験を有することを理由として、会社は、Xに対して、Yよりも基本給を高くしているが、Xのこれまでの経験はXの現在の業務に関連性を持たない。

| 基本給を支給している。 | |

②基本給であって、労働者の業績または成果に応じて支給するもの

［問題とならない例］	［問題となる例］
A社においては、通常の労働者Xと短時間労働者Yは、同様の業務に従事しているが、生産効率および品質の目標値に対する責任の有無に違いがあり、Xは目標が未達の場合、待遇上の不利益を課されている。そのため、A社はXに対し、Yに比べ基本給を高く支給している。	基本給の一部について、労働者の業績または成果に応じて支給しているA社において、通常の労働者が販売目標を達成した場合に行っている支給を、通常の労働者より所定労働時間が短い短時間労働者Yについて、通常の労働者と同一の販売目標を設定し、それに達成しない場合には支給していない。

③基本給であって、労働者の勤続年数に応じて支給するもの

［問題とならない例］	［問題となる例］
基本給について、労働者の勤続年数に応じて支給しているA社において、期間の定めのある労働契約を更新している有期雇用労働者であるXに対し、当初の労働契約の開始時から通算して勤続年数を評価した上で支給している。	基本給について、労働者の勤続年数に応じて支給しているA社において、期間の定めのある労働契約を更新している有期雇用労働者であるXに対し、当初の労働契約の開始時から通算して勤続年数を評価せず、その時点の労働契約の期間のみにより勤続年数を評価した上で支給している。

[3] 参考裁判例の解説

　ここでは、「基本給」に関する賃金格差の合理性が争われた裁判例を取り上げることとします。

※事件名の前に付した番号は、第9章「資料2」の番号に対応しています

差異の内容	適法性	主な判断理由
5　メトロコマース事件［1審］（東京地裁　平29.3.23判決）		
（基本給） ・正社員は月給制／契約社員Bは時給制 ・1年目は契約社員Bのほうが高い ・3年目はおおむね同程度か契約社員Bのほうが高い ・6年目以降はおおむね正社員のほうが高い ・10年目の契約社員Bの本給は、正社員の85〜87%程度	○	・職務内容、職務内容・配置の変更範囲に大きな相違がある ・正社員には**長期雇用を前提とした年功的な賃金制度を設けることは一定の合理性**あり ・10年目においても**契約社員の本給は正社員の8割以上は確保されて**いる ・契約社員Bの本給も昇給があり、かつ、正社員にない早番手当・皆勤手当も支給されている ➡不合理とは認められない
7　日本郵便（佐賀）事件［1審］（佐賀地裁　平29.6.30判決）		
（基本給） ・正社員は月給制 ・契約社員は時給制	○	・月給制と時間給制との違いに基づくものを超える有意な相違の存在を認めるに足りる証拠はない ➡不合理な相違は存在しない
11　学校法人産業医科大学事件［1審］（福岡地裁小倉支部　平29.10.30判決）		
・（原告の主張）原告の月額給与は、ほぼ同時期に教育職員として雇用されたC氏、D氏、	○	・原告とほぼ同じ勤続年数の事務職系正規職員であるC氏、D氏、E氏、F氏、G氏との比較において、経歴や資格等を考慮すると、同様

E氏、F氏、G氏の俸給月額の約43〜60％にとどまる		の業務を取り扱っているとの単純な比較は相当でないか、または、業務内容に歴然とした差異がある ➡労働契約法20条に違反するということは困難

12　大阪医科薬科大学事件［1審］（大阪地裁　平30.1.24判決）

（基本給） ・アルバイト職員は時給制で正職員は月給制 ・アルバイト職員の時給と正職員の初任給は、フルタイムで換算すると、約2割程度の賃金水準の相違がある ・正職員は月給制だが、アルバイト職員は時給制であるため、年末年始等の休日があった場合、正職員の賃金は減少しないが、アルバイト職員の賃金は減少する	○	・一概に月給制と時給制の一方が他方に比して不合理であるとはいえない ・アルバイト職員について、個別の賃金計算がより容易な時給制を採用することが不合理であるとはいえない ・アルバイト職員と正職員は、<u>職務の内容や異動の範囲が異なる</u> ・正職員の賃金は職能給の性質を有し、アルバイト職員の賃金は職務給の性質を有し、いずれの賃金の定め方にも合理性がある ・アルバイト職員は、<u>労働者の努力や能力によって正職員となることが可能</u> ・賞与を含めた年間の総支給額だと、<u>アルバイト職員である原告は平成25年度新規採用職員の約55％の水準</u>であり、相違の程度は一定の範囲に収まっている ・（アルバイト職員は労働日数に応じて賃金が変動することに関して）<u>賃金制度の違いから必然的に生ずる相違であって、正職員とアルバイト職員で賃金形態を異にすることが不合理であるとは認められない以上、その結果として生じる相</u>

		違<u>それ自体不合理なものであると</u> <u>はいえない</u> ➡不合理とは認められない

20　日本郵便（佐賀）事件［控訴審］（福岡高裁　平30.5.24判決）

（基本給） ・７事件参照	○	・業務内容のうち、勤務体制という 　点については、時給制契約社員と 　正社員とでは明らかに異なってお 　り、それを前提として給与体系に 　時給制か月給制かの相違が設けら 　れている ➡不合理とは認められない〔確定〕

27　学校法人産業医科大学事件［控訴審］（福岡高裁　平30.11.29判決）

（基本給） ・臨時職員の給与月額は、 　雇用期間や職種に関わ 　りなく毎年一律に定め 　られ、毎年人事院勧告 　に従い引き下げや引き 　上げが行われていた ・本件労働者の基本給は、 　同時期に採用されたG 　氏の約２分の１であっ 　た ・C氏・F氏・G氏につ 　いては、当初は本件労 　働者と類似した業務に 　携わり、業務に対する 　習熟度を上げるなどし、 　採用から6年ないし10 　年で主任に昇格した	×	・職務の内容等の違いおよび本件労 　働者自身が同一の科での継続勤務 　を希望した事情を踏まえても、<u>本</u> 　<u>件労働者と同一の学歴の正規職員</u> 　<u>が管理業務に携わることができる</u> 　<u>主任に昇格する前の賃金水準すら</u> 　<u>満たさず</u>、同時期に採用された正 　規職員の基本給の額との間に約２ 　倍の格差が生じているという労働 　条件の相違は、主任昇格前の賃金 　水準を下回る３万円の限度におい 　て不合理である

29　北日本放送（定年後再雇用）事件（富山地裁　平30.12.19判決）		
（基本給） ・正社員の基本給は、年齢給および職能等級等に基づく職能給 ・再雇用社員の基本給は、本人の職務および能力等によって決定した時間給 ・原告の平均月額賃金は、正社員時の約73%	○	・再雇用社員と正社員の職務の内容、当該職務の内容および配置の変更の範囲はいずれも異なり、定年退職後の再雇用社員である原告の基本給を正社員のそれと比べて相当程度低くすることも不合理であるとはいえない事情が存在する上、原告の基本給の水準は被告と組合の十分な労使協議を経たものでありこれを尊重する必要があり、原告の再雇用社員時の月収は給付金および企業年金を加えると正社員時の基本給を上回ることが認められる ➡「不合理と認められるもの」に当たるということはできない

32　大阪医科薬科大学事件［控訴審］（大阪高裁　平31.2.15判決）		
（基本給） ・**12事件**参照	○	・アルバイト職員は短時間勤務者が約6割を占めていることから、アルバイト職員に<u>短時間勤務者に適した時給制を採用していることは不合理とはいえない</u> ・職務、責任、異動可能性、採用に際し求められる能力に大きな相違があること、および正職員は職能給的な賃金で、アルバイト職員は職務給的な賃金であることを考慮すると2割程度の相違が生じることも不合理ではない ・休日における賃金支給についての相違は、一方が時給制を採用し、一方が月給制を採用したことの帰

		結にすぎない ➡不合理とは認められない〔確定〕

33　メトロコマース事件 [控訴審]（東京高裁　平31.2.20判決）

（基本給） ・5事件参照	○	・職務内容および配置の変更範囲に相違がある上、**正社員には契約社員と異なる年功的な賃金制度を設けることは、企業の人事政策上の判断として一定の合理性あり** ・契約社員Bの本給については、正社員の本給と比べて一概に低いとはいえない割合となっているし、契約社員Bには正社員とは異なり、皆勤手当および早番手当が支給されている ・契約社員Bから契約社員A（現在は職種限定社員）および契約社員Aから正社員への**各登用制度を利用することによって解消することができる機会**も与えられている ➡**不合理と認められるものに当たらない**〔確定〕

35　学校法人中央学院（非常勤講師）事件 [1審]（東京地裁　令元.5.30判決）

（本俸） ・専任教員の本俸額は年666万5200円であり、非常勤講師の本俸額は年228万3173円である ・専任教員と非常勤講師の間には、本俸額について、約3倍の差があ	○	・専任教員と非常勤講師は、職務の内容に数々の大きな違いがあり、また、国からの補助金額も異なる ・非常勤講師の賃金水準は他の大学と比較して特に低いものではない ・大学は、労働組合との合意により、非常勤講師の年俸を随時増額すること、私学共済への加入手続きを行っていること等から非常勤講師

る		の待遇について高水準となる方向で見直しを続けている ➡不合理であると評価することはできない

38 学校法人明泉学園事件（東京地裁 令元.12.12判決）

（調整手当） ・専任教諭（無期契約労働者）は基本給の8％の調整手当が支給される ・常勤講師（有期契約労働者）は基本給の5％の調整手当が支給される	○	・被告会社において、調整手当は、基本給の額と連動して固定的に支払われるものであったため、基本給の額を調整する性質をもつ手当であった ・専任教諭は、長期間の雇用が制度上予定され、管理職の大部分に就いて重い職責を負い、重要な業務を担っていた。他方で、常勤講師は、長期間雇用が制度上予定されておらず、管理職の職責を恒常的に担うことも予定されておらず、重要業務のうち担当しないものもあった ・専任教諭と常勤講師のそれぞれについて基本給をどのように設定するかにおいて考慮すべき各事情には相当な差異がある ・専任教諭と常勤講師との調整手当の差額は基本給の3％にとどまる ➡不合理ということはできない

41 トーカロ事件（東京地裁 令2.5.20判決）

（基本給） ・Aコース正社員の基本給は本人給および職能給により構成され、毎年定期昇給する	○	・本人給は生活給的性格のものであり、職能給は職務の複雑さおよび責任の度合いならびに勤務成績および保有能力に応じ決定されるものである

・嘱託社員の給与は、個別に決定するものとされ、毎年定期昇給する旨の内規はない		・Ａコース正社員の賃金体系は、長期間の雇用が制度上予定され、Ａコース正社員の意欲、能力等の向上を促すものということができる ・他方、嘱託社員は、長期間の雇用が制度上予定されておらず、期待される能力や役割もＡコース正社員より限定的であるから、契約期間ごとの合意によって基本給の額を決定することに一定の合理性がある ・両者の間に異なる賃金体系を設けることには、企業の人事上の施策として一定の合理性がある ・被告においては、有期雇用社員の正社員への登用制度が存在し、同制度が実際にも機能しており、嘱託社員には同制度によって正社員との相違を解消する機会が与えられている ➡不合理ではない

42　学校法人中央学院（非常勤講師）事件［控訴審］（東京高裁　令2.6.24判決）

（本俸） ・**35事件**参照	○	・専任教員については、１週間に一定時間数（コマ数）以上の授業を担当することおよび学長が必要と認めたときにはそれを超える担当時間数の授業をすることや、専攻分野について研究活動を行うことが労働契約上の義務とされ、本件大学の規程により３年に１回以上は論文を発表することが義務付けられている ・１審原告が専任教員と遜色のない

コマ数の授業を担当したことは、本件非常勤講師給与規則の定める条件の下において、自らの意思により1審被告と合意したことに基づくものであり、法学論叢に複数の論文発表をしたのも、義務の履行としてではなく自らの希望によるもの
・1審原告は、専任教員と異なり、労働契約に基づき、教授会における審議、各種委員会委員等の委嘱等の大学運営に関する業務を行う義務を負うことはないなど、専任教員との間には、その労働契約上の義務とその履行としての活動において原判決に説示するような相違がある
➡不合理とはいえない

[4]実務上の検討

　ガイドラインでは、①能力または経験に応じて支給するもの、②業績または成果に応じて支給するもの、③勤続年数に応じて支給するものが例として挙げられ、①②③それぞれに応じた支給金額（基本給に占める割合）が具体的に特定可能であることを前提とした記載がなされています。

　しかしながら実務上は、具体的な賃金テーブルが存在せず各要因に応じた支給金額の特定が困難なケースや、そもそも正規従業員と非正規従業員との間の賃金の決定要因が異なるケースなどもあると考えられ、このガイドラインの考え方をそのまま当てはめることは難しい場合が多いと考えられます。

　この点、ガイドラインにおいては、正規従業員と非正規従業員との間

の基本給の相違の要因が、両者の賃金の決定基準・ルールの相違による場合には、両者の職務の内容、当該職務の内容および配置の変更の範囲に照らして当該相違が不合理なものではあってはならない、との考え方も併せて記載されています。実務上は、こちらの考え方を適用すべき場面のほうが多いと考えられ、実際に裁判例においても、基本的には、両者の職務の内容、当該職務の内容および配置の変更の範囲に照らして相違が不合理なものかどうかが判断されています。

　したがって、実務上の対応としては、正規従業員、非正規従業員ともに具体的な要因に応じた支給金額が明確になっているようなケースを除き、基本的には、両者に待遇差がある場合、両者の職務の内容、当該職務の内容および配置の変更の範囲からその待遇差が不合理ではないことを客観的・具体的に説明できるかどうかがポイントとなると考えられます[46]。例えば、正規従業員と非正規従業員の職務の内容や責任の範囲、異動の有無、異動の範囲等の違いを社内規程等において明確に示しておくことは、待遇の差異の理由を客観的・合理的に説明する上で有用であると考えられます。

　なお、実務上は、正規従業員には月給制を、非正規従業員には時給制を採用するなど、そもそも正規従業員と非正規従業員とで採用している賃金制度が異なるケースもあると考えられます。

　この点について裁判例は、職務内容や勤務体制が正規従業員と異なることや個別の賃金計算がより容易であることなどを理由として非正規従業員にのみ時給制を採用することが不合理であるとはいえない旨判示しており、また、正規従業員と非正規従業員との待遇差が職務内容等のほか賃金制度の違いから必然的に生じる相違である限りそれは不合理なものとはいえない旨を判示しています（日本郵便（佐賀）事件［１審］

---

46 その確認に当たっては、厚生労働省が作成した「職務評価を用いた基本給の点検・検討マニュアル」が参考になります（https://www.mhlw.go.jp/content/000496880.pdf）。

佐賀地裁　平29.6.30判決、同事件［控訴審］　福岡高裁　平30.5.24判決、大阪医科薬科大学事件［1審］　大阪地裁　平30.1.24判決、同事件［控訴審］　大阪高裁　平31.2.15判決）。

　したがって、実務上、非正規従業員に正規従業員とは異なる賃金制度を採用する場合には、非正規従業員に当該賃金制度を採用することにつき合理的な理由があるか、また、待遇の相違が職務内容等のほか賃金制度の相違から必然的に生じるものであると認められるかを確認する必要があると考えられます。

2 ▶ 各種手当

　手当には、所定内賃金として支払われる金銭と、所定外の労働など特別な労働に対する所定外賃金として支払われる金銭とがあります。所定内賃金として支払われる手当のうち代表的なものとしては、役職手当、資格手当、家族手当、住宅手当、地域手当、通勤手当などが挙げられます。所定外賃金として支払われる手当のうち代表的なものとしては、時間外労働手当、深夜労働手当、休日労働手当が挙げられます。

[1]役職手当・資格手当
（1）役職手当（資格手当）とは
　役職手当（資格手当）とは、役職（あるいは資格）の内容に応じて支給される手当をいいます。法令上定められた手当ではないため、会社によってその名称や支給の有無は異なりますが、ある調査結果によれば[47]、役職手当（役付手当）を正社員に対して支給している企業数を100％とした場合、フルタイムの有期雇用労働者に対して同じ基準で同手当を支

---

[47] 労務行政研究所「諸手当の支給に関する実態調査」（2018年）

給している企業数は17.8％（別の基準で支給している企業数は10.5％）、短時間の有期雇用労働者に対して同じ基準で同手当を支給している企業数は5.9％（別の基準で支給している企業数は7.9％）となっています。

（2）ガイドラインの解説

①ガイドラインの基本的な考え方

　ガイドラインは、「役職手当」に関して、以下のとおり基本的な考え方を示しています。

> ●役職手当であって、役職の内容に対して支給するものについて、通常の労働者と同一の内容の役職に就く短時間・有期雇用労働者には、通常の労働者と同一の役職手当を支給しなければならない。また、役職の内容に一定の相違がある場合においては、その相違に応じた役職手当を支給しなければならない。

②ガイドラインが示す具体的な例

　ガイドラインは、「役職手当」に関して、問題とならない例と問題となる例を具体的に示しています。例えば、以下のような具体例が挙げられています。

[問題とならない例]	[問題となる例]
役職の内容に対して役職手当を支給しているA社において、通常の労働者であるXの役職と同一の役職名であって同一の内容の役職に就く短時間労働者であるYに、所定労働時間に比例した役職手当（例えば、所定労働時間が通常の労働者の半分の短時間労働者にあっては、通常	役職の内容に対して役職手当を支給しているA社において、通常の労働者であるXの役職と同一の役職名であって同一の内容の役職に就く有期雇用労働者であるYに、Xに比べ役職手当を低く支給している。

の労働者の半分の役職手当）を支給している。		

（3）参考裁判例の解説

　ここでは、「役職手当（資格手当）」に関する賃金格差の合理性が争われた裁判例を取り上げることとします。

※事件名の前に付した番号は、第9章「資料2」の番号に対応しています

差異の内容	適法性	主な判断理由
5　メトロコマース事件［1審］（東京地裁　平29.3.23判決）		
（資格手当） ・正社員がL-3資格に昇格した場合、3000円の資格手当が加算される ・契約社員Bには資格手当が支給されない	○	・基本給と併せて判断 ➡不合理とは認められない
33　メトロコマース事件［控訴審］（東京高裁　平31.2.20判決）		
（資格手当） ・5事件参照	○	・資格手当は、正社員の職務グループにおける各資格に応じて支給されるものであるところ、契約社員Bは<u>その従事する業務の内容に照らして正社員と同様の資格を設けることは困難</u>であると認められる ・これに相当する手当が支給されなくともやむを得ない ➡不合理と認められるものに当たらない〔確定〕

（4）実務上の検討

　役職手当・資格手当は、特定の役職・資格に対して支給される手当である以上、同一の内容の役職・資格であるにもかかわらず正規従業員と

非正規従業員との間で待遇に相違が生じている場合、その待遇の相違が不合理ではないと説明できる根拠は見いだし難く、基本的には同額の支給をすることが求められると考えられます。

　ただし、非正規従業員をそもそも一定の役職等に就任させないといった対応は、使用者側の人事権の裁量を逸脱・濫用していない限り、認められるものと考えられます。メトロコマース事件（［１審］東京地裁平29.3.23判決、［控訴審］東京高裁　平31.2.20判決）においても、業務内容に照らして非正規従業員にはそもそも同様の資格を設けられないことについて、これを不合理とは認められないと判示しています。

［2］特殊作業手当
（1）特殊作業手当とは

　特殊作業手当とは、業務の危険度または作業環境に応じて支給される手当をいいます。法令上定められた手当ではないため、会社によってその名称や支給の有無は異なりますが、ある調査結果によれば[48]、特殊作業手当[49]を正社員に対して支給している企業数を100％とした場合、フルタイムの有期雇用労働者に対して同じ基準で同手当を支給している企業数は50.0％（別の基準で支給している企業数は6.0％）、短時間の有期雇用労働者に対して同じ基準で同手当を支給している企業数は28.0％（別の基準で支給している企業数は4.0％）となっています。

（2）ガイドラインの解説

　ガイドラインは、「特殊作業手当」に関して、以下のとおり基本的な考え方を示しています。

---

48 労務行政研究所「諸手当の支給に関する実態調査」（2018年）
49 当該調査における「特殊作業手当」とは、汚染・不快・危険などを伴う作業・職種に対して補償的に支払われる手当を指しています。

> ●通常の労働者と同一の危険度または作業環境の業務に従事する短
> 時間・有期雇用労働者には、通常の労働者と同一の特殊作業手当
> を支給しなければならない。

（3）参考裁判例の解説

　ここでは、「特殊作業手当」に関する賃金格差の合理性が争われた裁
判例を取り上げることとします。

　　　　※事件名の前に付した番号は、第9章「資料2」の番号に対応しています

差異の内容	適法性	主な判断理由
1　ハマキョウレックス事件［1審］（大津地裁彦根支部　平27.9.16判決）		
（作業手当） ・正社員である特殊作業に携わる者に作業手当を支給する ・契約社員には支給なし	○	・職務内容や職務内容・配置の変更の範囲の異同等を考察すれば、経営・人事制度上の施策として不合理なものとはいえない ➡不合理とは認められない
（無事故手当） ・正社員である乗務員に無事故手当を支給する ・契約社員には支給なし	○	・職務内容や職務内容・配置の変更の範囲の異同等を考察すれば、経営・人事制度上の施策として不合理なものとはいえない ➡不合理とは認められない
3　ハマキョウレックス事件［控訴審］（大阪高裁　平28.7.26判決）		
（作業手当） ・1事件参照	×	・作業手当が現在は実質上基本給の一部をなしている側面があるとしても、正社員給与規程において、特殊業務に携わる者に対して支給する旨を明示している以上、作業手当を基本給の一部と同視することはできない ➡不合理である

（無事故手当） ・1事件参照	×	・優良ドライバーの育成や安全な輸送による顧客の信頼の獲得を目的として支給される手当 ・職務の内容は異ならないから、安全運転および事故防止の必要性は、職務の内容によって両者の間に差異が生じない ・安全運転および事故防止の必要性は、当該労働者が将来転勤や出向をする可能性や、会社の中核を担う人材として登用される可能性の有無といった事情により異なるものではない ➡不合理である
7　日本郵便（佐賀）事件［1審］（佐賀地裁　平29.6.30判決）		
（作業能率評価手当） ・正社員には、郵便物区分能率向上手当、郵便物配達能率向上手当、郵便外務業務精通手当として、手当が支給される ・時給制契約社員にはかかる手当の支給なし	○	・正社員と契約社員の職務内容等の違いによれば、正社員については、より能力・実績に応じた支給を行うことで能力向上へのインセンティブを付与する必要があり、そのために各手当が設けられたものと認められる ➡不合理とは認められない
9　日本郵便（東京）事件［1審］（東京地裁　平29.9.14判決）		
（郵便外務・内務業務精通手当） ・正社員には郵便外務・内務業務精通手当として、各々の手当額に各々の調整率を乗じて算出した金額が支給さ	○	・郵便外務・内務業務精通手当は、正社員の基本給および手当の一部を原資に郵便外務・内務業務精通手当として組み替える方法により、正社員に対して能力向上に対する動機付けを図ったものであり、同手当の支給の有無は、正社

れる ・時給制契約社員には支給なし（ただし、時給制契約社員にはスキル評価の結果に応じて資格給を基本給に加算して支給している）		員と契約社員の賃金体系の違いに由来する ・郵便外務・内務業務精通手当は、労使協議も経た上で新設されたものである ・時給制契約社員については、資格給の加算により担当職務への精通度合いを反映させている ➡不合理とは認められない
（外務業務手当） ・正社員には外務業務手当が支給される ・時給制契約社員には支給なし	○	・外務業務手当は、職種統合による賃金額の激変を緩和するため正社員の基本給の一部を手当化したものであり、同手当の支給の有無は、正社員と契約社員の賃金体系の違いに由来する ・具体的な金額も、労使協議も踏まえた上で、統合前後で処遇をおおむね均衡させる観点で算出されたものである ・郵便外務事務に従事する時給制契約社員については、外務加算額という形で、外務事務に従事することについて別途反映されている ➡不合理とは認められない

15　日本郵便（大阪）事件［1審］（大阪地裁　平30.2.21判決）

（郵便外務業務精通手当） ・郵便業務調整額の支給を受ける正社員のうち主として外務業務に従事し、その担当する職務の精通合い等を被告が定めるところにより評価した結果が所定	○	・郵便外務業務精通手当は、郵便外務業務への習熟度および成果等個々の従業員の職務能力の程度に応じて支給される ・郵便外務業務精通手当は、労使協議も経た上で新設された ・本件契約社員においては職務能力に応じた基本給等の設定がされて

の評価段階に達した正社員に対し、評価段階に応じて定められた手当額に調整率を乗じて算出された金額が支給される ・本件契約社員には支給なし（ただし、時給制契約社員に対しては、資格給の加算によって郵便外務業務への精通度合いが基本賃金に反映されている）		おり、職務能力に応じた給与の差異が設けられているといえる ➡不合理とは認められない
（外務業務手当） ・正社員には、外務業務に従事した日1日につき、各郵便局の取扱物数等により定められた支給区分に応じて570円から1420円を支給する ・本件契約社員には支給なし（ただし、外務業務に従事する時給制契約社員については、基本賃金のうち基本給の下限額に130円または80円が支給され、月給制契約社員については、基本月額および契約更新時に加算される額が、担当業務および正規の勤務時間によって定められている）	○	・外務業務手当の支給は、**外務職の従前の給与水準を維持するという目的**を有するものであり、正社員と本件契約社員の雇用期間の差異とは無関係である ・具体的な支給額も、労使協議の結果を踏まえた上で、統合前後で処遇をおおむね均衡させる観点から算定されたものである ・時給制契約社員に対しては外務加算額によって、月給制契約社員に対しては基本月額等によって、**いずれも外務業務に従事することが各賃金体系において反映されており**、その金額も外務業務手当と比較して均衡を失するものであるとはいえない ➡不合理とは認められない

20 日本郵便（佐賀）事件［控訴審］（福岡高裁 平30.5.24判決）		
（作業能率評価手当） ・**7事件**参照 ・時給制契約社員に関して、作業能率測定時の直近のスキル評価がAランクでかつ基礎評価結果がすべてできていると評価された者にはランクに応じて作業能率手当が支給され、また、スキル評価の結果によって資格給が加算されている	○	・1審原告が問題とする正社員の手当に相当する支給は、時給制契約社員に対しても名称を異にする手当および基本給の一部として支給されている ・正社員と時給制契約社員との間には、職務内容や、職務の内容および配置の変更の範囲に相違がある。異なる給与体系を設けること自体は、不合理とは認められない ・上記に加えて、そもそも賃金体系等の制度設計を異にし、給付開始の経緯や趣旨が異なる。対象者の範囲ないしはその金額の多寡について、不合理とは認められない ➡不合理とは認められない〔確定〕
（外務業務手当） ・**7事件**参照	○	・時給制契約社員についても内務業務に従事する者との比較において、外務業務に従事する者については、<u>**外務業務に従事していることを理由として給与の加算が行われている**</u>のだから、正社員における外務業務手当と同趣旨の手当ないし給与の加算がないとはいえない ・両者の賃金体系に相違がある ・職務内容や、職務の内容および配置の変更の範囲に相違がある ➡不合理とは認められない〔確定〕
21 ハマキョウレックス事件［上告審］（最高裁二小 平30.6.1判決）		
（作業手当） ・**1事件**参照	×	・特定の作業を行った対価として支給されるものであり、<u>**作業そのも**</u>

		のを金銭的に評価して支給される性質の手当である ・職務の内容は異ならない ・職務の内容および配置の変更の範囲が異なることによって、<u>行った作業に対する金銭的評価が異なることになるものではない</u> ➡不合理である
(無事故手当) ・1事件参照	×	・優良ドライバーの育成や安全な輸送による顧客の信頼の獲得を目的として支給される手当 ・職務の内容は異ならないから、<u>安全運転および事故防止の必要性は、職務の内容によって両者の間に差異が生じない</u> ・安全運転および事故防止の必要性は、当該労働者が将来転勤や出向をする可能性や、会社の中核を担う人材として登用される可能性の有無といった事情により異なるものではない ➡不合理である

28　日本郵便（東京）事件［控訴審］（東京高裁　平30.12.13判決）

(郵便外務・内務業務精通手当) ・9事件参照	○	・1審判決（9事件）と同旨 ➡不合理とは認められない〔確定〕
(外務業務手当) ・9事件参照	○	・1審判決（9事件）と同旨 ➡不合理とは認められない〔確定〕

31　日本郵便（大阪）事件［控訴審］（大阪高裁　平31.1.24判決）		
（郵便外務業務精通手当） ・15事件参照	○	・１審判決（15事件）と同旨 ➡不合理とは認められない〔確定〕
（外務業務手当） ・15事件参照	○	・１審判決（15事件）と同旨 ➡不合理とは認められない〔確定〕

（4）実務上の検討

　ハマキョウレックス事件［上告審］（最高裁二小　平30.6.1判決）は、特殊作業手当等は、特定の作業を行った対価として支給されるものであり、作業そのものを金銭的に評価して支給される性質の賃金であると解されると示した上で、正規従業員と非正規従業員との間で職務の内容が異ならない場合においては、職務の内容および配置の変更の範囲が異なるといった事情は、当該手当の支給の相違の理由にはならないと判示しています。したがって、実務上の対応としては、基本的には同一の作業に対して支給する手当は正規従業員・非正規従業員ともに同額である必要があると考えられます。

　ただし、日本郵便（佐賀）事件［控訴審］（福岡高裁　平30.5.24判決）や日本郵便（東京）事件［控訴審］（東京高裁　平30.12.13判決）、日本郵便（大阪）事件［控訴審］（大阪高裁　平31.1.24判決）等が判示するとおり、特定の作業に対して支給される金銭の名目は必ずしも正規従業員と非正規従業員とで同一である必要はなく、例えば、正規従業員に支給される特殊作業手当が非正規従業員には支給されないとしても、当該作業の対価が非正規従業員の基本給に組み込まれていることが客観的に説明できるのであれば、そのような取り扱いは当然に許容されるものと考えられます。

[3]特殊勤務手当

(1)特殊勤務手当とは

　特殊勤務手当とは、交替制勤務等の勤務形態に応じて支給される手当をいいます。法令上定められた手当ではないため、会社によってその名称や支給の有無は異なりますが、ある調査結果によれば[50]、特殊勤務手当[51]を正社員に対して支給している企業数を100％とした場合、フルタイムの有期雇用労働者に対して同じ基準で同手当を支給している企業数は39.1％、短時間の有期雇用労働者に対して同じ基準で同手当を支給している企業数は17.4％となっています。

(2)ガイドラインの解説

①ガイドラインの基本的な考え方

　ガイドラインは、「特殊勤務手当」に関して、以下のとおり基本的な考え方を示しています。

> ●通常の労働者と同一の勤務形態で業務に従事する短時間・有期雇用労働者には、通常の労働者と同一の特殊勤務手当を支給しなければならない。

②ガイドラインが示す具体的な例

　ガイドラインは、「特殊勤務手当」に関して、問題とならない例のみを具体的に示しています。

[問題とならない例]	[問題となる例]
・A社においては、通常の労働者か短時間・有期雇用労働者かの別を問わず、就業する時	——

50　労務行政研究所「諸手当の支給に関する実態調査」（2018年）
51　当該調査における「特殊勤務手当」とは、役員運転手、守衛など特殊な勤務に対する手当を指しています。

間帯または曜日を特定して就業する労働者には労働者の採用が難しい早朝もしくは深夜または土日祝日に就業する場合に時給に上乗せして特殊勤務手当を支給するが、それ以外の労働者には時給に上乗せして特殊勤務手当を支給していない。

・A社においては、通常の労働者であるXについては、入社に当たり、交替制勤務に従事することは必ずしも確定しておらず、業務の繁閑等生産の都合に応じて通常勤務または交替制勤務のいずれにも従事する可能性があり、交替制勤務に従事した場合に限り特殊勤務手当が支給されている。短時間労働者であるYについては、採用に当たり、交替制勤務に従事することを明確にし、かつ、基本給に、通常の労働者に支給される特殊勤務手当と同一の交替制勤務の負荷分を盛り込み、通常勤務のみに従事する短時間労働者に

比べ基本給を高く支給している。そのため、A社はXには特殊勤務手当を支給しているが、Yには支給していない。		

(3) 参考裁判例の解説

　ここでは、「早出勤務等手当」等に関する賃金格差の合理性が争われた裁判例を取り上げることとします。

※事件名の前に付した番号は、第9章「資料2」の番号に対応しています

差異の内容	適法性	主な判断理由
5　メトロコマース事件［1審］（東京地裁　平29.3.23判決）		
（早出残業手当） ・正社員には、所定外労働に対し、2時間まで127％、2時間超は135％の早出残業手当が支給される ・契約社員Bには、所定外労働に対し、125％の早出残業手当が支給される	×	・早出残業手当は時間外労働に対する割増賃金としての性質を有する ・割増賃金義務付けの趣旨は、<u>経済的負担を課すことで時間外労働等を抑制する点</u>にある ・正社員か否かを問わず等しく割増賃金を支払うことが相当 ・<u>人材の確保・定着を図るという点から割増率の高い割増賃金を支払う合理性なし</u> ➡不合理である
7　日本郵便（佐賀）事件［1審］（佐賀地裁　平29.6.30判決）		
（早出勤務等手当） ・正社員には、始業時間が午前7時以前となる勤務や終業時刻が午後9時以後となる勤務につき、350円ないし850円の早出勤務等	○	・正社員については、早出勤務等がない正社員との間の公平を図る必要から早出勤務等手当が支給されているのに対し、早朝・夜間に勤務する時給制契約社員は、<u>採用の際に早朝・夜間の時間帯を勤務時間とすることを前提とした上で労</u>

手当が支給される ・時給制契約社員には早出勤務等手当の支給なし（ただし、同様の早朝・夜間の勤務につき、200円ないし500円が支給される）		働契約を締結している ・正社員の早出勤務等手当が早朝・夜間に４時間以上勤務した場合であることを支給要件とするのに対し、時給制契約社員の早朝・夜間割増賃金は同１時間以上勤務した場合であることを支給要件とするなど、支給要件の点では有利である ➡不合理とは認められない
（祝日給） ・祝日に勤務した時給制契約社員に対する祝日割増賃金と、祝日勤務することを命じられている正社員に対する祝日給の割増率は、いずれも35％で共通しており、処遇の相違はない	○	・祝日勤務することを命じられている正社員には、本来の給与に加えて祝日給が支給されることになるが、祝日勤務することを命じられている正社員以外の正社員は、勤務を要しないとされつつ本来の給与を支給されていることとの公平の観点に適うものである ➡不合理とは認められない

9 日本郵便（東京）事件［1審］（東京地裁 平29.9.14判決）

（早出勤務等手当） ・正社員には、正規の勤務時間として始業時刻が午前７時以前となる勤務または終業時刻が午後９時以後となる勤務に４時間以上従事したときに、始業終業時刻に応じ、350円から850円が支給される ・時給制契約社員には支給なし（ただし、正規の勤務時間として始業	○	・正社員に対しては勤務シフトに基づいて早朝、夜間の勤務を求め、時給制契約社員に対しては募集等の段階で勤務時間帯を特定して採用し、特定した時間の勤務を求めている ・時給制契約社員については、早出勤務等について賃金体系に別途反映されている ・類似の手当の支給に関して時給制契約社員に有利な支給要件も存在する ➡不合理とは認められない

時刻が午前7時以前となる勤務または終業時刻が午後9時以後午後10時以前となる勤務に1時間従事したときは、勤務1回につき、始業終業時刻に応じて200円、300円または500円の早朝・夜間割増賃金が支給される）		
（夜間特別勤務手当） ・正社員には、正規の勤務時間として、郵便局において新夜勤、調整深夜勤および深夜勤のいずれかに服し、かつ、夜間（午後10時から翌日の午前6時までの間）の全期間にわたって勤務したとき、勤務時間や勤務回数に応じて夜間特別勤務手当が支給される ・時給制契約社員には支給されない	○	・正社員に対しては勤務シフトに基づいて早朝、夜間の勤務を求め、時給制契約社員に対しては<u>募集等の段階で勤務時間帯を特定して採用</u>し、特定した時間の勤務を求めている ・正社員についてのみ社員間の公平を図るために同手当を支給している ➡不合理とは認められない
（年末年始勤務手当） ・正社員には、12月29日から同月31日までの間に実際に勤務したときには1日当たり4000円、翌年1月1日から同月3日までの間に実際に勤務したときには1日当たり5000円の年	×	・年末年始勤務手当は、年末年始の期間における労働の対価として一律額を基本給とは別枠で支払われるものである ・正社員に対する関係では、<u>定年までの長期間にわたり年末年始に家族等と一緒に過ごすことができないことについて長期雇用への動機付け</u>という意味がないとはいえな

末年始勤務手当が支給される ・時給制契約社員には年末年始勤務手当の支給なし		い ➡ 時給制契約社員に対して年末年始勤務手当が**全く**支払われていないという点で不合理である
（祝日給） ・正社員には、祝日において、割り振られた正規の勤務時間中に勤務することを命ぜられて勤務したときに、1時間当たりの給与に100分の135を乗じた金額が支給される ・時給制契約社員には支給なし（ただし、時給制契約社員が祝日に勤務することを命ぜられて勤務したときは、祝日割増賃金が支給される）	○	・祝日に勤務することへの配慮の観点からの**割増率については、正社員と時給制契約社員との間に差異はない** ・正社員に対する祝日給については、賃金体系に由来する正社員間の公平のために設けられた ・時給制契約社員については、勤務していない祝日にその対価としての給与が支払われる理由がない ➡ 不合理とは認められない

15　日本郵便（大阪）事件［1審］（大阪地裁　平30.2.21判決）

（早出勤務等手当） ・正社員には、始業時刻が午前7時以前または終業時刻が午後9時以降の勤務に従事した場合、350円ないし850円の範囲で早出勤務等手当が支給される ・本件契約社員には支給なし（ただし、正規の勤務時間として始業時	○	・早出勤務等手当が支給される趣旨は、正社員の中には、早朝、夜間のシフトに従事したものと、そうでないものが存在することから、両者間の公平を図るという点にある ・本件契約社員については、**募集時等に勤務する時間帯が明示**され、勤務シフトを作成する際には、本人の同意のない時間帯には割り当てないよう配慮されている

刻が午前7時以前となる勤務または終業時刻が午後9時以後午後10時以前となる勤務に1時間従事したときは、勤務1回につき、始業終業時刻に応じて200円、300円または500円の早朝・夜間割増賃金が支給される）		・本件契約社員に対しても、<u>早出勤務等手当とほぼ類似する支給条件で早朝・夜間割増賃金が支給</u>されており、その支給条件について正社員よりも本件契約社員に有利な点も存在する ➡不合理とは認められない
（年末年始勤務手当） ・本件比較対象正社員には、勤務した1日につき、12月29日から同月31日までは4000円、1月1日から同月3日までは5000円が支給される ・本件契約社員には支給なし	×	・年末年始勤務手当は、年末年始特別繁忙手当が廃止されたのに伴い、その原資の一部によって新設された ・具体的金額は、労使協議を経て決定されたものである ・被告において、年末年始は、1年を通して最も繁忙な時期に該当する ・年末年始勤務手当は、<u>勤務内容にかかわらず一律の金額</u>が支給されるものである ・年末年始勤務手当は、<u>特定の繁忙期である年末年始に業務に従事したことに着目して支給される性質を有しており、本件契約社員にもかかる趣旨が妥当する</u> ➡時給制契約社員に対して当該手当が支払われていないという点で不合理である

（祝日給）	祝日における祝日給：○	●祝日における祝日給
・正社員には、祝日給として、祝日または1月1日から同月3日までのうち祝日を除く日に勤務した場合、1時間当たりの給与に100分の135を乗じた額が支給される		・正社員については、祝日勤務の有無にかかわらず月額給与の支給額が変わらないことから、社員間の公平を図る必要があるため、実際の労働に対する給与相当額に祝日に勤務したことへの配慮を考慮した割増額を加えた額（100分の135）として祝日給が支給されている
・時給制契約社員には、祝日に勤務した場合に、時給の100分の35に相当する祝日割増賃金が支給される（年始期間における支給はなし）		・時給制契約社員については、本来の労働に応じた基本賃金に加えて割増賃金（100分の35）が支給されている
・月給制契約社員には、1時間当たりの給与に100分の135を乗じた祝日割増賃金が支給される（年始期間における支給はなし）		➡割増率（100分の35）に相違がないことをも併せ鑑みると、正社員の祝日給と時給制契約社員の祝日割増賃金との相違は、不合理なものであるとまで認めることはできない
	年始期間における祝日給：○	●年始期間における祝日給
		・正社員には、制度上、年始期間について年始休暇が与えられているのに対し、時給制契約社員および月給制契約社員は、繁忙期である年始期間も勤務することを前提として採用されているため、年始休暇は存在しない
		・長期雇用を前提とする正社員と原則として短期雇用を前提とする契約社員との間で、勤務日や休暇について異なる制度や運用を採用することは、企業の人事上の施策として一定の合理性がある

		・上記のような取り扱いの相違は、特定の期間についてそもそも労働義務が課されている者であるか否か、仮にそのような義務がない場合に、業務に従事した社員と従事しなかった社員との間の処遇の均衡を図る必要があるか否かによるものであって、一定の合理性を有していると認められる ➡不合理なものであるとは認められない

20　日本郵便（佐賀）事件 ［控訴審］（福岡高裁　平30.5.24判決）

（早出勤務等手当） ・**7事件**参照	○	・当該時間帯に1時間勤務すれば基本賃金と併せて支給を受けられるとされる時給制契約社員と、勤務時間の関係で当該時間帯を含んで4時間以上の勤務に従事しなければ支給を受けられないとされる正社員とでは支給要件が異なる ・早出勤務等手当の支給が問題になる時給制契約社員は、そもそも**採用の際に同手当の支給対象となる時間帯を勤務時間とすることを前提にして労働契約を締結している** ➡不合理とは認められない〔確定〕
（祝日給） ・**7事件**参照	○	・祝日給が支給されている趣旨は、正社員の勤務体制を前提にした正社員間の処遇の均衡を図ってきた歴史的な経緯によるものである ・時給制契約社員との間に相違が生じているのは、祝日が本来的には勤務日であることとされ、それを前提に基本給等が決まっている正

		社員とそもそも祝日は当然に勤務日ではなく、就労した時間数に応じて賃金を支払うこととされている時給制契約社員の勤務体制の相違によるものである ➡不合理とは認められない〔確定〕

28 日本郵便（東京）事件［控訴審］（東京高裁 平30.12.13判決）

（早出勤務等手当） ・**9事件**参照	○	・1審判決（**9事件**）と同旨 ➡不合理とは認められない〔確定〕
（夜間特別勤務手当） ・**9事件**参照	○	・1審判決（**9事件**）と同旨 （時給制契約社員には正社員の夜勤手当［100分の25］よりも高い割合［100分の30］の深夜割増賃金が支給されることも追加） ➡不合理とは認められない〔確定〕
（年末年始勤務手当） ・**9事件**参照	×	・1審判決（**9事件**）と同旨 （時給制契約社員が、年末年始の期間に必要な労働力を補充・確保するための臨時的な労働力であるとは認められず、**時給制契約社員に年末年始勤務手当の趣旨が妥当しないとはいえない**ことも追加） ➡不合理である
（祝日給） ・**9事件**参照	○	・1審判決（**9事件**）と同旨 （祝日に勤務したことにより追加して支給される賃金の観点からみると、祝日給である135%であって、時給制契約社員と同じ割合であることも追加） ➡不合理とは認められない〔確定〕

31　日本郵便（大阪）事件［控訴審］（大阪高裁　平31.1.24判決）		
（早出勤務等手当） ・15事件参照	○	・1審判決（15事件）と同旨 ➡不合理とは認められない〔確定〕
（年末年始勤務手当） ・15事件参照	×	・年末年始勤務手当は、年末年始が最繁忙期になるという特殊性から、多くの労働者が休日として過ごしているはずの<u>年末年始の時期に業務に従事しなければならない正社員の労苦に報いる趣旨</u>で支給されるもの ・本件契約社員にあっても、有期労働契約を反復して更新し、<u>契約期間を通算した期間が長期間に及んだ場合</u>には、年末年始勤務手当を支給する趣旨・目的との関係で本件比較対象正社員と本件契約社員との間に相違を設ける根拠は薄弱なものとならざるを得ない ➡契約期間を通算した期間が5年を超えた以降も相違を設けることは、不合理と認められる
（祝日給） ・15事件参照	祝日における祝日給： ○	●祝日における祝日給 ・祝日に勤務した場合においては、正社員および月給制契約社員と時給制契約社員との間で、祝日勤務に対する配慮を考慮した割増率は同じである ➡祝日給と祝日割増賃金の支給額の算定方法に関する相違は、不合理とは認められない

	年始期間における祝日給：×	●**年始期間における祝日給** ・年始期間の勤務に対する祝日給と祝日割増賃金の支給の有無に関する相違は、特別休暇についての相違を反映したものである ・年末年始勤務手当で説示したことは年始期間の支給の有無にも当てはまる ➡契約期間を通算した期間が5年を超えた以降も相違を設けることは、不合理と認められる
33　メトロコマース事件［控訴審］（東京高裁　平31.2.20判決）		
（早出残業手当） ・5事件参照	×	・<u>**時間外労働の抑制という観点**</u>から割増率に相違を設けるべき理由はない ・労使交渉が行われた形跡もうかがわれない ➡不合理であると認められる〔確定〕
34　学校法人X事件［1審］（京都地裁　平31.2.28判決）		
（大学夜間担当手当） ・専任教員には、夜間における大学の授業を担当した場合、大学夜間担当手当が支給されている ・嘱託講師には支給なし	○	・嘱託講師と専任教員との間では職務内容と配置の変更の範囲において大きな相違が認められる ・大学夜間担当手当は、専任教員が日中に多岐にわたる業務を担当しつつ、さらに夜間の授業を担当することの負担に配慮する趣旨の手当としての性格も有している ・大学夜間担当手当と同趣旨の手当を支給していない大学または短大の割合が一番高く、専任教員のみに支給している大学も一定割合存在する

		➡不合理とは認められない

39　学校法人X事件［控訴審］（大阪高裁　令2.1.31判決）		
（大学夜間担当手当） ・34事件参照	○	・嘱託講師と専任教員との間では、業務の内容（業務の内容および当該業務に伴う責任の程度）について大きな相違がある ・大学夜間担当手当は、専任教員が日中に広範で責任の重い職務を担当しながら、さらに6講時以降の授業を担当することの時間的拘束や負担を考慮した趣旨および性質の手当である ・大学夜間担当手当として支給される月額も著しく多額になるものではない ➡不合理とは認められない

47　日本郵便（東京）事件［上告審］（最高裁一小　令2.10.15判決）		
（年末年始勤務手当） ・9事件参照	×	・年末年始期間は郵便の業務の最繁忙期であり、多くの労働者が休日として過ごしている期間において、業務に従事したことに対し、その勤務の特殊性から基本給に加えて支給される対価としての性質を有する手当である ・年末年始勤務手当は、正社員が従事した業務の内容やその難度等にかかわらず、所定の期間において実際に勤務したこと自体を支給要件とするものであり、その支給金額も、実際に勤務した時期と時間に応じて一律である ・上記の性質や支給要件および支給

		金額に照らせば、これを支給することとした趣旨は、郵便の業務を担当する時給制契約社員にも妥当する ➡不合理であると認められる

48 日本郵便（大阪）事件［上告審］（最高裁一小 令2.10.15判決）

（年末年始勤務手当） ・15事件参照	×	・1審判決（15事件）と同旨 ➡不合理であると認められる
（年始期間における祝日給） ・15事件参照	×	・正社員についての年始期間の勤務に対する祝日給は、特別休暇が与えられることとされているにもかかわらず最繁忙期であるために年始期間に勤務したことについて、その代償として、通常の勤務に対する賃金に所定の割り増しをしたものを支給することとされたものと解され、祝日給に関する労働条件の相違は特別休暇に係る労働条件の相違を反映したものと考えられる ・しかしながら、本件契約社員は、契約期間が6カ月以内または1年以内とされており、有期労働契約の更新を繰り返して勤務する者も存するなど、繁忙期に限定された短期間の勤務ではなく、業務の繁閑にかかわらない勤務が見込まれている。そうすると、最繁忙期における労働力の確保の観点から、本件契約社員に対して上記特別休暇を付与しないこと自体には理由があるということはできるものの、年始期間における勤務の代償

	として祝日給を支給する趣旨は、契約社員にも妥当する ➡不合理であると認められる

（4）実務上の検討

　特殊勤務手当は、特定の形態や時期の業務に従事したこと自体に対して支給される手当であることから、基本的には正規従業員・非正規従業員ともに同一の支給がなされる必要があると考えられます。このことは、**47事件**（日本郵便（東京）事件［上告審］　最高裁一小　令2.10.15判決）や**48事件**（日本郵便（大阪）事件［上告審］　最高裁一小　令2.10.15判決）も判示しているところです。**31事件**（日本郵便（大阪）事件［控訴審］　大阪高裁　平31.1.24判決）では、年末年始勤務手当について、長期継続勤務への期待等があることを踏まえて契約社員の勤続期間が5年を超えた以降も相違を設けることは不合理であると判断されていたことに対して、最高裁（**47事件・48事件**）は、特殊勤務手当は長期継続勤務への期待等を目的に支給されるものではなく、特殊な勤務それ自体への対価であることに着目し、勤続期間を問わずに契約社員との間に相違を設けることは不合理であると認定しています。

　ただし、支給される金銭の名目は、必ずしも正規従業員と非正規従業員とで同一である必要はなく、例えば、名目は異なるとしても実質的に処遇の相違はない場合や、特殊勤務の対価が非正規従業員の基本給に組み込まれていることが客観的に説明できるような場合には、そのような取り扱いは当然に許容されるものと考えられます。また、非正規従業員には募集等の段階で勤務時間帯を特定して（例えば夜間など）採用していること等を理由として、正規従業員に対してのみ特別勤務手当を支払うことが不合理とは認められないと判示している裁判例もあり（日本郵便（東京）事件［1審］　東京地裁　平29.9.14判決、同事件［控訴審］東京高裁　平30.12.13判決）、特定の勤務がもともと労働契約の内容と

なっていたか否かという点も判断のポイントとなり得ると考えられます。

[4] 精皆勤手当

(1) 精皆勤手当とは

精皆勤手当とは、精勤に対してインセンティブを付与することで労働者の精勤を奨励することを目的として、労働者の勤怠状況に応じて支給される手当をいい、皆勤手当（一定の賃金計算期間の所定労働日を皆勤した場合に支給される手当）と精勤手当（一定の賃金計算期間の所定労働日を一定日数以上出勤した場合に支給される手当）に区別されます。

(2) ガイドラインの解説

①ガイドラインの基本的な考え方

ガイドラインは、「精皆勤手当」に関して、以下のとおり基本的な考え方を示しています。

> ●通常の労働者と業務の内容が同一の短時間・有期雇用労働者には、通常の労働者と同一の精皆勤手当を支給しなければならない。

②ガイドラインが示す具体的な例

ガイドラインは、「精皆勤手当」に関して、問題とならない例のみを具体的に示しています。

［問題とならない例］	［問題となる例］
A社においては、考課上、欠勤についてマイナス査定を行い、かつ、そのことを待遇に反映する通常の労働者であるXには、一定の日数以上出勤した場合に精皆勤手当を支給しているが、	——

考課上、欠勤についてマイナス査定を行っていない有期雇用労働者であるYには、マイナス査定を行っていないこととの見合いの範囲内で、精皆勤手当を支給していない。	

(3)参考裁判例の解説

　ここでは、「精皆勤手当」に関する賃金格差の合理性が争われた裁判例を取り上げることとします。

※事件名の前に付した番号は、第9章「資料2」の番号に対応しています

差異の内容	適法性	主な判断理由
1　ハマキョウレックス事件[1審] (大津地裁彦根支部　平27.9.16判決)		
(皆勤手当) ・正社員のうち乗務員については皆勤手当が支給される ・契約社員については支給なし	○	・職務内容や職務内容・配置の変更の範囲の異同等を考察すれば、経営・人事制度上の施策として不合理なものとはいえない ➡不合理とは認められない
3　ハマキョウレックス事件[控訴審] (大阪高裁　平28.7.26判決)		
(皆勤手当) ・1事件参照	○	・皆勤を奨励する趣旨で支給される手当である ・皆勤手当は、精勤に対してインセンティブを付与して精勤を奨励する側面があることは否定できず、皆勤手当を正社員のドライバーにだけ支給し、契約社員のドライバーには支給しない扱いをするこ

		・との合理性を積極的に肯定することは困難であるとも考えられる ・しかしながら、契約社員就業規則によれば、契約社員が全営業日に出勤した場合には、（会社の）業績と本人の勤務成績を考慮して昇給することがあり得るほか、有期労働契約の更新時に基本給である時間給の見直し（時間給の増額）が行われることがあり得る ➡不合理とは認められない

18　井関松山製造所事件［1審］（松山地裁　平30.4.24判決）

（精勤手当） ・無期雇用労働者のうち、月給日給者で、かつ当月皆勤者に対し、精勤手当（月額基本給に68.11分の1を乗じた額）を支給 ・有期雇用労働者は精勤手当なし	×	・無期雇用労働者には月給者と月給日給者が存在する ・精勤手当の趣旨は、月給日給者のほうが欠勤日数の影響で基本給が変動して収入が不安定であるため、かかる状態を軽減する趣旨が含まれる ・有期雇用労働者は時給制であり、欠勤日数の影響で基本給が変動する点は変わりがない ➡不合理である

21　ハマキョウレックス事件［上告審］（最高裁二小　平30.6.1判決）

（皆勤手当） ・1事件参照	×	・皆勤を奨励する趣旨で支給される手当 ・職務の内容は異ならないから、<u>出勤する者を確保することの必要性は、職務の内容によって両者の間に差異が生じない</u> ・出勤する者を確保することの必要性は、当該労働者が将来転勤や出

<table>
<tr><td></td><td></td><td>向をする可能性や、会社の中核を担う人材として登用される可能性の有無といった事情により異なるとはいえない</td></tr>
</table>

		・ 労働契約および就業規則によれば、契約社員については、業績と本人の成績を考慮して昇給するとされているが、昇給をしないことが原則である上、**皆勤の事実を考慮して昇給が行われた事情もうかがわれない** ➡不合理である

30　ハマキョウレックス事件［差戻審］（大阪高裁　平30.12.21判決）

（皆勤手当） ・1事件参照	×	・ 皆勤を奨励する趣旨で支給される手当 ・ 職務の内容は異ならないから、出勤する者を確保することの必要性は、職務の内容によって両者の間に差異が生じない ・ 評価表の作成およびそれに基づく支給基準を作成し、この制度に基づき時間給が増加することとなっているが、そもそも皆勤の評価が直ちに反映するのか不確実な制度であり、皆勤の事実が事実上昇給に反映されていると見得る余地があるとしても、皆勤手当（月額1万円）と比べるとわずかな金額（最大で月額504円）にすぎないから、合理的な代償措置とはいえない ➡不合理である

36 井関松山製造所事件［控訴審］（高松高裁 令元.7.8判決）		
（精勤手当） ・18事件参照	×	・精勤手当を設けた趣旨は明らかではないものの、支給額および支給実態等、殊に明確に定められた支給基準により一定額が支給されるものとされており、職務の内容の差異等に基づくものとは解し難い ・被告会社には、賞与と異なり、精勤手当の支給の有無および支給額の多寡について格段の裁量もないことに照らすと、人事政策上の配慮等の必要性を認めるに足りない ・さらに、精勤手当については、月給日給者かつ当該月皆勤者のみに所定の額が支給され、月給者には支給されていないことからすると、収入が不安定になりがちな月給日給者に対する配慮に出たことがうかがわれる ➡不合理である〔確定〕

（4）実務上の検討

　精皆勤手当については、ハマキョウレックス事件［上告審］（最高裁二小　平30.6.1判決）において、（皆勤手当が、労働者の皆勤を奨励する趣旨で支給される手当であることを前提とした上で）職務の内容が同一である以上、出勤する者を確保することの必要性は、当該労働者が将来転勤や出向をする可能性や、会社の中核を担う人材として登用される可能性の有無といった事情により異なるものではないと判示されているとおり、基本的には、職務内容が同一である場合には正規従業員・非正規従業員ともに同一の支給が必要であると考えられます。

　ただし、ガイドラインの具体例が示すとおり、正規従業員には欠勤に

ついてマイナス査定を行っているのに対し非正規従業員には当該査定を行っていないといった事情があり、正規従業員にのみ精皆勤手当を支給することが不合理ではないと説明できるような場合には、そのような待遇差も認められるものと考えられます。また、皆勤手当を支給しない代わりに例えば昇給を行うなど合理的な代償措置を講じている場合には、その待遇差は不合理なものとは認められない可能性もありますが、当該措置が合理的なものと認められるか否かは厳格に判断されると考えられます（ハマキョウレックス事件［差戻審］　大阪高裁　平30.12.21判決参照）。

［5］食事手当（給食手当）
（1）食事手当とは
　食事手当とは、労働時間の途中に食事のための休憩時間がある労働者に対する食費の負担補助として支給される手当をいいます。法令上定められた手当ではないため、会社によってその名称や支給の有無は異なりますが、ある調査結果によれば[52]、食事手当を正社員に対して支給している企業数を100％とした場合、フルタイムの有期雇用労働者に対して同じ基準で同手当を支給している企業数は60.0％（別の基準で支給している企業数は5.0％）、短時間の有期雇用労働者に対して同じ基準で同手当を支給している企業数は32.5％（別の基準で支給している企業数は7.5％）となっています。
（2）ガイドラインの解説
①ガイドラインの基本的な考え方
　ガイドラインは、「食事手当」に関して、以下のとおり基本的な考え方を示しています。

---

[52] 労務行政研究所「諸手当の支給に関する実態調査」（2018年）

> ●短時間・有期雇用労働者にも、通常の労働者と同一の食事手当を
> 支給しなければならない。

②ガイドラインが示す具体的な例

　ガイドラインは、「食事手当」に関して、問題とならない例と問題と
なる例を具体的に示しています。

[問題とならない例]	[問題となる例]
A社においては、その労働時間の途中に昼食のための休憩時間がある通常の労働者であるXに支給している食事手当を、その労働時間の途中に昼食のための休憩時間がない（例えば、午後2時から午後5時までの勤務）短時間労働者であるYには支給していない。	A社においては、通常の労働者であるXには、有期雇用労働者であるYに比べ、食事手当を高く支給している。

(3)参考裁判例の解説

　ここでは、「食事手当（給食手当)」に関する賃金格差の合理性が争われた裁判例を取り上げることとします。

※事件名の前に付した番号は、第9章「資料2」の番号に対応しています

差異の内容	適法性	主な判断理由
1　ハマキョウレックス事件[1審]（大津地裁彦根支部　平27.9.16判決)		
（給食手当） ・正社員については給食手当が支給される	○	・職務内容や職務内容・配置の変更の範囲の異同等を考察すれば、経営・人事制度上の施策として不合

・契約社員については支給なし		理なものとはいえない ➡不合理とは認められない
3　ハマキョウレックス事件［控訴審］（大阪高裁　平28.7.26判決）		
（給食手当） ・1事件参照	×	・従業員の食事に係る補助として、勤務時間中に食事を取ることを要する労働者に対して支給する手当である ・職務の内容および配置の変更の範囲とは無関係に支給されるもの ➡不合理である
21　ハマキョウレックス事件［上告審］（最高裁二小　平30.6.1判決）		
（給食手当） ・1事件参照	×	・従業員の食事に係る補助として、勤務時間中に食事を取ることを要する労働者に対して支給する手当である ・職務の内容が異ならない上、勤務形態にも違いがない ・<u>職務の内容および配置の変更の範囲が異なることは、勤務時間中に食事を取ることの必要性やその程度とは関係がない</u> ➡不合理である

（4）実務上の検討

　ハマキョウレックス事件［上告審］（最高裁二小　平30.6.1判決）は、食事手当の性質（従業員の食事に係る補助として、勤務時間中に食事を取ることを要する労働者に対して支給する手当）を指摘した上で、職務の内容および勤務形態が同一であることを理由として、契約社員に食事手当の支給がないことを不合理と判断しています。また、職務の内容および配置の変更の範囲が異なることは、勤務時間中に食事を取ることの

必要性やその程度とは関係がないとも判示しており、正規従業員・非正規従業員ともに同一の支給を行うことを求めています。

　この点、上記判決が職務の内容および勤務形態が同一であることを不合理の理由として挙げていることからすると、職務の内容や勤務形態が異なる場合には食事手当を支給しないことも不合理ではないと認められる余地があるともいえます。

　他方で、ガイドラインにおいては、「（労働時間の途中に昼食のための休憩時間がある場合には）短時間・有期雇用労働者にも、通常の労働者と同一の食事手当を支給しなければならない」との原則が示され、職務の内容や勤務形態が同一であることは前提条件となっていません。また、正規従業員・非正規従業員との間で異なる取り扱いが許される例外的な事情も示されていません。

　この点についてはさらなる裁判例の蓄積が望まれますが、勤務時間中に食事を取ることの必要性等は職務の内容や勤務形態とは直接関係しないと思われることからすると、原則として、勤務時間内に食事のための休憩時間がある勤務時間制の場合には、正規従業員・非正規従業員ともに同一の食事手当を支給することが安全であると考えられます。

［6］家族手当
（1）家族手当とは

　家族手当とは、配偶者や扶養家族の有無、人数等に応じて支給される手当をいいます。法令上定められた手当ではないため、会社によってその名称や支給の有無は異なりますが、扶養家族数またはこれを基礎とする手当額を基礎として算出した手当は、その名称を問わず、「家族手当」として、割増賃金の算定基礎から除外されます[53]。なお、ある調査結果

---

[53] 労働基準法37条5項、労働基準法施行規則21条柱書き、昭22.11.5　基発231。なお、扶養家族のある者に対し、扶養家族数に関係なく一律に支給する手当については、割増賃金の算定基礎から除外可能な「家族手当」には該当しないものとされています。

によれば[54]、家族手当を正社員に対して支給している企業数を100％とした場合、フルタイムの有期雇用労働者に対して同じ基準で同手当を支給している企業数は14.7％（別の基準で支給している企業数は1.9％）、短時間の有期雇用労働者に対して同じ基準で同手当を支給している企業数は5.1％となっています。

（2）ガイドラインの解説

ガイドラインでは、「家族手当」に関する考え方は示されていません。

（3）参考裁判例の解説

ここでは、「家族手当」に関する賃金格差の合理性が争われた裁判例を取り上げることとします。

※事件名の前に付した番号は、第9章「資料2」の番号に対応しています

差異の内容	適法性	主な判断理由
1　ハマキョウレックス事件［1審］（大津地裁彦根支部　平27.9.16判決）		
（家族手当） ・正社員については家族手当が支給される ・契約社員については支給なし	○	・職務内容や職務内容・配置の変更の範囲の異同等を考察すれば、経営・人事制度上の施策として不合理なものとはいえない ➡不合理とは認められない
15　日本郵便（大阪）事件［1審］（大阪地裁　平30.2.21判決）		
（扶養手当） ・正社員には、扶養親族の状況に応じて扶養手当が支給される ・本件契約社員には支給なし	×	・扶養手当は、基本給を補完するものとして付与される<u>生活保障給としての性質</u>を有している ・扶養手当は、職務の内容等の相違によってその支給の必要性の程度が大きく左右されるものではない ・扶養手当と同趣旨の手当等は本件契約社員には全く支給されていな

---

54 労務行政研究所「諸手当の支給に関する実態調査」（2018年）

		い上、**基本給においてもこのような趣旨は含まれていない** ➡不合理である

18　井関松山製造所事件［1審］（松山地裁　平30.4.24判決）

（家族手当） ・無期雇用労働者には、扶養家族の続柄および人数に応じて家族手当を支給 ・有期雇用労働者は家族手当なし	×	・家族手当は生活補助的な性質を有しており、労働者の職務内容等とは無関係に支給されている ・配偶者および扶養家族がいることにより生活費が増加することは、有期雇用労働者も変わりがない ➡不合理である

31　日本郵便（大阪）事件［控訴審］（大阪高裁　平31.1.24判決）

（扶養手当） ・15事件参照	○	・1審被告の扶養手当は、**長期雇用を前提として基本給を補完する生活手当としての性質、趣旨**を有するものといえる ・本件契約社員は、原則として短期雇用を前提とし、必要に応じて柔軟に労働力を補充、確保するために雇用されたものであるなど、**長期雇用を前提とする基本給の補完といった扶養手当の性質および支給の趣旨に沿わない** ・本件契約社員についても家族構成や生活状況の変化によって生活費の負担増もあり得るが、基本的には**転職等による収入増加で対応することが想定**されている ➡不合理とは認められない

35 学校法人中央学院（非常勤講師）事件［1審］（東京地裁　令元.5.30 判決）		
（家族手当） ・専任教員には続柄に応じて3000円〜1万6000円が支給される ・非常勤講師には支給なし	○	・家族手当は、教職員が家族を扶養するための生活費に対する補助として支給される ・労務を金銭的に評価して支給されるものではなく、従業員に対する福利厚生および生活保障の趣旨で支給されている ・専任教員は、兼職が禁止されており、収入を被告から受ける賃金に依存せざるを得ない ・専任教員を確保するために、専任教員については福利厚生の面で手厚い処遇をすることには合理性がある ➡不合理ではない
36 井関松山製造所事件［控訴審］（高松高裁　令元.7.8判決）		
（家族手当） ・18事件参照	×	・家族手当を設けた趣旨は明らかではないものの、支給額および支給実態等、殊に明確に定められた支給基準により一定額が支給されるものとされており、職務の内容の差異等に基づくものとは解し難い ・被告会社には、賞与と異なり、家族手当の支給の有無および支給額の多寡について格段の裁量もないことに照らすと、人事政策上の配慮等の必要性を認めるに足りない ➡不合理である〔確定〕

42　学校法人中央学院（非常勤講師）事件 [控訴審]（東京高裁　令2.6.24判決）		
（家族手当） ・35事件参照	○	・専任教員は、労働契約上、教育活動および研究活動のみならず、大学運営に関する幅広い業務を行う義務や職務専念義務を負うが、大学設置基準により一定数以上の専任教員を確保しなければならないこととされていることに鑑みれば、給与上の処遇を手厚くすることによりふさわしい人材を安定的に確保する必要がある ・1審被告から支払われる賃金が1審原告の収入の大半を占めていたものであるが、労働契約上、収入を1審被告の賃金に依存せざるを得ない専任教員とは異なる事情の下にある ➡不合理とは認められない
48　日本郵便（大阪）事件 [上告審]（最高裁一小　令2.10.15判決）		
（扶養手当） ・15事件参照	×	・扶養手当が支給されているのは、正社員が長期にわたり継続して勤務することが期待されることから、その生活保障や福利厚生を図り、扶養親族のある者の生活設計等を容易にさせることを通じて、その継続的な雇用を確保するという目的によるものであり、継続的な勤務が見込まれる労働者に扶養手当を支給するものとすることは、使用者の経営判断として尊重し得るものと解される ・もっとも、上記目的に照らせば、

		本件契約社員についても、扶養親族があり、かつ、**相応に継続的な勤務が見込まれるのであれば**、扶養手当を支給することとした趣旨は妥当するというべきであるところ、本件契約社員は、契約期間が6カ月以内または1年以内とされており、有期労働契約の更新を繰り返して勤務する者が存するなど、相応に継続的な勤務が見込まれているといえる ➡不合理であると認められる

(4) 実務上の検討

　上記のとおり、家族手当は長期雇用を前提とする基本給の補完として支給されるものであると認定して、正規従業員にのみ扶養手当を支給することが不合理とは認められないと判断している裁判例も存在するものの（ハマキョウレックス事件［１審］　大津地裁彦根支部　平27.9.16判決、日本郵便（大阪）事件［控訴審］　大阪高裁　平31.1.24判決）、その他の裁判例が示しているとおり、基本的には、家族手当は、家族を扶養する労働者等の生活を補助する目的で支給される手当であると考えられ、それは労働者の職務内容等とは無関係に支給されるものであって、また、正規従業員か非正規従業員かによって労働者の生活を補助する必要性が変わるものではないと考えられます。**48事件**（日本郵便（大阪）事件［上告審］　最高裁一小　令2.10.15判決）も、家族手当について相違を設けることは不合理であると最高裁として初めての判断を下しています。ただし、同事件が判示するところによれば、非正規従業員について、短期雇用が前提とされ相応に継続的な勤務が見込まれない場合には、家族手当を支給する趣旨が妥当しないと解する余地もあると考えられますが、「相応に継続的な勤務」といえる期間がどの程度であるかについ

ては現時点では明らかになっていません。

　また、**36事件**（井関松山製造所事件［控訴審］　高松高裁　令元.7.8
判決）においても、非正規従業員の勤続期間にかかわらず家族手当につ
いて相違を設けることは不合理であると判断されていることなどからす
れば、実務上の対応としては、原則として、勤続期間にかかわらず、正
規従業員・非正規従業員ともに同一の支給条件にて家族手当を支給する
ことが安全であると考えられます。もっとも、例えば、非正規従業員の
更新の上限を5年と設定し、それが厳格に運用されている場合等、「相
応に継続的な勤務が見込まれていない」と評価し得る場合に限って、非
正規従業員を支給対象から除外することが考えられます。

［7］住宅手当・単身赴任手当
（1）住宅手当・単身赴任手当とは

　住宅手当とは、配偶者や扶養家族の有無または持家か借家かなどに応
じて支給される手当をいいます。単身赴任手当とは、元々居住していた
家に配偶者や扶養家族を残して転勤先に一人で居住する場合に会社から
支給される手当をいいます。法令上定められた手当ではないため、会社
によってその名称や支給の有無は異なりますが、住宅に要する費用（借
家の場合は賃料、持家の場合は購入または管理費用）に応じて算出した
手当は、その名称を問わず、「住宅手当」として、割増賃金の算定基礎
から除外されます[55]。なお、ある調査結果によれば[56]、住宅手当を正社
員に対して支給している企業数を100％とした場合、フルタイムの有期
雇用労働者に対して同じ基準で同手当を支給している企業数は10.4％、
短時間の有期雇用労働者に対して同じ基準で同手当を支給している企業

---

[55] 労働基準法37条5項、労働基準法施行規則21条3号、平11.3.31　基発170。なお、住宅に要する費
用にかかわらず一律に定額で支給する手当や、それ以外の費用に応じて算定される手当については、
割増賃金の算定基礎から除外可能な「住宅手当」には該当しないものとされています。
[56] 労務行政研究所「諸手当の支給に関する実態調査」（2018年）

数は1.9%となっています。

(2)ガイドラインの解説

　ガイドラインは、「住宅手当」に関する考え方を示していません。他方、単身赴任手当に関しては、以下のとおり基本的な考え方を示しています。

> ●通常の労働者と同一の支給要件を満たす短時間・有期雇用労働者には、通常の労働者と同一の単身赴任手当を支給しなければならない。

(3)参考裁判例の解説

　ここでは、「住宅手当」に関する賃金格差の合理性が争われた裁判例を取り上げることとします[57]。

※事件名の前に付した番号は、第9章「資料2」の番号に対応しています

差異の内容	適法性	主な判断理由
1　ハマキョウレックス事件［1審］（大津地裁彦根支部　平27.9.16判決）		
（住宅手当） ・正社員については住宅手当が支給される ・契約社員については支給なし	○	・職務内容や職務内容・配置の変更の範囲の異同等を考察すれば、経営・人事制度上の施策として不合理なものとはいえない ➡不合理とは認められない
3　ハマキョウレックス事件［控訴審］（大阪高裁　平28.7.26判決）		
（住宅手当） ・1事件参照	○	・住宅に要する費用を補助する趣旨で支給される手当である ・契約社員については就業場所の変更が予定されていないのに対し、正社員については、転居を伴う配転が予定されているため、契約社員と比較して住宅に要する費用が

---

57 単身赴任手当について判示した裁判例は存在しません。

		・多額となり得る ➡不合理とは認められない

5　メトロコマース事件［1審］（東京地裁　平29.3.23判決）

| （住宅手当）
・正社員は、扶養家族がある場合1万5900円（月額）、ない場合9200円（月額）の住宅手当を支給
・契約社員Bは住宅手当なし | ○ | ・住宅費用負担の有無を問わず一律に支給されており、正社員に対する福利厚生としての性格が強い
・正社員は転居を伴う配置転換・出向が予定されており、住宅コストの増大が見込まれる
・長期雇用関係を前提とした配置転換のある正社員への住宅費用の援助を手厚くすることで、有為な人材の獲得・定着を図る目的は合理性を有する
・被告営業所が東京都内にしか存在しないとしても、転居を伴うことは想定し得る
➡不合理とは認められない |

9　日本郵便（東京）事件［1審］（東京地裁　平29.9.14判決）

| （住居手当）
・正社員に自ら居住するための住宅を借り受け、住宅を新築購入したり、単身赴任の際に家族用の住宅を借り受けたりした場合に住居手当が支給される
・時給制契約社員には支給なし | 新人事制度：
× | ●新人事制度
・住居手当の給付は、住居費の負担を軽減することにより正社員の福利厚生を図り、長期的な勤務に対する動機付けを行う意味も有する
➡時給制契約社員に対して住居手当が全く支払われていないという点で不合理であると認められる |
| | 旧人事制度：
○ | ●旧人事制度
・配置転換等が予定されていない時給制契約社員と比較して、住宅に係る費用負担が重いことを考慮 |

		し、旧一般職に対して住居手当を支給することは一定の合理性が認められる ・長期雇用を前提とした配置転換等のある旧一般職に対して住宅費の援助をすることで有為な人材の獲得、定着を図ることも相応の合理性が認められる ➡不合理とは認められない

15　日本郵便（大阪）事件 [1審] （大阪地裁　平30.2.21判決）

（住居手当） ・正社員に自ら居住するための住宅を借り受け、住宅を新築購入したり、単身赴任の際に家族用の住宅を借り受けたりした場合に住居手当が支給される ・本件契約社員には支給なし	新人事制度： ×	●新人事制度 ・住居手当が支給される趣旨目的は、主として、配転に伴う住宅に係る費用負担の軽減という点にあると考えられるところ、新一般職は、本件契約社員と同様に転居を伴う配転が予定されておらず、本件契約社員には、住居に係る費用負担の軽減という観点からは何らの手当等も支給されていない ➡不合理である
	旧人事制度： ○	●旧人事制度 ・転居を伴う配置転換等が予定されていない時給制契約社員と比較して、住居に係る費用負担が重いことを考慮して、旧一般職に対して住居手当を支給することは一定の合理性が認められる ・長期雇用を前提とした配転のある旧一般職に対して住宅費の援助をすることで有為な人材の獲得、定着を図ることも相応の合理性が認められる

		➡不合理とは認められない

18　井関松山製造所事件［1審］（松山地裁　平30.4.24判決）

（住宅手当） ・無期雇用労働者には、扶養者の有無および住宅の別に応じて住宅手当（3500円〜1万円）を支給 ・有期雇用労働者は住宅手当なし	×	・被告の住宅手当は、住宅費用の負担の度合いに応じて対象者を類型化してその者の費用負担を補助する趣旨 ・有期雇用労働者であっても住宅費用を負担する場合があることに変わりはない ・<u>無期雇用労働者を含む被告の労働者は勤務地変更を伴う異動は想定されていないため</u>、無期雇用労働者のほうが潜在的に住宅費用が高くなると認めることは困難 ➡不合理である

21　ハマキョウレックス事件［上告審］（最高裁二小　平30.6.1判決）

（住宅手当） ・1事件参照	○	・住宅に要する費用を補助する趣旨で支給される手当 ・<u>契約社員については就業場所の変更が予定されていない</u>のに対し、正社員については、転居を伴う配転が予定されているため、契約社員と比較して住宅に要する費用が多額となり得る ➡不合理とは認められない

28　日本郵便（東京）事件［控訴審］（東京高裁　平30.12.13判決）

（住居手当） ・9事件参照	新人事制度：×	●新人事制度 ・<u>新一般職は、転居を伴う配置転換等が予定されておらず、新一般職も時給制契約社員も住宅に要する費用は同程度</u>である

		・住居手当は、従業員の住宅に要する費用を毎月補助するものであるところ、同費用は上記のとおり同程度であることから、長期的な勤務に対する動機付けの効果および有為な人材を正社員に採用しやすくする狙いがあることをもって、不合理性は否定できない ➡不合理である〔確定〕
	旧人事 制度： ○	●旧人事制度 ・<u>旧一般職は、転居を伴う可能性のある配置転換等が予定されていた</u>ため、旧一般職は時給制契約社員と比較して住宅に要する費用が多額となり得る ➡不合理とは認められない

31　日本郵便（大阪）事件［控訴審］（大阪高裁　平31.1.24判決）

（住居手当） ・15事件参照	新人事 制度： ×	●新人事制度 ・1審判決（15事件）と同旨（ただし、住居手当が支給される趣旨目的について、主として、住宅に係る費用負担の軽減ということにあるが、配転の有無についても考慮要素となると考えられると変更） ➡不合理である〔確定〕
	旧人事 制度： ○	●旧人事制度 ・1審判決（15事件）と同旨 ➡不合理とは認められない

33　メトロコマース事件［控訴審］（東京高裁　平31.2.20判決）		
（住宅手当） ・5事件参照	×	・扶養家族の有無により異なる金額が支給されることに照らせば、<u>住宅費を中心とした生活費を補助する趣旨</u> ・<u>正社員であっても転居を必然的に伴う配置転換は想定されていない</u> ・有為な人材の確保と定着を図る趣旨があると主張するが、そのような理由のみで正当化されるものとはいえない ➡不合理であると認められる〔確定〕
35　学校法人中央学院（非常勤講師）事件［1審］（東京地裁　令元.5.30判決）		
（住宅手当） ・専任教員は世帯主には1万7500円、非世帯主には1万円が支給される ・非常勤講師には支給なし	○	・住宅手当は教職員の住宅費の負担に対する補助として支給される ・労務を金銭的に評価して支給されるものではなく、従業員に対する福利厚生および生活保障の趣旨で支給されている ・専任教員は、兼職が禁止されており、収入を被告から受ける賃金に依存せざるを得ない ・専任教員を確保するために、専任教員については福利厚生の面で手厚い処遇をすることには合理性がある ➡不合理ではない
36　井関松山製造所事件［控訴審］（高松高裁　令元.7.8判決）		
（住宅手当） ・18事件参照	×	・住宅手当を設けた趣旨は明らかではないものの、支給額および支給

		実態等、殊に明確に定められた支給基準により一定額が支給されるものとされており、職務の内容の差異等に基づくものとは解し難い ・被告会社には、賞与と異なり、住宅手当の支給の有無および支給額の多寡について格段の裁量もないことに照らすと、人事政策上の配慮等の必要性を認めるに足りない ➡不合理である〔確定〕
42　学校法人中央学院（非常勤講師）事件 [控訴審]（東京高裁　令2.6.24 判決）		
（住宅手当） ・35事件参照	○	・専任教員は、労働契約上、教育活動および研究活動のみならず、大学運営に関する幅広い業務を行う義務や職務専念義務を負うが、大学設置基準により一定数以上の専任教員を確保しなければならないこととされていることに鑑みれば、給与上の処遇を手厚くすることによりふさわしい人材を安定的に確保する必要がある ・1審被告から支払われる賃金が1審原告の収入の大半を占めていたものであるが、労働契約上、収入を1審被告の賃金に依存せざるを得ない専任教員とは異なる事情の下にある ➡不合理とはいえない

（4）実務上の検討

　住宅手当は、住宅に要する費用を補助する趣旨で支給されるものであることから、上記の裁判例が示すとおり、正規従業員には転居を伴う配

転の可能性がある一方、非正規従業員にはそのような可能性がない場合には、住宅手当の支給の有無等について差異を設けることは不合理ではないと判断される可能性が高いと考えられます（ハマキョウレックス事件［上告審］　最高裁二小　平30.6.1判決等）。

　他方、最高裁判決によりその判断が確定したメトロコマース事件［控訴審］（東京高裁　平31.2.20判決）やその他の裁判例が示すとおり、正規従業員に転居を伴う配転の可能性がないにもかかわらず支給される住宅手当や、実際に単身赴任を行う労働者に対して支給される単身赴任手当については、正規従業員・非正規従業員間で差異を設ける合理的な根拠が見いだし難く、仮に正規従業員の人材確保等の目的を挙げたとしても、両者間で異なる待遇とすることは、不合理であると判断される可能性が高いと考えられます（日本郵便（東京）事件［控訴審］　東京高裁　平30.12.13判決、日本郵便（大阪）事件［控訴審］　大阪高裁　平31.1.24判決、メトロコマース事件［控訴審］　東京高裁　平31.2.20判決）。したがって、実務上の対応としては、正規従業員に転居を伴う配転の可能性がないにもかかわらず正規従業員に対してのみ住宅手当を支払っているような場合には、制度の見直しを行う必要性が高いと考えます。

[8]地域手当
（1）地域手当とは
　地域手当とは、主として地域間の物価の差異による負担を軽減することを目的として、特定の地域で働く労働者に対して支給される手当をいいます。
（2）ガイドラインの解説
①ガイドラインの基本的な考え方
　ガイドラインは、「地域手当」に関して、以下のとおり基本的な考え方を示しています。

> ●通常の労働者と同一の地域で働く短時間・有期雇用労働者には、
> 通常の労働者と同一の地域手当を支給しなければならない。

②ガイドラインが示す具体的な例

　ガイドラインは、「地域手当」に関して、問題とならない例と問題となる例を具体的に示しています。

[問題とならない例]	[問題となる例]
A社においては、通常の労働者であるXについては、全国一律の基本給の体系を適用し、転勤があることから、地域の物価等を勘案した地域手当を支給しているが、一方で、有期雇用労働者であるYと短時間労働者であるZについては、それぞれの地域で採用し、それぞれの地域で基本給を設定しており、その中で地域の物価が基本給に盛り込まれているため、地域手当を支給していない。	A社においては、通常の労働者であるXと有期雇用労働者であるYにはいずれも全国一律の基本給の体系を適用しており、かつ、いずれも転勤があるにもかかわらず、Yには地域手当を支給していない。

(3)参考裁判例の解説

　ここでは、「物価手当」に関する賃金格差の合理性が争われた裁判例を取り上げることとします。

※事件名の前に付した番号は、第9章「資料2」の番号に対応しています

差異の内容	適法性	主な判断理由
19 井関松山ファクトリー事件［1審］（松山地裁　平30.4.24判決）		
（物価手当） ・無期雇用労働者には、物価手当支給基準の区分により物価手当を支給（職務内容等とは無関係に、労働者の年齢に応じて支給） ・有期雇用労働者には支給なし	×	・物価手当は年齢に応じて増大する生活費を補助する趣旨を含む ・年齢上昇に応じた生活費の増大は有期雇用労働者であっても変わりはない ➡不合理である
37 井関松山ファクトリー事件［控訴審］（高松高裁　令元.7.8判決）		
（物価手当） ・19事件参照	×	・物価手当の支給の趣旨は、年齢に応じて増加する生活費の補助にあって、一定額が支給され、職務の内容の差異等に基づくものとは解し難い ・被告会社には、物価手当の支給の有無および支給額の多寡について格段の裁量もないため、人事政策上の配慮等の必要性は認められない ➡不合理である〔確定〕
41 トーカロ事件（東京地裁　令2.5.20判決）		
（地域手当） ・関東地区に在住するAコース正社員（関東地区在住）には、平成27年2月〜平成30年1月までの間、月額	○	・地域手当は、関東地区の家賃相場が他の地区より高額であったにもかかわらず、正社員の初任給の額を全国一律としていたことなどから、関東地区に勤務する正社員を確保することが困難であったた

1万円の地域手当が支給されていた ・同地区在住の嘱託社員に対しては支給なし	め、将来に向けて安定的に正社員を確保する目的で導入されたものである ・嘱託社員は、個別的に居住地域固有の事情を考慮して、採用した地区ごとに賃金額を決定することも可能である上、転勤も予定されていない ・嘱託社員には、関東地区における正社員の安定的確保という地域手当の支給に係る事情は妥当しない ・被告は、平成14年頃には、関東地区における正社員の確保困難という状況が解消されたとの認識を有し、同年頃以降、地域手当の廃止に向けて企業内労働組合と協議を行い、地域手当を段階的に引き下げ、最終的には同労働組合と妥結して平成30年10月支給分から地域手当を廃止するに至った。このように労使交渉を経て地域手当が廃止されたことを踏まえると、請求対象期間に正社員に対してのみ地域手当を支給していたことには一定の合理性が認められる ➡不合理であると評価することはできない

（4）実務上の検討

　労働者の勤務地ごとに物価等を勘案した地域手当を支給している会社において、正規従業員と非正規従業員との間で待遇差を設けることは、そのような待遇差を設ける合理的な理由が認められない限り、基本的には不合理であると判断されると考えられます。

　ただし、ガイドラインの具体例が示すとおり、地域の物価等を勘案して支給される金銭の名目は、必ずしも正規従業員と非正規従業員とで同一である必要はなく、例えば、正規従業員に支給される地域手当が非正規従業員には支給されないとしても、非正規従業員の基本給が地域の物価等を勘案して設定されていることが客観的な資料をもって具体的に説明できるのであれば、そのような取り扱いは違法とはならないものと考えられます。

[9]通勤手当・出張旅費
（1）通勤手当・出張旅費とは

　通勤手当とは、労働者の通勤に要する費用の一部または全部を補填（ほてん）する目的で支給される手当をいいます。法令上定められた手当ではないため、会社によってその名称や支給の有無は異なりますが、通勤手当については割増賃金の算定基礎から除外されるほか[58]、一定金額以下のものについては非課税所得となります[59]。ある調査結果によれば[60]、通勤手当を正社員に対して支給している企業数を100％とした場合、フルタイムの有期雇用労働者に対して同じ基準で同手当を支給している企業数は85.0％（別の基準で支給している企業数は9.9％）、短時間の有期雇用労働者に対して同じ基準で同手当を支給している企業数は70.0％（別の基準で支給している企業数は19.2％）となっています。

　出張旅費とは、労働者の出張に要する費用の一部または全部を負担する目的で支給される手当をいいます。

（2）ガイドラインの解説
①ガイドラインの基本的な考え方

　ガイドラインは、「通勤手当・出張旅費」に関して、以下のとおり基

---

58 労働基準法37条5項、労働基準法施行規則21条柱書き
59 所得税法9条1項5号
60 労務行政研究所「諸手当の支給に関する実態調査」（2018年）

本的な考え方を示しています。

●短時間・有期雇用労働者にも、通常の労働者と同一の通勤手当お
よび出張旅費を支給しなければならない。

②ガイドラインが示す具体的な例

　ガイドラインは、「通勤手当」に関して、問題とならない例のみを具
体的に示しています。

[問題とならない例]	[問題となる例]
・A社においては、本社の採用である労働者に対しては、交通費実費の全額に相当する通勤手当を支給しているが、それぞれの店舗の採用である労働者に対しては、当該店舗の近隣から通うことができる交通費に相当する額に通勤手当の上限を設定して当該上限の額の範囲内で通勤手当を支給しているところ、店舗採用の短時間労働者であるＸが、その後、本人の都合で通勤手当の上限の額では通うことができないところへ転居してなお通い続けている場合には、当該上限の額の範囲内で通勤手当を支給している。 ・A社においては、通勤手当に	——

ついて、所定労働日数が多い（例えば、週4日以上）通常の労働者および短時間・有期雇用労働者には、月額の定期券の金額に相当する額を支給しているが、所定労働日数が少ない（例えば、週3日以下）または出勤日数が変動する短時間・有期雇用労働者には、日額の交通費に相当する額を支給している。	

（3）参考裁判例の解説

ここでは、「通勤手当」に関する賃金格差の合理性が争われた裁判例を取り上げることとします。

※事件名の前に付した番号は、第9章「資料2」の番号に対応しています

差異の内容	適法性	主な判断理由
1　ハマキョウレックス事件［1審］（大津地裁彦根支部　平27.9.16判決）		
（通勤手当） ・交通手段および通勤距離が同じ正社員については通勤手当として5000円を支給 ・契約社員については3000円を支給	×	・通勤手当は交通費の実費の補填である ➡不合理である
3　ハマキョウレックス事件［控訴審］（大阪高裁　平28.7.26判決）		
（通勤手当） ・1事件参照	×	・通勤に要する交通費を補填する趣旨で支給される手当である

		・労働契約に期間の定めがあるか否かによって通勤に要する費用が異なるものではない ・職務の内容や当該職務の内容および変更の範囲が異なることは、通勤に要する費用の多寡とは無関係 ➡不合理である

7 日本郵便（佐賀）事件［1審］（佐賀地裁 平29.6.30判決）

（通勤手当） ――	○	・月給制と時間給制との違いに基づくものを超える有意な相違の存在を認めるに足りる証拠はない ➡不合理な相違は存在しない

14 九水運輸商事事件［1審］（福岡地裁小倉支部 平30.2.1判決）

（通勤手当） ・正社員は通勤手当として1万円を支給(1カ月に出勤日の半分を超える欠勤があった場合、出勤日数×1000円または1万円のうち小さい額) ・パート社員は通勤手当として5000円を支給（月に欠勤2日以内の場合のみ）	×	・被告では一律の金額を支給しており、かつ月3回以上欠勤すれば不支給となる取り扱いがされていたが、労働者の通勤費用は1万円を超えており実質的には通勤費用を填補しており、また、皆勤手当とは別個に通勤手当を定めていることから、実質的にも通勤手当である ・通勤手当を設けた理由は、手当が多いほうが求人に有利であるというものであり、本件相違の合理性を肯定できる理由であるとはいえない ・パート社員と正社員のいずれも、仕事場への通勤を要し、かつ、多くの者が自家用車で通勤しているという点で、両者で相違はない ➡不合理である

20　日本郵便（佐賀）事件［控訴審］（福岡高裁　平30.5.24判決）		
（通勤手当） ────	○	・業務内容のうち、勤務体制という点については、時給制契約社員と正社員とでは明らかに異なっており、それを前提として給与体系に時給制か月給制かの相違が設けられている ➡不合理とは認められない〔確定〕
21　ハマキョウレックス事件［上告審］（最高裁二小　平30.6.1判決）		
（通勤手当） ・1事件参照	×	・通勤に要する交通費を補填する趣旨で支給される手当 ・**労働契約に期間の定めがあるか否かによって通勤に要する費用が異なるものではない** ・職務の内容および配置の変更の範囲が異なることは、通勤に要する費用の多寡とは無関係である ➡「不合理と認められるもの」に当たる
23　九水運輸商事事件［控訴審］（福岡高裁　平30.9.20判決）		
（通勤手当） ・14事件参照	×	・（会社は支給していた通勤手当は皆勤手当の一種であるなどと主張するが）雇入通知書には皆勤手当とは別に通勤手当が記載され、パート社員が通勤に最多利用する交通手段は自家用車であったから、通勤手当は通勤に要する交通費を填補する趣旨で支給されていたというべき。事務手続きの手間を省略できることからすると、一律支給の事実は、通勤手当であるとの判断を左右しない。皆勤手

		とは別に通勤手当が記載され、会社も支給した金額を通勤手当として申告し非課税の扱いを受けていたことからすると、月3回以上の欠勤で不支給になるとしても、通勤手当ではないとはいえない ・職務の内容・職務の内容および配置の変更の相違は、通勤に要する費用の多寡と直接関連しない ・（通勤手当の支給要件からすると）通勤手当の金額の多寡と出勤率の向上との関係は薄い ・労働契約に期間の定めがあるか否かによって通勤に要する費用が異なるものではないし、正社員とパート社員とで通勤に利用する交通手段に相違はなく、パート社員の通勤時間や通勤経路が正社員に比して短いといった事情もない ➡不合理である〔確定〕
43　アートコーポレーション事件（横浜地裁　令2.6.25判決）		
（通勤手当） ・正社員には支給 ・アルバイトには支給なし	×	・通勤手当は、通勤に要する交通費を補填する趣旨で支給されるものと認められる ・通勤に要する費用は、労働契約に期間の定めがあるか否かによって異なるものではない ・職務の内容および配置の変更の範囲が異なることは、通勤に要する費用の多寡とは直接関連しない ➡不合理である

（4）実務上の検討

通勤手当については、ハマキョウレックス事件［上告審］（最高裁二小 平30.6.1判決）において、通勤手当が通勤に要する交通費を補填する趣旨で支給される手当であることを前提に、労働契約に期間の定めがあるか否かによって通勤に要する費用が異なるものではなく、また、職務の内容および配置の変更の範囲が異なることは、通勤に要する費用の多寡とは無関係であると判示されているとおり、原則として正規従業員・非正規従業員との間で同一の支給条件にて通勤手当を支給しない限り、不合理であると判断される可能性があると考えられます。なお、同事件は正規従業員・非正規従業員間の職務の内容が同一である事案でしたが、職務内容が異なる事案においても通勤手当の不支給は不合理との判断が示されており（九水運輸商事事件［控訴審］ 福岡高裁 平30.9.20判決）、通勤手当については職務の内容の異同にかかわらず、原則として同一の支給条件での支給が求められます。

もっとも、ガイドラインの具体例が示すとおり、正規従業員と非正規従業員とで採用対象とした地理的範囲が異なること等を理由として、通勤手当の支給条件に差異があることが不合理ではないと認められるような場合には、そのような取り扱いが違法ではないと判断される余地もあると考えられます。

他方、実際に出張を行う労働者に対して支給される出張旅費については、正規従業員・非正規従業員間で差異を設ける根拠が見いだし難く、仮に非正規従業員が出張を行ったにもかかわらず、正規従業員とは異なる待遇とした場合には、不合理であると判断される可能性が高いと考えられます。

［10］時間外労働手当・深夜労働手当・休日労働手当
（1）時間外労働手当・深夜労働手当・休日労働手当とは

時間外労働手当・深夜労働手当・休日労働手当とは、労働者が行った

時間外労働、深夜労働、休日労働に対してそれぞれ支給される手当をいいます。

　労働基準法では、①法定労働時間を超える労働、②深夜（原則午後10時から午前５時まで）における労働および③法定休日における労働については、少なくとも、①25％（月60時間を超える場合は50%）、②25％、③35%の割増率を乗じた割増賃金を支払うことが義務付けられていますが[61]、会社によっては、法定労働時間内であっても所定労働時間を超える労働について割増率を適用したり、割増率を法令上の最低基準よりも引き上げているケースがあります。

（2）ガイドラインの解説

①ガイドラインの基本的な考え方

　ガイドラインは、「時間外労働手当」「深夜労働手当」「休日労働手当」に関して、以下のとおり基本的な考え方を示しています。

（時間外労働手当）

●通常の労働者の所定労働時間を超えて、通常の労働者と同一の時間外労働を行った短時間・有期雇用労働者には、通常の労働者の所定労働時間を超えた時間につき、通常の労働者と同一の割増率等で、時間外労働に対して支給される手当を支給しなければならない。

（深夜労働手当・休日労働手当）

●通常の労働者と同一の深夜労働または休日労働を行った短時間・有期雇用労働者には、通常の労働者と同一の割増率等で、深夜労働または休日労働に対して支給される手当を支給しなければならない。

---

61 労働基準法37条1項、4項、同法附則138条、労働基準法37条1項の時間外および休日の割増賃金に係る率の最低限度を定める政令。なお、中小事業主については、月60時間を超える時間外労働における割増率（50％）の適用が猶予されていましたが、働き方改革関連法の成立により、2023年4月1日をもってかかる猶予は廃止されることになりました。

②ガイドラインが示す具体的な例

　ガイドラインは、「深夜労働手当」「休日労働手当」に関して、問題とならない例と問題となる例を具体的に示しています。「時間外労働手当」についての例示はありません。

[問題とならない例]	[問題となる例]
A社においては、通常の労働者であるXと時間数および職務の内容が同一の深夜労働または休日労働を行った短時間労働者であるYに、同一の深夜労働または休日労働に対して支給される手当を支給している。	A社においては、通常の労働者であるXと時間数および職務の内容が同一の深夜労働または休日労働を行った短時間労働者であるYに、深夜労働または休日労働以外の労働時間が短いことから、深夜労働または休日労働に対して支給される手当の単価を通常の労働者より低く設定している。

（3）実務上の検討

　ガイドラインが示す考え方と同様、メトロコマース事件［控訴審］（東京高裁　平31.2.20判決）においても、（法定の割増率を上回る割増賃金を支払う場合であっても）同一の時間外労働等を行った正規従業員と非正規従業員には同一の割増率等で時間外労働等に対して手当を支給しなければならない旨が判示されています。そして同事件が、労働基準法37条の割増賃金の趣旨（時間外労働が通常の労働時間または労働日に付加された特別の労働であるから、それに対しては使用者に一定額の補償をさせるのが相当であるとともに、その経済的負担を課すことによって時間外労働を抑制しようとする点）に照らしてそのような判断を導いていることからすれば、正規従業員・非正規従業員間の若干の事情の相違によって当該判断が覆ることはあまり想定されず、原則として、正規

従業員と同一の時間外労働等を行った非正規従業員には、所定労働時間を超えた時間につき、正規従業員と同一の割増率等で、時間外労働等に対する手当を支給しない限り、不合理であると判断される可能性が高いと考えられます。

3 ▶ 賞与

[1] 賞与とは

　賞与（一時金）とは、月例賃金とは別に支払われる金銭を広く含み、対象期間中の労務の対価の後払い、功労報償、生活補償、従業員の意欲向上などさまざまな趣旨により支給されているものです。一般的には、年2回（夏季賞与・冬季賞与）に分けた上で、各期間の会社の業績および経済状況等に基づき定めた支給率を基礎として、従業員ごとの人事考課や勤務実績に応じて調整した金額を支給することが多いですが、月例賃金とは異なり、賞与は法令上必ず支払わなければならないものではなく、上記のとおり賞与の支給の趣旨も多様であるため、その内容は会社によって異なります。

　賞与の額または算定方法および支給時期が専ら使用者の裁量に委ねられている場合には、恩恵的給付であって労働基準法上の「賃金」には該当しません[62]。これに対し、就業規則または雇用契約等において賞与の額または算定方法および支給時期が定められている場合には、使用者はその定めに従って従業員にこれを支払う義務を負うことになります。

　もっとも、非正規従業員について、雇用契約上は使用者が賞与を支払う義務を負わない場合であっても、以下に述べるように、同一労働同一賃金規制の観点からかかる制度設計自体が違法とされ、非正規従業員に

---

62 中部日本広告社事件（名古屋高裁　平2.8.31判決）、UBSセキュリティーズ事件（東京地裁　平21.11.4判決）等

賞与相当額の金銭の支払いを余儀なくされることがあり得るため、注意
が必要です。

[2]ガイドラインの解説
(1)ガイドラインの基本的な考え方

　ガイドラインは、「賞与」に関して、以下のとおり基本的な考え方を
示しています。

> ●賞与であって、会社の業績等への労働者の貢献に応じて支給する
> ものについて、通常の労働者と同一の貢献である短時間・有期雇
> 用労働者には、貢献に応じた部分につき、通常の労働者と同一の
> 賞与を支給しなければならない。また、貢献に一定の相違がある
> 場合においては、その相違に応じた賞与を支給しなければならな
> い。

(2)ガイドラインが示す具体的な例

　ガイドラインは、「賞与」に関して、基本的な考え方のほか、問題と
ならない例と問題となる例を具体的に示しています。

[問題とならない例]	[問題となる例]
・賞与について、会社の業績等への労働者の貢献に応じた支給をしているA社において、通常の労働者であるXと同一の会社の業績等への貢献がある有期雇用労働者であるYに対し、Xと同一の賞与を支給している。	・賞与について、会社の業績等への労働者の貢献に応じた支給をしているA社において、通常の労働者であるXと同一の会社の業績等への貢献がある有期雇用労働者であるYに対し、Xと同一の賞与を支給していない。
・A社においては、通常の労働	・賞与について、会社の業績等

者であるXは、生産効率およ
び品質の目標値に対する責任
を負っており、当該目標値を
達成していない場合、待遇上
の不利益を課されている。そ
の一方で、通常の労働者であ
るYや、有期雇用労働者であ
るZは、生産効率および品質
の目標値に対する責任を負っ
ておらず、当該目標値を達成
していない場合にも、待遇上
の不利益を課されていない。
A社は、Xに対し、賞与を支
給しているが、YやZに対し
ては、待遇上の不利益を課し
ていないこととの見合いの範
囲内で、賞与を支給していな
い。

への労働者の貢献に応じて支
給しているA社においては、
通常の労働者には職務の内容
や会社の業績等への貢献等に
かかわらず全員に何らかの賞
与を支給しているが、短時間・
有期雇用労働者には支給して
いない。

[3] 参考裁判例の解説

　ここでは、「賞与」に関する格差の合理性が争われた裁判例を取り上
げることとします。

※事件名の前に付した番号は、第9章「資料2」の番号に対応しています

差異の内容	適法性	主な判断理由
1　ハマキョウレックス事件 [1審] (大津地裁彦根支部　平27.9.16判決)		
（賞与）	○	・職務内容や職務内容・配置の変更

・正社員 　原則賞与あり ・契約社員 　原則賞与なし		の範囲の異同等を考察すれば、経営・人事制度上の施策として不合理なものとはいえない

5　メトロコマース事件［1審］（東京地裁　平29.3.23判決）

（賞与） ・正社員 　夏冬に本給2カ月分に加えて17万円または17万6000円を賞与として支給 ・契約社員B 　夏冬に一律各12万円を賞与として支給	○	・職務内容、職務内容・配置の変更の範囲に大きな相違がある ・賞与は労働の対価のみならず功労報償的な性格や将来の意欲向上としての意味合いも有する ・長期雇用を前提とする正社員の賞与を手厚くすることで有為な人材の獲得・定着を図る目的は合理性を有する ・賃金に対する賞与の割合が3分の1と高いとしても、賞与の割合は使用者に裁量がある上、年間賃金で比較しても、10年目でも正社員の65%程度の水準は確保されている ➡不合理なものとまでは認められない

6　ヤマト運輸（賞与）事件［1審］（仙台地裁　平29.3.30判決）

（賞与） ・マネージ社員（無期雇用） 　基本給×支給月数×配分率＋リーダー手当A（1カ月）＋地域手当＋成果加算（5万円を査定原資として加点評価）	○	・支給月数の差 　支給月数の差はマネージ社員より基本給が高いキャリア社員との賞与算定の基礎金額を同一にしようとしたもので、その支給月数の差も格別大きいとはいえない ・成果査定の仕方 　マネージ社員は、長期的に見て、今後現在のエリアにとどまらず組

・キャリア社員（有期雇用） 基本給×**支給月数**×配分率（40〜90％）×**成績査定（40〜120％）** ＋リーダー手当A（1カ月）＋地域手当 ・支給月数の差 各支給日によって異なるが、マネージ社員のほうがおおむね0.1カ月ないし0.3カ月程度多い		織の必要性に応じ、役職に任命され、職務内容の変更があり得るため、成果加算をすることで、**賞与に将来に向けての動機付けやインセンティブの意味合い**がある キャリア社員は、与えられた役割（支店等）において個人の能力を最大限に発揮することを期待されているため、絶対査定としその査定の裁量の幅を40〜120％と広いものとすることによって、その個人の成果に応じてより評価をしやすくすることができるようにしたもの ➡不合理な労働条件の相違であるとは認められない

7　日本郵便（佐賀）事件［1審］（佐賀地裁　平29.6.30判決）

（夏期年末手当） ・正社員 （基本給＋扶養手当＋調整手当）×在籍期間割合（30〜100％）×支給の都度定める割合 ・時給制契約社員 夏期年末手当なし。ただし、基本賃金（1カ月平均）×30％×対象期間の実際の勤務日数の区分に応じた割合（100〜180％）で計算される臨時手当が支給される	○	・相違は、労使交渉の結果および郵政民営化前からの歴史的経緯による ・正社員と期間雇用社員の**職務内容等に大きな相違**が存在する ・賞与が労働の対価としての性格のみならず、功労報償的な性格や将来の労働への意欲向上としての性格を持ち、**長期雇用を前提とする正社員に対し賞与支給を厚くすることにより有為な人材の獲得、定着を図る必要性**が認められる ➡不合理なものであるとは認められない

9　日本郵便（東京）事件［1審］（東京地裁　平29.9.14判決）

| （夏期年末手当）
・正社員
　夏期手当：（基本給＋扶養手当＋調整手当）×在籍期間割合（30～100%）×支給の都度定める割合
　年末手当：夏期手当と同様の計算式で計算した金額＋(基本給＋調整手当)×在籍期間割合×評定区分に応じた成績率（40～150%）
・時給制契約社員
　夏期年末手当なし。ただし、基本賃金（1カ月平均）×30%×対象期間の実際の勤務日数の区分に応じた割合（100～180%）で計算される臨時手当が支給される | ○ | ・新一般職または旧一般職と時給制契約社員との間には、**職務の内容ならびに職務の内容および配置の変更の範囲に大きなまたは一定の相違**があることから、基本給と密接に関連する夏期年末手当について相違があることは一定の合理性がある
・夏期年末手当は、功労報償や将来の労働への意欲向上としての意味合いを有するため、長期雇用を前提として、**将来的に枢要な職務および責任を担うことが期待される正社員に対する同手当の支給を手厚くすることにより、優秀な人材の獲得や定着を図ることは一定の合理性**がある
・時給制契約社員に対しても労使交渉の結果に基づいた臨時手当が支給されている
➡不合理と認めることはできない |

10　ヤマト運輸（賞与）事件［控訴審］（仙台高裁　平29.10.11判決）

| （賞与）
・6事件参照 | ○ | ・1審判決（6事件）と同旨
➡不合理な労働条件の相違であるとは認められない〔確定〕 |

12　大阪医科薬科大学事件［1審］（大阪地裁　平30.1.24判決）

| （賞与）
・正職員
　賞与あり | ○ | ・一般的に賞与は、月額賃金を補うものとしての性質も有している
・長期雇用が想定され、かつ、職務 |

・アルバイト職員 　賞与なし		内容等を考慮し、**正職員の雇用確保等に関するインセンティブとして一定の合理性**がある ・アルバイト職員については、同様のインセンティブが想定できず、雇用期間が一定ではないことから、賞与算定期間の設定等が困難であり、**透明性や公平感の確保という観点から、労働時間に応じて賃金を支払うほうが合理的**である ・賞与を含めた年間の総支給額だと、原告は2013年度新規採用職員の約55%の水準であり、**相違の程度は一定の範囲に収まっている** ➡不合理な労働条件の相違であるとまでは認められない

15　日本郵便（大阪）事件［1審］（大阪地裁　平30.2.21判決）

（夏期年末手当） ・正社員 　夏期手当：（基本給＋扶養手当＋調整手当）×在籍期間割合（30～100%）×支給の都度定める割合 　年末手当：夏期手当と同様の計算式で計算した金額＋（基本給＋調整手当）×在籍期間割合×評定区分に応じた成績率（40～150%） ・時給制契約社員 　夏期年末手当なし。ただし、基本賃金（1カ月平均）×30%×対象	○	・夏期年末手当は、賞与としての性質を有するものであるところ、賞与支給の有無および支給額の決定については、使用者の人事政策上の裁量の及ぶ事項であることから、**使用者に広い裁量**がある ・正社員と本件契約社員との**職務の内容等には相違があり、功績の程度や内容、貢献度等にも違い**が存在する ・長期雇用を前提として、将来的に枢要な職務および責任を担うことが期待されている正社員に対する夏期年末手当の支給を手厚くすることにより、**優秀な人材の獲得やその定着を図ることは一定の合理性**がある

期間の実際の勤務日数の区分に応じた割合（100〜180％）で計算される臨時手当が支給される		・夏期年末手当は、労使交渉の結果によって、その金額の相当部分が決定され、臨時手当も、その支給額もその支給額の算定方法が労使交渉の結果を踏まえて決定されたものである ➡不合理であるとは認められない

16 医療法人A会事件（新潟地裁 平30.3.15判決）

（賞与） ・正規職員 　業務・勤務状況等を勘案した賞与を支給 ・非正規職員 　定額の賞与を支給 ・支給実績 　2015年度の冬期賞与額は、正規職員は平均2.1カ月分であるのに対し、非正規職員は一律基本給1カ月分	○	・賞与には、一般に労働の対価としての意味だけでなく、功労報償的意味および将来の労働への意欲向上策としての意味がある ・長期雇用を前提とする正規職員に対し、**貢献度向上等を期待してインセンティブを与えることは、一定の人事施策上の合理性**が認められる ・相違の程度も、冬期賞与の差額は基本給約1カ月分であり、**仮に正規職員であった場合との年収の差額の割合は約8.25％**であることから、不合理とはいえない

18 井関松山製造所事件［1審］（松山地裁 平30.4.24判決）

（賞与） ・無期雇用労働者 　平均して約36万〜39万円程度の賞与を支給 ・有期雇用労働者 　賞与なし。ただし、夏季および冬季に一律5万円の寸志を支給	○	・賞与は、一般的に、賃金の一部を構成するものとして基本給と密接に関連するとともに、継続勤務に対する功労報償および将来に対する勤労奨励といった複合的性質を有する ・職制に就任する等の可能性がある者として育成される立場にある**無期雇用労働者に対して、より高額**

		の賞与を支給することで有為な人材の獲得・定着を図る目的は一定の合理性を有する ・有期雇用労働者にも各5万円の寸志は支給されている ・両者の地位は必ずしも固定的ではない ・厚労省ガイドライン案は、未確定〈編注：本件事件当時〉であるため、現時点の同案を参酌する必要性はない ➡不合理なものであるとまでは認められない

19 井関松山ファクトリー事件［1審］（松山地裁 平30.4.24判決）

（賞与） ・無期雇用労働者 　平均して約35万円以上の賞与を支給 ・有期雇用労働者 　賞与なし。ただし、業績や評価に基づく一時金として、夏季および冬季に約8万～10万円程度の寸志を支給	○	・賞与は、一般的に、賃金の一部を構成するものとして基本給と密接に関連するとともに、継続勤務に対する功労報償および将来に対する勤労奨励といった複合的性質を有する ・職制に就任する等の可能性がある者として育成される立場にある無期雇用労働者に対して、より高額の賞与を支給することで有為な人材の獲得・定着を図る目的は一定の合理性を有する ・有期雇用労働者にも各10万円程度の寸志は支給されている ・両者の地位は必ずしも固定的ではない ・厚労省ガイドライン案は、未確定〈編注：本件事件当時〉であるため、現時点の同案を参酌する必要性はない

		➡不合理なものであるとまでは認められない

20　日本郵便（佐賀）事件 ［控訴審］（福岡高裁　平30.5.24判決）

（夏期年末手当） ・7事件参照	○	・夏期、年末手当と臨時手当とで算定の基礎となる賃金の性質を異にしていることについては、正社員と時給制契約社員との間で**職務の内容ならびに職務の内容および配置の変更の範囲に相違**があることや、賞与の功労報償的な性格や将来の労働への意欲向上としての性格、**有為な人材の獲得・定着を図る必要性**があることなどを考慮すると、不合理な差であるとは認め難い ・そもそも算定の基礎となる賃金の考え方が異なっており、単純に支給の対象となる期間における**会社への貢献度のみを勘案して正社員の夏期および年末手当が支給されているわけではない** ➡不合理な相違があると認めることはできない〔確定〕

28　日本郵便（東京）事件 ［控訴審］（東京高裁　平30.12.13判決）

（夏期年末手当） ・9事件参照	○	・1審判決（9事件）と同旨 ・労働者の賃金に関する労働条件の在り方については、基本的には団体交渉等による労使自治に委ねられるべき部分が大きいということもできるところ、夏期年末手当は、まさに会社の業績等を踏まえた労使交渉により支給内容が決定され

		ている ➡不合理であると評価することはできない〔確定〕
31　日本郵便（大阪）事件 ［控訴審］（大阪高裁　平31.1.24判決）		
（夏期年末手当） ・**15事件**参照	○	・1審判決（**15事件**）と同旨 ➡不合理であるとは認められない〔確定〕
32　大阪医科薬科大学事件 ［控訴審］（大阪高裁　平31.2.15判決）		
（賞与） ・**12事件**参照	×	・正職員の賞与は、旧来から通年でおおむね基本給の4.6カ月分であり、基本給のみに連動し、当該従業員の年齢や成績、会社の業績に連動するものではないことから、<u>賞与算定期間に就労していたことそれ自体に対する対価としての性質を有する</u>というほかない ・賞与額が勤続年数に連動していない以上、長期雇用への期待（長期就労への誘因）という趣旨には疑問があり、仮にそのような趣旨があっても、<u>契約職員に正職員の約80％の賞与を支給している事実からすれば、当該趣旨は付随的なものにすぎない</u> ・正職員は業績を左右し得る貢献が想定されることから業績に応じて変動する賃金の後払いとして賞与を支給しているとの会社の主張も、<u>契約職員に正職員の約80％の賞与を支給している事実についての合理的な説明が困難</u>である ・アルバイト職員には時給額で貢献

		への評価が尽くされているとの会社の主張も、どのように時給額に反映されているかが全く不明である
		➡ <u>**全額不支給に合理的な理由を見いだすことは困難**</u>
		・付随的にせよ長期就労への誘因という趣旨が含まれ、不合理性の判断において使用者の経営判断を尊重すべき面も否定し難い
		・正職員とアルバイト職員では職務も求められる能力も相当の相違があったことから、功労も相対的に低いことは否めない
		➡ 契約職員に正職員と比較して約80％の賞与を支給していることからすれば、<u>**約60％を下回る場合には不合理な相違に至るというべき**</u>

33　メトロコマース事件 ［控訴審］（東京高裁　平31.2.20判決）

（賞与） ・5事件参照	○	・<u>**有為な人材の獲得・定着を図るという人事施策上の目的にも一定の合理性**</u>が認められることは否定できない
		・正社員の支給実績は、いずれの年度も本給の2カ月分に17万6000円を加算した額であり、<u>**正社員個人の業績（会社の業績への貢献）を中心に反映させるものとはいえず、労務の対価の後払いの性格や意欲向上策等の性格を帯びている**</u>以上、年間賃金のうち賞与を設けるか、いかなる割合を賞与とするかは使用者の経営判断に基づく一定の裁量が認められる

		・契約社員Bは、**有期契約労働者であって、年間賃金の賞与部分に大幅な労務の対価の後払いを予定すべきであるとはいえない** ・支給可能な賃金総額の配分という制約もある ➡不合理であると評価することはできない〔確定〕

35　学校法人中央学院（非常勤講師）事件［1審］（東京地裁　令元.5.30判決）

（賞与・年度末手当） ・専任教員 　財政状態・教職員の勤務成績に応じた賞与を支給 ・非常勤講師 　賞与なし ・支給実績 　比較対象者として原告が主張する専任教員の平成25年11月から平成28年10月までの賞与・年度末手当額は、合計883万2534円（年294万4178円）であった	○	・賞与・年度末手当は、大学の財政状態・教職員の勤務成績に応じて支給されるところ、**非常勤講師と専任教員の間にはその職務内容に大きな違いがある上**、専任教員は、学生募集など大学運営に関する幅広い職責を担っており、兼職も禁止されている ・**私立大学における教員の待遇の検討に際しては国の補助金額も大きな考慮要素となるところ、国の補助金額自体に相当大きな開きがある** ・労働組合との間の合意により、非常勤講師の年俸額の随時増額など**待遇向上に向けて見直しを続けていた** ➡不合理であると評価することはできない

36　井関松山製造所事件［控訴審］（高松高裁　令元.7.8判決）

（賞与） ・**18事件**参照	○	・賞与は、労務の対価の後払い、功労報酬、生活費の補助、労働者の

		・意欲向上等多様な趣旨を含み得る ものであり、当然に支給されるも のではないから、支給の有無は、 使用者の経営および人事施策上の 裁量判断による ・賞与の額は、正社員個人の業績を 中心として支給するものとはいえ ず、労務の対価の後払いの性格や 従業員の意欲向上策等の性格を有 している ・無期契約労働者と有期契約労働者 とでは職務責任の範囲等も異なる ・**有期契約労働者についても一律に 寸志を支給し、さらに無期契約労 働者と有期契約労働者との地位 は、中途採用制度により一定の流 動性も認められるなど有期契約労 働者に対する人事政策上の配慮も 行っている** ➡不合理であるとまではいえない 〔確定〕

37 井関松山ファクトリー事件［控訴審］（高松高裁 令元.7.8判決）

（賞与） ・**19事件**参照	○	・賞与は、労務の対価の後払い、功 労報酬、生活費の補助、労働者の 意欲向上等多様な趣旨を含み得る ものであり、当然に支給されるも のではないから、支給の有無は、 使用者の経営および人事施策上の 裁量判断による ・賞与の額は、正社員個人の業績を 中心として支給するものとはいえ ず、労務の対価の後払いの性格や 従業員の意欲向上策等の性格を有 している

		・無期契約労働者と有期契約労働者とでは職務責任の範囲等も異なる ・**有期契約労働者についても一律に寸志を支給し、さらに無期契約労働者と有期契約労働者との地位は、中途採用制度により一定の流動性も認められるなど有期契約労働者に対する人事政策上の配慮も行っている** ➡不合理であるとまではいえない〔確定〕
41　トーカロ事件（東京地裁　令2.5.20判決）		
（賞与） ・Aコース正社員 　毎年7月・12月に支給。平成27年から平成29年の平均年間支給額は基本給約6.2カ月分であった ・嘱託社員 　採用目的等を勘案して個別に決定。原告は年間で基本給3カ月分と合意されていた	○	・Aコース正社員と嘱託社員との間には、職務内容および配置の変更の範囲に一定の相違がある ・長期間の雇用が制度上予定され、雇用期間を通じた能力および役割の向上が期待されているAコース正社員に対し、賞与額を手厚くして優秀な人材の獲得や定着を図ることは、人事上の施策として一定の合理性がある ・Aコース正社員は、会社の業績悪化時には、賞与が不支給または嘱託社員より低額とされる可能性があるから、嘱託社員の賞与条件がAコース正社員に比して一方的に劣位にあるとはいえない ・嘱託社員には、**正社員への登用制度により正社員との相違を解消する機会が与えられている** ➡不合理であると評価することはできない

42 学校法人中央学院（非常勤講師）事件［控訴審］（東京高裁　令2.6.24判決）		
（賞与・年度末手当） ・35事件参照	○	・賞与・年度末手当は、教職員の勤務成績に応じて支給されるものであり、勤務成績は一定期間における労働契約上の義務と職責を果たした程度として把握される ・1審原告と専任教員には、担当授業時間数等の義務に相違がある上、専任教員は大学運営に関する各種義務および責任を負うなど、両者の間には義務と職責における相違がある ・専任教員の教育業務・研究業務の成果の評価は賞与額算定要素とされていないが、就労に対する対価としての性格が、1審原告に支給されないことを不合理と評価すべきまでに強いとはいえない ➡不合理であると評価することはできない
44 大阪医科薬科大学事件［上告審］（最高裁三小　令2.10.13判決）		
（賞与） ・12事件参照	○	・支給実績は業績に連動しておらず、労務の対価の後払いや一律の功労報償、将来の労働意欲の向上等の趣旨を含むものと認められる ・正職員については、**基本給が職能給の性格**を有しており、かつ、業務内容の難度や責任の程度が高く、**人材育成等を目的とした人事異動が行われていたこと**等に照らせば、**正職員としての人材の確保・定着を図るなどの目的により**

		賞与を支給していたものと認められる
		・教室事務員である正職員とアルバイト職員の職務内容や職務内容・配置の変更範囲に一定の相違があったことは否定できない
		・教室事務員である正職員と他の多数の正職員の間の職務内容等の相違には教室事務員の業務をアルバイトに置き換えてきた経緯があったほか、契約職員および正職員への試験による登用制度が設けられていたことも考慮するのが相当である
		➡労務の対価の後払いや一律の功労報償の趣旨が含まれることや、契約社員に賞与が支給されていたこと等を考慮しても、不合理であるとまで評価することはできない

[4]実務上の検討

(1)賞与の性質に応じた不合理性の判断

①会社の業績等への労働者の貢献に対する報償

　前述 [1] のとおり、賞与はさまざまな趣旨および性質を包含するものであるところ、ガイドラインでは、「会社の業績等への労働者の貢献に応じて支給するもの」である場合には、その貢献に応じて非正規従業員にも賞与を支給しなければならないものと定めています。この点は、労働者の貢献に応じて支給するものである限り、非正規従業員も（程度の差こそあれ）一定の貢献をしていることは明らかである以上、全額不支給とすることは不合理であるという趣旨と理解できます。

②生活補償

　生活補償という趣旨は、「労働者の業務の内容および当該業務に伴う責任の程度、当該職務の内容および配置の変更の範囲」とは関係なく、正規従業員および非正規従業員に同様に当てはまります。

　したがって、生活補償としての性質を有する場合には、少なくとも当該性質が当てはまる範囲では、正規従業員と同等の賞与を支給しなければ不合理であるという帰結が導かれる可能性が高いと考えられます。

③対象期間中の就労に対する賃金の後払い

　対象期間中の就労に対する賃金の後払いとしての性質を有する場合であっても、非正規従業員も就労を行っている以上は、基本給額等に応じた賞与の支給を行うべきとも考えられます。大阪医科薬科大学事件［控訴審］（大阪高裁　平31.2.15判決）では、まさにかかる考え方を基礎として、アルバイト職員について賞与を全額不支給としていることは不合理であると判断したものと整理されます。

　もっとも、有期雇用従業員の場合には、賞与の支給対象期間の途中で期間満了により退職することも想定されるため、必ずしも賃金の後払いはなじみません。大阪医科薬科大学事件［1審］（大阪地裁　平30.1.24判決）やメトロコマース事件［控訴審］（東京高裁　平31.2.20判決）では、この点を重視して、賞与を不支給とすること（大阪医科薬科大学事件［1審］）または賞与額に差異を設けること（メトロコマース事件［控訴審］）につき不合理性を否定しています。

　この点、大阪医科薬科大学事件［控訴審］において、有期雇用従業員には賃金の後払いになじまないという考え方が採用されなかったのは、アルバイト職員と同じく有期雇用であった契約職員に対しては賞与が支給されていた事実を重視したためと考えられます。

　したがって、賞与が賃金の後払いとしての性質を有する場合には、大阪医科薬科大学事件のように他の有期雇用従業員に対して賞与を支給しているなどの特段の事情が存在しない限り、有期雇用従業員には賃金の

後払いはなじまないことを理由として賞与を不支給とし、または金額上の差異を設けることも認められ得ると考えます。

　ただし、対象期間中の就労に対する賃金である以上は、後払い（賞与）とするか否かはともかくとして、何らかの形でその就労に応じた対価を支払うべきとも考えられることからすれば、少なくとも賞与を全額不支給とする場合には、基本給等の他の待遇において反映されていることが求められるものと考えられます[63]。

④有為な人材の獲得・定着を図る目的／正社員としての職務を遂行し得る人材の確保・定着を図る目的

　ハマキョウレックス事件［上告審］（最高裁二小　平30.6.1判決）では、職務の内容等に直接関連しない手当に関し、無期雇用従業員と有期雇用従業員の間で待遇に差異を設けることについて、有為な人材の獲得・定着を図る目的のためであるという会社側の主張は認められなかったのに対し、賞与については、大阪医科薬科大学事件［上告審］（最高裁三小　令2.10.13判決）において、正社員としての職務を遂行し得る人材の確保・定着を図る目的であったと認められています。

　もっとも、大阪医科薬科大学事件［上告審］は、「有為な人材の獲得・定着」という一般的かつ抽象的な目的を肯定したものではなく、賞与額が基本給額を基礎として算定されていることを前提として、基本給が勤続年数に伴う職務遂行能力の向上に応じた職能給の性質を有することや、正社員の業務の内容の難度や責任の程度が高く、高度な人材の育成等を目的とした人事異動が行われていたことを具体的に指摘した上で上記の目的を認定している点に留意が必要です。

　いずれにしても、正社員としての職務を遂行し得る人材の確保・定着を図る目的であると認められれば、かかる人材に該当しない非正規従業

63　具体的には、賞与等を含めた年間賃金総額に換算すれば、その職務内容等の相違に応じた労働条件となっている事実（均衡がとれている事実）、または、基本給等の他の待遇において賞与相当部分が明示されている事実などが求められるものと考えられます。

員について賞与を不支給とし、または金額上の差異を設けることも許容され得るものと考えられます[64]。

(2)賞与の性質決定

それでは、賞与の性質はどのように判断すべきでしょうか。

この点については一概に整理できるものではありませんが、少なくとも全従業員一律に固定額をもって支給している場合（一律「○円」としている場合など）には、会社の業績等への貢献に対する報償であるとは評価し難く、対象期間中の就労に対する賃金の後払いまたは生活補償であると評価される可能性が高いと考えられます。特に、賞与額の算定に当たり、事業所が所在する地域の生活費または賃金水準を考慮して決定している場合には、生活補償としての性質が強いと評価されることが想定されます。また、全従業員一律に一定の支給率をもって支給している場合（一律基本給の○カ月分としている場合など）にも、大阪医科薬科大学事件［上告審］のような事案とは異なり、その基準となる金額（基本給など）において高度な人材の長期育成という趣旨・目的が認められないような場合（職務給制度における基本給など）には、同様に対象期間中の就労に対する賃金の後払いまたは生活補償であると評価される可能性が高いと考えます。

これに対し、対象期間中の会社の業績および経済状況等に基づき定めた支給率を基礎として、従業員ごとの人事考課や勤務実績に応じて調整した金額を支給する場合には、会社の業績等への貢献に対する報償であると評価される可能性が高いと考えられます。

また、有為な人材の獲得・定着を図る目的についても、一般的かつ抽象的な理由付けにとどまらず、支給額が年齢または勤続年数に応じて増

---

[64] もっとも、非正規従業員であっても、正社員と同様に高度な人材の育成等を目的とした人事異動の対象とされていたような場合には、かかる目的が同様に妥当するものとして、賞与を不支給とし、または金額上の差異を設けることは不合理であると判断される可能性は十分にあるものと考えられます。

加する体系となっている場合には、かかる目的による給付であると認められる可能性が高いと考えられます[65]。これに対し、正社員としての（高度な）職務を遂行し得る人材の確保・定着を図る目的のための給付であると認められるための要素としては、大阪医科薬科大学事件［上告審］のように、少なくとも、賞与額の算定方法（基準となる基本給の額や人事評価の評価項目など）、正社員の業務内容の難度や責任の程度、人材活用の仕組みなどに鑑みて、高度な人材の長期育成という趣旨・目的が認められることが必要になるものと考えられます。

(3)実務上の対応

　大阪医科薬科大学事件［上告審］は、賞与の支給目的等に関する使用者の経営判断を一定程度尊重したものとも考えられますが、それでも非正規従業員に対する賞与の不支給を一般的に肯定するものではなく、賞与の性質・目的に着目した判断を行っています。また、賞与について労務の対価の後払いや一律の功労報償の性質も有すると判示しながら、全額の不支給を不合理でないと判断した同事件については、かかる趣旨については非正規従業員についても同様に妥当するはずであるといった批判的見解も存在します。

　そのため、以上を踏まえた実務上の対応としては、まず現行の賞与制度の性質・目的を客観的に分析した上で、賞与の算定プロセス等について、当該性質に沿った（または変更を志向する場合には志向する性質に沿った）内容に整えることが必要となります。

　複数の性質を持たせることもあり得ますが、賞与金額またはその算定

---

[65] 大阪医科薬科大学事件［控訴審］では、賞与の支給額が正職員の年齢および在職年数に連動していないことを指摘した上で、賞与が長期雇用への期待という趣旨であるとの使用者側の主張には疑問な点がある旨判示していました。大阪医科薬科大学事件［上告審］では、基本給の性質に着目して「正職員としての（高度な）職務を遂行し得る」人材の確保・定着を図る目的であると認定しましたが、賞与の支給額が年齢または在職年数に応じて増加する体系となっている場合には、広く従業員の確保・定着を図る目的であると認められ得ると考えます（ただし、この場合、少なくとも相応の勤続年数にわたっている非正規従業員に対して賞与を不支給とすることは認められない可能性が高いと考えます）。

プロセスにおいて複数の性質が区分されずに混在している場合には、仮に従業員から紛争を提起された場合に裁判所の判断に対する予測可能性が低い上、訴訟等の紛争解決手続きにおいて性質を合理的に説明できず、結果として正規従業員と同等の賞与額の支給請求が認められてしまう可能性も生じるため、賞与の算定プロセス等を整理しておくことは重要であると考えられます。

　例えば、賞与制度を会社の業績等への労働者の貢献に対する報償として位置付ける場合には、非正規従業員についても人事評価の対象とするなどして貢献度を定量化するプロセスを導入するとともに、かかる貢献度から大きく逸脱しないように、非正規従業員に対しても一定の賞与を支給することも検討すべきでしょう。

4 ▶ 退職金

[1]退職金とは

　退職金（退職手当）とは、月例賃金とは別に、退職した従業員に対して、在職中の功労等に報いることを目的として支払われる金銭をいいます。退職金は、月例賃金とは異なり、法令上必ず支払わなければならないものではないため、その内容は会社によっても異なります。

　退職金の額または算定方法および支給時期が専ら使用者の裁量に委ねられている場合には、恩恵的給付であって労働基準法上の「賃金」には該当しませんが、多くの場合には、就業規則において、勤続年数および退職時の賃金額を基本的な要素として退職金額が定められていることから「賃金」に該当し、使用者はその定めに従って従業員にこれを支払う義務を負うことになります。

　また、会社によっては、確定給付企業年金制度、確定拠出年金制度、中小企業退職金共済制度などの企業年金制度を利用していることもあり

ます。

[2]ガイドラインの解説

　ガイドラインでは、「退職金」に関して原則となる考え方は示されていないため、次に掲げる裁判例を参考に対応を検討する必要があります。

[3]参考裁判例の解説

　ここでは、「退職金」に関する格差の合理性が争われた裁判例を取り上げることとします。

※事件名の前に付した番号は、第9章「資料2」の番号に対応しています

差異の内容	適法性	主な判断理由
1　ハマキョウレックス事件[1審]（大津地裁彦根支部　平27.9.16判決）		
（退職金） ・正社員 　原則として退職金制度あり ・契約社員 　原則として退職金制度なし	○	・職務内容や職務内容・配置の変更の範囲の異同等を考察すれば、経営・人事制度上の施策として不合理なものとはいえない
5　メトロコマース事件[1審]（東京地裁　平29.3.23判決）		
（退職金） ・正社員 　勤続年数等に応じた退職金制度あり ・契約社員B 　退職金制度なし	○	・退職金は賃金の後払い的性格のみならず功労報償的性格を有する ・長期雇用を前提とした正社員に対する福利厚生を手厚くすることで有為な人材の獲得・定着を図る目的は合理的である ・職務内容、職務内容・配置の変更範囲に大きな相違がある ・契約社員Bと正社員の地位は必ずしも固定的ではない（契約社員B

		からＡ、契約社員Ａから正社員への登用制度が設けられ、実際にＢからＡへの登用実績［５年で28名］がある）

33　メトロコマース事件［控訴審］（東京高裁　平31.2.20判決）

（退職金） ・5事件参照	×	・有為な人材の獲得・定着を図るなどの目的をもって無期契約労働者に対してのみ退職金制度を設けるという制度設計をすること自体は**一概に不合理ということはできない** ・また、契約社員Ｂは有期雇用労働者であるから、**賃金の後払いが予定されているということはできない** ・もっとも、契約社員Ｂの有期労働契約は原則として更新され、定年が65歳と定められていること、控訴人らが10年前後の長期間にわたって勤務していたこと、契約社員Ａは名称変更時に無期契約労働者となって退職金制度が設けられたことを考慮すれば、少なくとも**長年の勤務に対する功労報償の性格を有する部分に係る退職金すら支給されていないことについては、不合理といわざるを得ない** ・労使間の交渉や経営判断の尊重を考慮にいれても、**控訴人らのような長期間勤務を継続した契約社員Ｂにも全くの退職金の支給を認めないという点において不合理**であり、少なくとも正社員と同一の基準に従った退職金額の４分の１は

		・長年の勤務に対する功労報償の性格を有する部分と認められる

45　メトロコマース事件［上告審］（最高裁三小　令2.10.13判決）

（退職金） ・5事件参照	○	・退職金は、本給に勤続年数に応じた支給月数を乗じて算定されており、また、**本給は年齢による部分と職務遂行能力に応じた資格・号俸による部分で構成**されていることからすれば、職務遂行能力や責任の程度に応じた労務の対価の後払いや、継続勤務等に対する功労報償等の複合的な性質を有しており、**正社員としての人材の確保・定着を図るなどの目的から退職金を支給しているものといえる** ・正社員は代務業務やエリアマネージャー業務に従事することがあり、職務内容に一定の相違があったことは否定できない ・**契約社員Bは配置転換等を命ぜられることはなく、職務内容・配置の変更範囲にも一定の相違があったことは否定できない** ・売店業務に従事する正社員と他の多数の正社員との間に職務内容・変更範囲に相違があったことには過去の組織再編等に起因する事情があったほか、**契約社員Aおよび正社員への試験による登用制度が設けられていたことも考慮するのが相当である** ・**契約社員Aが無期契約労働者となって退職金制度が設けられたことは、1審原告らの退職後の事情**

		であり、不合理であるとの評価を基礎付けるものとはいい難い ➡契約社員Bが必ずしも短期雇用を前提としているものではなく、1審原告らが10年前後の勤続期間を有していることを考慮しても、不合理であるとまで評価することはできない

[4]実務上の検討

（1）退職金制度の性質に応じた不合理性の判断

①賃金の後払い

　一般に、退職金制度は、賃金の後払いや功労報償などのさまざまな性格を有するものと考えられています。

　賃金の後払いという観点からは、前述3の賞与において述べたことと同様に、必ずしも有期雇用従業員には賃金の後払いはなじまないため、有期雇用従業員は退職金制度の対象外とすることも一定の合理性が認められ得るものと考えられます。

　もっとも、賞与と同様に、対象期間中の就労に対する賃金であると解される以上、少なくとも退職金を全額不支給とする場合には、基本給等の他の待遇において反映されていることが求められるものと考えられます。

②功労報償

　功労報償という観点からは、非正規従業員であっても（程度の差こそあれ）一定の功労があったことは否定し難い以上、完全に退職金制度の対象外とすることは不合理であるという帰結が導かれます。

　メトロコマース事件［控訴審］（東京高裁　平31.2.20判決）は、かかる考え方を基礎として、功労報償部分について全額不支給とすることは不合理であると判断したものと解されます。これに対し、メトロコマー

ス事件［上告審］（最高裁三小　令2.10.13判決）は、後述のとおり賃金の後払いや功労報償等の複合的性質を有することを前提として、「正社員としての職務を遂行し得る人材の確保・定着を図る目的」から退職金を支給しているものと判示した上で、退職金の全額不支給も不合理ではないと判断しましたが、当該事件における宇賀克也裁判官の反対意見では、功労報償としての性質については非正規従業員にも当てはまることなどを指摘して、全額不支給は不合理であるとの見解を示しています。

③有為な人材の獲得・定着を図る目的／正社員としての職務を遂行し得る人材の確保・定着を図る目的

　退職金については、一般的には勤続年数に応じて支給金額が増加する制度である以上、有為な人材の獲得・定着を図る目的として具体的に有用な制度であると考えられます。

　退職金制度における差異を違法と判断したメトロコマース事件［控訴審］においても、かかる目的をもって無期契約労働者に対してのみ退職金制度を設けるという制度設計をすること自体は一概に不合理ということはできないと判示しています。

　また、かかる差異を適法としたメトロコマース事件［上告審］においても、退職金額が基本給に勤続年数に応じた支給月数を乗じて算定されていることに加え、基本給額が年齢および職務遂行能力等に応じて決定されていることを指摘した上で、「正社員としての職務を遂行し得る人材の確保・定着を図る目的」を認定しています。

　かかる目的に基づくものであると認められる場合には、非正規従業員については退職金を不支給とすることも許容され得るものと考えられます[66]。

---

[66] ただし、同判決が、退職金について功労報償としての性質も有することを指摘しながら、（かかる趣旨は非正規従業員にも妥当するにもかかわらず）退職金の全額不支給を適法と判断したことについては、使用者の経営判断を尊重する余地が大きいこと（同判決における林景一裁判官の補足意見）を考慮しても、多少の疑義が残るところです。

（2）退職金の性質決定

メトロコマース事件［上告審］は、前述（1）③のとおり、退職金の算定方法や支給条件などから退職金の性質・目的を分析判断する手法をとっており、今後も同様の枠組みに沿って判断されることが想定されます。

私見ながら、退職金制度において、定年退職の場合と自己都合退職の場合で支給金額（支給率）に差異を設けていたり、功労を減殺するような事由が生じた場合の退職金の減額または不支給を定めていたりするような場合には、その支給率の差異や減額の幅などに応じて、功労報償の性格を有する部分が存在すると解すべきでしょう。

また、退職金額の算定において、勤続年数に比例した加算を超えて累進加算する制度となっている場合には、有為な人材の獲得・定着を図る目的のための部分が存在すると解すべきと考えられます。これに対し、正社員としての（高度な）職務を遂行し得る人材の確保・定着を図る目的のための給付であると認められるための要素としては、前述 **3** の賞与と同様に、退職金額の算定方法（基本給の額、退職金の支給係数、ポイント積立制の場合におけるポイントの算定方法など）、正社員の業務内容の難度や責任の程度、人材活用の仕組みなどに鑑みて、高度な人材の長期育成という趣旨・目的が認められることが必要になるものと考えられます。

（3）実務上の対応

退職金についても、賞与と同様に、まずは現行制度の性質を分析することが重要であることはいうまでもありませんが、現時点では、退職金に関して、メトロコマース事件［上告審］から普遍的な基準を見いだすことは困難であり、紛争に発展した場合の予測可能性は低いといわざるを得ません。

したがって、正規従業員にのみ退職金制度を設けている会社においては、今後の裁判例の動向を注視しつつ分析結果に応じた整理を行うこと

と並行して、正規従業員のみを退職金制度の対象とすることは違法であると判断される可能性も見据えて、正規従業員の退職金制度の内容を見直すことも一考に値するでしょう[67]。

5 ▶ 休職・休暇・福利厚生

[1]休職
(1)休職制度とは
　休職制度とは、従業員に関して就労が困難または不適当な事由が生じた場合において、使用者が当該従業員の就労を免除（禁止）する制度をいいます。一般的には、労働基準法に基づく産前産後休業や育児介護休業法に基づく育児休業および介護休業など法令に基づく休業制度と区別して、「休職」という用語を用いることが多いようですが、会社によっては、法令に基づく休業も「休職」と呼称することもあります。
　休職事由としては、私傷病による休職、公務または出向による休職、刑事事件に係る公訴提起による休職などが設けられることが多いものの、休職制度は法令に基づくものではなく、会社がそれぞれ任意に定める制度であるため、会社によって休職制度の有無およびその制度設計（休職期間の長短、復職事由、発令における会社の裁量の有無、給与支給の有無など）は異なります。
　なお、休職制度が設けられた場合、休職事由（私傷病休職等）によっては解雇猶予措置としての機能を有することになるため、会社としては、従業員が就労不能となっているにもかかわらず休職を発令せずに解雇を

---

[67] 例えば、正規従業員についても、定年退職時における支給金額に変更が生じない範囲で、退職金が発生する勤続年数の下限を引き上げる代わりに支給率の累進性を高めることなどが考えられます。もっとも、かかる変更は、早期退職時の退職金額が減少するという点において、労働条件の不利益変更に該当するため、後述第7章2［1］(2)（252ページ参照）の内容も踏まえて、慎重に検討する必要があります。

行った場合には、解雇回避努力が十分でないと評価されることにもつながります。そのため、休職制度は、従業員にとっては一般的には有益な制度であると考えられます。

（2）ガイドラインの解説
①ガイドラインの基本的な考え方
　ガイドラインは、休職制度のうち、「病気休職」に関して、以下のとおり基本的な考え方を示しています。

> ●短時間労働者（有期雇用労働者である場合を除く。）には、通常の労働者と同一の病気休職の取得を認めなければならない。また、有期雇用労働者にも、労働契約が終了するまでの期間を踏まえて、病気休職の取得を認めなければならない。

②ガイドラインが示す具体的な例
　ガイドラインは、「病気休職」に関して、問題とならない例のみを具体的に示しています。

[問題とならない例]	[問題となる例]
A社においては、労働契約の期間が1年である有期雇用労働者であるXについて、病気休職の期間は労働契約の期間が終了する日までとしている。	——

（3）参考裁判例の解説
　ここでは、「私傷病休職（病気休暇）」に関する格差の合理性が争われた裁判例を取り上げることとします。

差異の内容	適法性	主な判断理由
8　日本郵便（休職）事件 [1審]（東京地裁　平29.9.11判決）		
（私傷病休職） ・正社員は、90日または180日の有給の病気休暇が認められ、3年以内で必要な期間の休職が認められる ・期間雇用社員は、1年度に10日の無給の病気休暇が認められるが休職制度はない	○	・職務内容は、<u>役割の違いや責任の軽重等</u>からして、正社員と異なり、<u>職務内容の変更や人事異動の有無等</u>においても大きく異なる ・正社員については<u>長期的な雇用の確保を図る要請</u>が大きい ➡不合理と認めることはできない
9　日本郵便（東京）事件 [1審]（東京地裁　平29.9.14判決）		
（病気休暇） ・正社員には、私傷病につき有給の病気休暇（結核性疾患以外は少なくとも90日）が付与されている ・時給制契約社員には、無給の病気休暇10日のみが設けられている	×	・病気休暇は、<u>労働者の健康保持のための制度</u>であり、時給制契約社員に対しては、契約更新を重ねて全体として勤務時間がどれだけ長時間になった場合であっても、有給の病気休暇が全く付与されないということは不合理である
12　大阪医科薬科大学事件 [1審]（大阪地裁　平30.1.24判決）		
（私傷病欠勤・休職） ・正職員 　私傷病につき有給の病気休暇（6カ月間）があり、6カ月経過後も休職期間中は賃金の2割が休職給として支給	○	・当該制度の趣旨は、<u>長期就労に対する評価や今後の就労継続に対する期待を踏まえ、生活保障を図る点</u>にある ・アルバイト職員は<u>長期雇用が想定されておらず、就労実態等が異なる</u>

される ・アルバイト職員 　病気休暇・休職給なし		➡不合理な労働条件の相違であると はいえない

25　日本郵便（休職）事件［控訴審］（東京高裁　平30.10.25判決）

（病気休暇） ・正社員には、勤続10年未満の場合、私傷病につき90日以内の有給の病気休暇を付与 ・時給制契約社員には、無給の病気休暇10日のみ付与	○	・正社員である一般職と時給制契約社員の職務の内容、当該職務の内容および配置の変更の範囲その他の事情については、一定の相違がある ・病気休暇は、労働者の健康保持のために療養に専念させる制度であり、<u>正社員の長期にわたる就労継続による貢献を期待し、有為な人材の確保、定着を図るという観点、正社員の生活保障を図るという観点</u>によるものであり、一定の合理的な理由がある ・時給制契約社員は、期間を6カ月以内と定めて雇用し、長期間継続した雇用が当然に想定されるものではない ➡不合理であると評価できるとまではいえない

28　日本郵便（東京）事件［控訴審］（東京高裁　平30.12.13判決）

（病気休暇） ・**9事件**参照	×	・契約期間が限定され、短時間勤務の者も含まれる時給制契約社員について病気休暇の日数を限定することは不合理とは評価できない ・無給の休暇制度があることや健康保険から傷病手当金の支給を受けられることは、病気休暇が無給であることの不合理性を左右するも

		のではなく、時給制契約社員のみ無給としていることは不合理である

31　日本郵便（大阪）事件［控訴審］（大阪高裁　平31.1.24判決）

| （病気休暇）
・正社員には、私傷病につき有給の病気休暇（結核性疾患以外は少なくとも90日）が付与されている
・本件契約社員には、無給の病気休暇10日のみが設けられている | × | ・当該制度の趣旨は、職員が私傷病になった場合にも安んじて<u>療養に専念させ、健康体に回復させることによって公務能率の維持向上に資する点</u>にある
・本件契約社員にあっても、有期労働契約を反復して更新し、<u>契約期間を通算した期間が長期間に及んだ場合</u>には、病気休暇の趣旨・目的との関係で本件比較対象正社員と本件契約社員との間に<u>相違を設ける根拠は薄弱なものとならざるを得ない</u>
・<u>契約期間を通算した期間が5年を超えた以降も相違を設けることは、不合理</u>と認められる〔確定〕 |

32　大阪医科薬科大学事件［控訴審］（大阪高裁　平31.2.15判決）

| （私傷病欠勤・休職）
・12事件参照 | × | ・当該制度の趣旨は、<u>長期就労に対する評価や今後の就労継続に対する期待を踏まえ、生活保障を図る点</u>にある
・もっとも、アルバイト職員についても、契約更新により、<u>一定期間の継続した就労をなし得る</u>
・アルバイト職員であるからといって、<u>一概に代替性が高いということはできない</u>
・本件休職制度上、業績を左右し得 |

		る貢献をなし得る能力を有する者に限る趣旨の要件は存在せず、正職員であれば対象となる以上、上記の趣旨であるとは評価できない ・アルバイト職員に私傷病により欠勤した場合の<u>保障が一切ないことは不合理というべき</u> ・長期就労の可能性が異なる以上、<u>一定の相違があること自体は不合理ではないが</u>、有給の病気休暇1カ月・休職給2カ月を下回る部分は不合理というべき

40 社会福祉法人青い鳥事件（横浜地裁 令2.2.13判決）

（出産休暇） ・無期契約職員 　産前8週間・産後8週間の有給による出産休暇付与 ・有期契約職員 　産前6週間・産後8週間の無給による出産休暇付与	○	・無期契約職員は、人事制度上、被告の組織運営面に関わる役割を担うことが予定されているのに対し、有期契約職員は、業務の内容、時間および場所等に制限があり、配置転換は基本的には予定されていない。また、管理職への登用や組織運営面への関与も予定されていない ・女性のソーシャルワーカー正社員（無期契約職員）が、<u>出産を機に仕事を辞めることを防止することは、組織運営上の課題</u>であった ・実質的な相違は、2週間の産前休暇期間および通常の給与額と健康保険法上の出産手当金の差額（標準報酬月額の3分の1）にとどまる ➡不合理であると評価できるものということはできない

| 44 | 大阪医科薬科大学事件 [上告審] | (最高裁三小　令2.10.13判決) |

（私傷病欠勤・休職） ・12事件参照	○	・私傷病欠勤時に一定の賃金を支給 することとしている目的は、正職 員に係る長期にわたる継続就労ま たは将来にわたる継続就労の期待 に照らし、<u>正職員の生活保障およ び雇用の維持・確保を図る点にあ る</u> ・教室事務員である正職員とアルバ イト職員の職務内容や職務内容・ 配置の変更範囲に一定の相違が あったことは否定できない ・教室事務員である正職員と他の多 数の正職員の間の職務内容等の相 違には教室事務員の業務をアルバ イトに置き換えてきた経緯があっ たほか、<u>契約職員および正職員へ の試験による登用制度が設けられ ていたという事情も存在する</u> ・アルバイト職員は、更新される場 合はあるものの、<u>長期雇用を前提 とした勤務を予定しているとはい い難く、</u>１審原告についても当然 に雇用契約が更新される状況に あったことをうかがわせる事情も 見当たらない ➡正職員には私傷病欠勤中の賃金を 支給する一方で、アルバイト職員 には支給しないという相違は、不 合理であると評価することができ るものとはいえない

47　日本郵便（東京）事件［上告審］（最高裁一小　令2.10.15判決）		
（病気休暇） ・9事件参照	×	・有給の病気休暇は、**長期の継続勤務が期待される正社員の生活保障を図り、療養に専念させることを通じてその継続雇用を確保するという目的**によるものと考えられる ・時給制契約社員についても、**相応に継続勤務が見込まれるのであれば、上記の趣旨は妥当する**というべきであり、実際に1審被告においては更新を繰り返して勤務する者が存するなど、**相応に継続的勤務が見込まれている** ➡病気休暇の日数に相違を設けることはともかく、**有給・無給についての相違は不合理であると評価することができる**

（4）実務上の検討

①私傷病休職（病気休暇）

　私傷病休職（病気休暇）それ自体は、従前の裁判例でも指摘されているとおり、解雇を猶予して健康回復を促し、職務能率の維持向上を図るために設けられている点に異論は少ないと思います。

　かかる趣旨については非正規従業員にも相応に当てはまるため、非正規従業員に対して一律に休職制度の対象外とすることは認められない可能性が高いといわざるを得ません。

　したがって、実務上は、正社員に対して休職制度を設けている場合には、非正規従業員にも一定の休職制度を設けることを検討すべきでしょう。もっとも、解雇猶予措置としての性質という観点からは、勤続期間の長さに応じた休職期間の差異を設けることは認められ得ると考えられます。

②不就労期間中の賃金支給

　私傷病休職（病気休暇）中に賃金を支給する制度となっている場合、当該制度の目的については、前述①の解雇猶予による健康回復促進といった趣旨のみでは必ずしも説明しきれません。この点に関し、大阪医科薬科大学事件［上告審］（最高裁三小　令2.10.13判決）や日本郵便（東京）事件［上告審］（最高裁一小　令2.10.15判決）では、不就労期間中に賃金を支給する目的について、長期継続就労への期待による生活保障と継続雇用の確保という点にあるものと判示されています。

　その上で、不就労期間中の賃金の支給という点に関しては、非正規従業員について「長期雇用を前提とした勤務を予定してい」たか否か、「相応に継続的勤務が見込まれてい」たか否かという点が両判決の結論の分かれ目となりました。すなわち、日本郵便（東京）事件［上告審］では、原告が更新を繰り返して10年以上雇用継続していたことなどから、非正規従業員についても相応に継続的勤務が見込まれていると認定した上で、かかる非正規従業員についても生活保障と継続雇用の確保という趣旨は同様に妥当するため、少なくとも病気休暇における有給保障の相違については不合理であると判示されました。これに対し、大阪医科薬科大学事件［上告審］では、更新される場合はあるものの長期雇用は予定されておらず、原告も欠勤期間を含む在籍期間が３年余りにとどまっていたことなどから、長期雇用を前提とした勤務を予定しているとはいい難いとして、賃金支給の相違について不合理とはいえないと判示されています。

　そのため、実務上は、正社員に対して不就労期間中の賃金を支給している場合には、少なくとも一定の勤続期間[68]を超える非正規従業員につ

---

68 具体的にどの程度の勤続年数に至った場合に対象とすべきかについては、裁判例上明確な指針は示されていませんが、本文記載の大阪医科薬科大学事件［上告審］および日本郵便（東京）事件［上告審］の事案の違いに加え、５年を超えた以降も相違を設けることは不合理と判断した日本郵便（大阪）事件［控訴審］が確定していることを勘案すると、今後、実務上は５年が一つの基準として扱われていくことも想定されます。

いては、同様に不就労期間中の賃金を支給することを検討すべきでしょう。

[2] 年次有給休暇

(1) 年次有給休暇とは

　年次有給休暇制度とは、一定期間継続勤務した従業員に対し、各年において勤続期間に応じた日数の有給休暇を付与する労働基準法上の制度です。

　これまで、労働基準法では、会社は従業員に年次有給休暇を積極的に付与することまでは義務付けておらず、従業員が時季指定権を行使した場合にはじめて就労義務が免除されるものとされていましたが、2020年4月に施行された改正労働基準法により、年間10日以上の年次有給休暇が付与される従業員に対して、付与日から1年以内に5日の年次有給休暇を取得させる（会社として時季指定を行う）ことが義務付けられました。

　なお、年次有給休暇の付与日数については、労働基準法において最低基準が定められていますが、会社によっては、法定の日数を超える年次有給休暇を認めている場合や、付与日数の斉一的取り扱いの観点から付与のタイミングを法定よりも早めている場合も多くみられます。

(2) ガイドラインの解説

　ガイドラインでは、「年次有給休暇」に関する考え方は示されていないため、次に掲げる裁判例を参考に対応を検討する必要があります。

(3) 参考裁判例の解説

　ここでは、「年次有給休暇」に関する格差の合理性が争われた裁判例を取り上げることとします。

差異の内容	適法性	主な判断理由
12 大阪医科薬科大学事件［1審］（大阪地裁 平30.1.24判決）		
（年次有給休暇） ・正職員 　採用後6カ月月後に10日、1年後に採用月から年末までの期間に応じて1〜14日、翌年始に16日、翌々年始に18日の年休を付与 ・アルバイト職員 　労働基準法所定の日数の年休を付与	○	・年休の算定方法に相違があり、正職員については採用から2年以内に到来する最後の年始以降、年休付与日を毎年1月1日として、一律に扱うという手続きを採用している ・正職員の年休算定方法の理由は、長期雇用が想定されていることから年休手続きの省力化や事務の簡便化を図るという点にある ・アルバイト職員については、<u>長期雇用を想定していないため、年休付与日を特定の日に調整する必然性に乏しい</u> ・原告が正職員として雇用されていた場合の年休日数と実際の年休日数の差は1日にとどまる ➡不合理な労働条件の相違であるとまでいうことはできない
32 大阪医科薬科大学事件［控訴審］（大阪高裁 平31.2.15判決）		
（年次有給休暇） ・12事件参照	○	・1審判決（**12事件**）と同旨 ➡不合理な労働条件の相違であるとまでいうことはできない〔確定〕

（4）実務上の検討

①概要

　年次有給休暇制度は、従業員の心身の疲労を回復させて労働力の維持培養を図るために設けられている労働基準法上の制度であり[69]、短時間

労働者についても、年間または週の所定労働日数に応じた年次有給休暇の付与が求められています。

　したがって、従業員に対して法令と同一の基準で年次有給休暇を付与している企業については、年次有給休暇制度に関して旧労働契約法20条に抵触することは通常想定されません。

　もっとも、前述（1）のとおり、一部の企業においては、労働基準法に定める基準を上回る日数の年次有給休暇制度を任意に設けているケースや、付与のタイミングを法定よりも早めているケースが存在するところ、かかる取り扱いについて、正規従業員と非正規従業員の間に差異を設けている場合には、旧労働契約法20条に抵触することがあり得ます。

②年休日数の上乗せ

　上記の年次有給休暇制度の趣旨は、少なくとも正規従業員と同程度の労働時間にわたり就労している非正規従業員については等しく当てはまります。

　したがって、正規従業員に関して法定の日数を上回る年休の付与を行っている場合、少なくとも正規従業員と所定労働日数および所定労働時間が同一である非正規従業員については、原則として、同一日数の年休の付与を行うことが求められるでしょう。また、正規従業員より短い労働時間の非正規従業員についても、その労働時間の程度に応じて疲労回復の要請が生じることから、所定労働日数または所定労働時間数に応じた比例的付与が求められると考えられます。

③斉一的取り扱い

　これに対し、労働基準法所定の日数を付与しており（または正規従業員と非正規従業員の間で付与日数上の差異を設けておらず）、正規従業員に限って斉一的取り扱いの観点から付与のタイミングを早めているにとどまる場合には、大阪医科薬科大学事件［1審］（大阪地裁　平

---

69 厚生労働省労働基準局編『平成22年版 労働基準法・上』576ページ（2011年、労務行政）

30.1.24判決）において判示されているとおり、長期雇用の可能性にお
のずから差異がある正規従業員と非正規従業員の間で斉一的取り扱いの
有無に関する差異を設けることも合理的であると考えられます。

[3]その他の法定外休暇
(1)法定外休暇の概要
　会社においては、歴史的経緯や社会慣習を背景として、法令に基づく
年次有給休暇や育児介護休業のほかに、夏期休暇・冬期休暇（年末年始
休暇）や慶弔休暇などを設けていることがあります。
　これらの休暇制度は、法令に基づくものではなく、会社が任意に定め
ることができる制度であることから、会社の沿革や事業内容、業界慣行
などにより、その制度内容（休暇事由、給与支給の有無など）は大きく
異なります。
(2)ガイドラインの解説
①ガイドラインの基本的な考え方
　ガイドラインは、「法定外休暇」に関して、以下のとおり基本的な考
え方を示しています。

●慶弔休暇ならびに健康診断に伴う勤務免除および当該健康診断を
　勤務時間中に受診する場合の当該受診時間に係る給与の保障
　　短時間・有期雇用労働者にも、通常の労働者と同一の慶弔休暇
　の付与ならびに健康診断に伴う勤務免除および有給の保障を行わ
　なければならない。
●法定外の有給の休暇その他の法定外の休暇（慶弔休暇を除く）で
　あって、勤続期間に応じて取得を認めているもの
　　法定外の有給の休暇その他の法定外の休暇（慶弔休暇を除く）
　であって、勤続期間に応じて取得を認めているものについて、通
　常の労働者と同一の勤続期間である短時間・有期雇用労働者には、

> 通常の労働者と同一の法定外の有給の休暇その他の法定外の休暇（慶弔休暇を除く）を付与しなければならない。なお、期間の定めのある労働契約を更新している場合には、当初の労働契約の開始時から通算して勤続期間を評価することを要する。

②ガイドラインが示す具体的な例

　ガイドラインは、「法定外休暇」に関して、問題とならない例のみを具体的に示しています。

［問題とならない例］	［問題となる例］
・慶弔休暇ならびに健康診断に伴う勤務免除および当該健康診断を勤務時間中に受診する場合の当該受診時間に係る給与の保障 　　A社においては、通常の労働者であるXと同様の出勤日が設定されている短時間労働者であるYに対しては、通常の労働者と同様に慶弔休暇を付与しているが、週2日の勤務の短時間労働者であるZに対しては、勤務日の振替での対応を基本としつつ、振替が困難な場合のみ慶弔休暇を付与している。 ・法定外の有給の休暇その他の法定外の休暇（慶弔休暇を除	——

く）であって、勤続期間に応じて取得を認めているもの

　A社においては、長期勤続者を対象とするリフレッシュ休暇について、業務に従事した時間全体を通じた貢献に対する報償という趣旨で付与していることから、通常の労働者であるXに対しては、勤続10年で3日、20年で5日、30年で7日の休暇を付与しており、短時間労働者であるYに対しては、所定労働時間に比例した日数を付与している。

（3）参考裁判例の解説

　ここでは、「法定外休暇」に関する格差の合理性が争われた裁判例を取り上げることとします。

※事件名の前に付した番号は、第9章「資料2」の番号に対応しています

差異の内容	適法性	主な判断理由
7　日本郵便（佐賀）事件［1審］（佐賀地裁　平29.6.30判決）		
（特別休暇） ・正社員 　夏期（6月1日から9月30日までの間）および冬期（10月1日から翌年3月31日までの間）に各3日間の特別休暇付与（いずれも有	○	・正社員に対して特別休暇を付与した趣旨は、<u>長期雇用を前提とする正社員に対して定年までの長期にわたり会社へ貢献することのインセンティブを付与</u>することにより無期契約労働者としての長期的な勤続を確保するという点にある ➡不合理であるとは認められない

196

給） ・期間雇用社員 　特別休暇は付与されない		

9　日本郵便（東京）事件［1審］（東京地裁　平29.9.14判決）

（夏期冬期休暇） ・正社員 　夏期（6月1日から9月30日までの間）および冬期（10月1日から翌年3月31日までの間）に各3日間の夏期冬期休暇付与（いずれも有給） ・時給制契約社員 　夏期冬期休暇は付与されない	×	・夏期冬期休暇は、国民的な慣習や意識などを背景に制度化されたものである ・正社員と時給制契約社員とを比較すると、**最繁忙期が年末年始の時期であることには差異がない** ・取得要件や取得可能な日数等について違いを設けることは別として、時給制契約社員に対してのみ**夏期冬期休暇を全く付与しないという点は不合理**である

12　大阪医科薬科大学事件［1審］（大阪地裁　平30.1.24判決）

（夏期特別有給休暇） ・正職員 　夏期に5日間の特別有給休暇あり ・アルバイト職員 　夏期特別有給休暇なし	○	・アルバイト職員は、労働条件がさまざまであり、**夏期を含まない雇用期間も想定し得る** ・正職員は長期にわたり継続してフルタイムで就労することが想定されており、平均して月に17.5時間程度の時間外労働に従事している ・正職員に対しては、**夏期特別休暇を付与し、心身のリフレッシュを図らせることには十分な必要性および合理性**が認められ、他方、アルバイト職員については、その労働条件や就労実態に照らしても、これらの必要性があるとは認め難

		い
		➡不合理な労働条件の相違とまでい うことはできない

20　日本郵便（佐賀）事件［控訴審］（福岡高裁　平30.5.24判決）

（特別休暇） ・**7事件**参照	×	・特別休暇は、主としてお盆や年末 年始の慣習を背景としたもの ・特別休暇が<u>長期貢献へのインセン ティブを与えるという面を有して いるとしても</u>、<u>上記の時期に同様 に就労</u>している正社員と時給制契 約社員との間で休暇の有無に相違 があることにつき、<u>その職務内容 等の違いからは説明できない</u> ・休暇が設けられた趣旨を踏まえれ ば、当該期間中の実際の勤務の有 無や、平均的な勤務日数などの要 件を付加した上で、時給制契約社 員に対し、<u>正社員に比して一定割 合の日数を付与するという方法も 考えられる</u> ・労働組合と会社との間では、2007 年10月22日付けで期間雇用社員 の休暇に関し労働協約（特別休暇 の定めなし）が締結されているが、 そのことだけでは不合理性を否定 することはできない

28　日本郵便（東京）事件［控訴審］（東京高裁　平30.12.13判決）

（夏期冬期休暇） ・**9事件**参照	×	・夏期冬期休暇は、国民的意識や慣 習が背景にある休暇である ・正社員と時給制契約社員との間で <u>夏期や年末年始の繁忙期に差異が あるとも認められない</u>中で、時給

		制契約社員に付与しないことにつき、不合理性は否定できない

31 日本郵便（大阪）事件［控訴審］（大阪高裁 平31.1.24判決）

（夏期冬期休暇） ・正社員 　夏期（6月1日から9月30日までの間）および冬期（10月1日から翌年3月31日までの間）に各3日間の特別休暇付与（いずれも有給） ・期間雇用社員 　夏期冬期休暇は付与されない	×	・日本郵便における夏期休暇はいわゆるお盆休みではなく、<u>一般の国家公務員と同様に心身の健康の維持、増進等を図るための特別の休暇</u>である ・冬期休暇は年末年始特別休暇に由来するものであり、年末年始の期間に限らず冬期の一定の期間に付与された特別の休暇である ・契約社員にあっても、<u>契約期間を通算した期間が長期間に及んだ場合</u>には、夏期冬期休暇を付与する趣旨・目的との関係で正社員と契約社員との間に相違を設ける根拠は薄弱なものとならざるを得ない ・契約期間を通算した期間が<u>5年を超えた以降も相違を設けることは、不合理</u>と認められる

32 大阪医科薬科大学事件［控訴審］（大阪高裁 平31.2.15判決）

（夏期特別有給休暇） ・12事件参照	×	・夏期特別有給休暇の趣旨は、<u>その時期に職務に従事することは体力的に負担</u>が大きく、心身のリフレッシュを図らせることにある ・アルバイト職員であっても、フルタイムで勤務している者については、<u>夏期に相当程度の疲労を感ずることは想像に難くない</u>〔確定〕

46　日本郵便（佐賀）事件［上告審］（最高裁一小　令2.10.15判決）		
（夏期冬期休暇） ・7事件参照	×	・夏期冬期休暇は、年次有給休暇等とは別に、<u>労働から離れる機会を与えることで心身の回復を図るという目的</u>によるもの ・夏期冬期休暇の取得の可否や取得可能日数は、<u>勤続期間の長さに応じて変更されるものではない</u> ・時給制契約社員は、<u>繁忙期に限定された短期間の勤務ではなく</u>、業務の繁閑にかかわらない業務が見込まれており、上記の趣旨は同様に妥当する ➡不合理と認められる
47　日本郵便（東京）事件［上告審］（最高裁一小　令2.10.15判決）		
（夏期冬期休暇） ・9事件参照	×	・原審の判断を維持（不合理であると判断した上で損害の発生を否定した原審の判断を破棄し、休暇日数分の損害の発生を肯定）
48　日本郵便（大阪）事件［上告審］（最高裁一小　令2.10.15判決）		
（夏期冬期休暇） ・31事件参照	×	・原審の判断を維持

（4）実務上の検討

　前述（1）のとおり、法定外休暇制度の内容はさまざまであるため、一概に整理することは困難ですが、付与条件などから大別すれば、①一定の勤続に対する報償（永年勤続休暇等）、②一定の就労に対する心身の疲労回復（夏期冬期休暇、リフレッシュ休暇等）、③一定の人事異動に対する心身の疲労回復（異動休暇等）、④一定の私生活上の事由に対

する援助（慶弔休暇、誕生日休暇等）などに分類されます。

このうち、①については、有為な人材の獲得・定着を図る目的の下で、長期雇用が予定されている正規従業員に限って付与することも合理的であると認められやすいものと考えられますが、当該休暇の付与条件（一定の勤続年数）を満たすような非正規従業員が存在する場合には、かかる非正規従業員にも適用範囲を拡大することを検討すべきでしょう。

②については、非正規従業員も就労を行っている以上、程度の差異は別として疲労回復の要請は同様に当てはまることから、非正規従業員を一律に対象外とすることは認められ難いと考えます（前述（3）の裁判例はいずれもこの類型に該当するところ、おしなべて厳しい判断がなされています）。もっとも、就労の程度はフルタイム勤務を行う正規従業員とパートタイマーでは異なり得るため、所定労働時間に比例した付与日数の設定は許容されると考えられます[70]。また、正規従業員とは異なり採用時期が通年にわたることが多い非正規従業員において、一定の勤続（例：半年間の勤続）を付与の要件とすることも認められる余地はあるというべきでしょう。

③については、非正規従業員の「職務の内容および配置の変更の範囲」に応じて検討する必要があります。すなわち、非正規従業員には勤務地の異動を伴う配置転換が予定されていない場合には、勤務地の異動を付与事由とする休暇を認めないことも合理的であると考えられますが、非正規従業員であっても同様の配置転換が予定されている場合には、非正規従業員を当該休暇の対象外とすることは認められないと考えられます。

④については、非正規従業員であっても私生活上の事由に基づく就労

---

70 大阪医科薬科大学事件［控訴審］では、夏期特別有給休暇につき、「少なくとも……年間を通してフルタイムで勤務しているアルバイト職員に対し、正職員と同様の夏期特別有給休暇を付与しないことは不合理である」と判示しており、所定労働時間が少ない（パートタイム勤務である）非正規従業員について一定の差異を設けることは直ちに否定していないと考えられます。

免除の要請は異ならないと考えられることから、基本的には正規従業員と同等の制度を設けることが求められるものと考えられます。

[4]福利厚生施設
(1)福利厚生施設とは

　福利厚生施設とは、福利厚生（従業員の勤労意欲や帰属意識を高めることを目的として行う従業員に対する非金銭的な給付）の一環として、その利用を認め、または利用に要する負担を補助する施設をいいます。

　福利厚生施設の有無および内容は会社によって千差万別であり、一般的には、社員食堂、社員寮（社宅）、休憩室、更衣室、保養所、体育館等の運動施設などが存在しますが、ガイドラインでは、給食施設、休憩室および更衣室をいうものとされています。

(2)ガイドラインの解説

　ガイドラインは、「福利厚生施設」に関して、以下のとおり基本的な考え方を示しています。

> ●福利厚生施設（給食施設、休憩室および更衣室をいう）
> 　通常の労働者と同一の事業所で働く短時間・有期雇用労働者には、通常の労働者と同一の福利厚生施設の利用を認めなければならない。

(3)実務上の検討

　ハマキョウレックス事件［上告審］（最高裁二小　平30.6.1判決）では、職務の内容等に直接関連しない手当に関し、無期雇用従業員と有期雇用従業員の間で待遇に差異を設けることについて、有為な人材の獲得・定着を図るという目的のためであるという会社側の主張は認められていません。

　かかる判旨を前提とすれば、有為な人材の獲得・定着を図るために、正社員に対する福利厚生を厚くするという整理も認められない可能性が

高いと考えられます。

　そもそも福利厚生（施設）は、その性質上、個別具体的な職務内容または就労には直接関係しないことが多いため、その提供対象を正規従業員に限定するという取り扱いは、総じて認められ難い傾向にあるといえるでしょう。

　例外的に、所定労働時間の短さ故に休憩時間が存在しないパートタイマーには、給食施設または休憩室といった休憩時間を前提とした施設の利用を認めないといった取り扱いなど、具体的に取り扱い上の差異の理由を説明できるものに限って差異を設けることが認められると考えられます。

　なお、前述第1章3[4]（31ページ参照）のとおり、改正後のパート有期法12条では、給食施設、休憩室および更衣室については、通常の労働者に対して利用の機会を与えているのであれば、短時間・有期雇用労働者に対しても利用の機会を与えなければならないとされています。

　もっとも、通達では、短時間・有期雇用労働者の従事する業務には更衣室が必要なく、当該業務に従事する通常の労働者も同様の実態がある場合には、他の業務に従事している通常の労働者が更衣室を利用しているとしても、当該短時間・有期雇用労働者に更衣室の利用の機会を与える必要はないことが通常であるとされていますので、上記の考え方は、改正後も基本的には妥当するものと考えられます。

［5］社宅・社員寮
（1）社宅・社員寮とは

　社宅とは、福利厚生または転勤者に対する補助の一環として、会社が従業員に対して相場より廉価な賃料または無償で貸し渡す住宅をいいます。世帯者向けの住宅を「社宅」、単身者向けの住宅を「社員寮」と呼び分けることもあります。

　社宅は、法令上の制度ではないため、その制度設計（対象者、補助金

額など）は会社によって異なります。また、貸渡しの対象となる物件についても、会社が自ら所有しているケースもあれば、会社が一般の賃貸物件を借り上げた上で従業員に転貸しているケースもあります。

（2）ガイドラインの解説

ガイドラインは、「転勤者用社宅」に関して、以下のとおり基本的な考え方を示しています。

> ●通常の労働者と同一の支給要件（例えば、転勤の有無、扶養家族の有無、住宅の賃貸または収入の額）を満たす短時間・有期雇用労働者には、通常の労働者と同一の転勤者用社宅の利用を認めなければならない。

（3）実務上の検討

社宅または社員寮の性質は、その条件に応じて、①従業員の福利厚生、②転勤者に対する補助、③住宅供給が少ない地域または物価水準が高い地域に勤務する従業員に対する補助などに分類されます。

このうち、①については、前述［4］の福利厚生施設において述べたことが妥当します。

②については、非正規従業員の「職務の内容および配置の変更の範囲」に応じて検討する必要があります。すなわち、非正規従業員には勤務地の異動を伴う配置転換が予定されていない場合には、社宅・社員寮の利用を認めないことも合理的であると考えられますが、非正規従業員であっても同様の配置転換が予定されている場合には、非正規従業員を社宅・社員寮の対象外とすることは認められないと考えられます。

③については、前述 2 ［8］の地域手当において述べたことが妥当します。

第 **5** 章

「不合理」と
判断されないために
（定年後再雇用）

本章では、定年後再雇用に関する重要判例である長澤運輸事件［上告審］（最高裁二小　平30.6.1判決）を解説するとともに、その他の定年後再雇用における重要な裁判例を取り上げることとします。

1 ▶ 長澤運輸事件の概要

本件では、継続雇用制度によって有期雇用契約により再雇用された労働者で訴訟を提起した者を「Bら」、相手方となった会社を「N社」と表記します。

本件は、N社において60歳の定年を迎えて再雇用され有期雇用となったBらについて（以下、N社において再雇用された社員を「再雇用社員」という）、職務内容も、業務の都合により勤務場所や職務内容を変更する場合があるとされている点も、正社員と同一であるにもかかわらず、正社員と異なる賃金体系が適用された結果、定年前よりも賃金が約24％から20％引き下げられたことが問題となった事案です。

2 ▶ 正社員と再雇用社員の賃金等の比較

正社員と再雇用社員との賃金体系の違いは、次のとおりです。

賃金項目	正社員	再雇用社員
基本給 （基本賃金）	・在籍給（1年目：8万9100円。1年ごとに800円を加算。上限は12万1100円） ・年齢給（20歳：0円。1歳につき200円を加算。上限は6000円）	12万5000円

能率給 （歩合給）	・12トン撤車：3.70% ・15トン撤車：3.10% ・撤車トレーラ：3.15%	・12トン撤車：12% ・15トン撤車：10% ・撤車トレーラ：7%
職務給	・12トン撤車：8万552円 ・15トン撤車：8万2952円 ・撤車トレーラ：8万2900円	なし
精勤手当	5000円	なし
住宅手当	1万円	なし
家族手当	配偶者：5000円 子1人につき5000円（2人まで）	なし
役付手当	班長：3000円 組長：1500円	なし
時間外 手当・ 超勤手当	あり	あり（ただし、算定基礎となる基本賃金額が正社員と異なる）
調整給	——	老齢厚生年金の報酬比例部分が支給されない期間について、月額2万円
賞与	基本給の5カ月分	なし

3 ▶ 1審および控訴審の判断の比較

　1審はBらの請求を認容したのに対し、控訴審は原判決を取り消して請求を棄却しました。本件における中心的な争点に対する1審および控訴審の判断は次のとおりです。

争点	1審	控訴審
①本件における労働条件の相違は不合理なものであるか（特段の事情／その他の事情の有無に関する判断）	（ⅰ）定年の前後で職務の内容ならびに当該職務の内容および配置の変更の範囲が全く変わらないまま賃金だけを引き下げることが、企業一般において広く行われているとまでは認められない （ⅱ）Bらに対する賃金の引き下げは年間64万6000円を大幅に上回り、また、賃金水準を新規採用の正社員よりも低く設定することにより、定年後再雇用制度を賃金コスト圧縮の手段として用いることまでもが正当であると解し得ない （ⅲ）N社が行った再雇用社員の労働条件の改善は、いずれもN社と労働組合とが合意したものではなく、N社が独自に決定して、労働組合に通知したものである ■本件における労働条件の相違は不合理なものであり、労働契約法20条に違反する	（ⅰ）定年後の継続雇用たる有期労働契約は、社会一般で広く行われており、職務の内容等が変わらないまま相当程度賃金を引き下げることは、N社が属する業種または規模の企業を含め、社会一般で広く行われている （ⅱ）N社の属する規模の企業の平均減額率をかなり下回っていること、運輸業については収支が大幅な赤字となっていると推認できること等に照らすと、年収ベースで2割前後の賃金減額をなされることが直ちに不合理とはいえない （ⅲ）N社は正社員との賃金の差額を縮める努力をしており、また、N社と労働組合との間で、再雇用社員の賃金水準等の労働条件に関する一定程度の協議が行われている ■本件における労働条件の相違が不合理なものとはいえず、労働契約法20条にも違反しない
②結論	請求認容	原判決取り消し→請求棄却

　上記のように、1審および控訴審における判断は結論が完全に分かれましたが、1審および控訴審判決は、いずれも賃金項目ごとではなく、賃金総額によって、旧労働契約法20条における労働条件の相違の不合理性を判断している点に特徴がありました。

4 ▶ 最高裁判決の概要

　長澤運輸事件の最高裁判決（以下、本判決）は、精勤手当相当金額に関するN社の不法行為に基づく損害賠償支払い義務を認め、また、超勤手当の計算の基礎に精勤手当が含まれなかったことによる損害の有無および額につきさらに審理を尽くさせるため、この点を原審に差し戻しました。

賃金項目	結論	判断理由
基本給、能率給および職務給	○	・Bらの基本賃金の額は、いずれも定年退職時における基本給の額を上回っている ・再雇用社員の歩合給に係る係数は、正社員の能率給に係る係数の約2～3倍に設定されている（これにより、労務の成果が賃金に反映されやすくなるように工夫されている） ・Bらの基本給および歩合給の合計金額と、基本給、能率給および職務給の合計金額（試算）を比較すると、その差額は2～12%にとどまる ・再雇用社員は一定の要件を満たせば老齢厚生年金の支給を受けることができる上、N社はBらに対して2万円の調整給を支給している
精勤手当	×	・精勤手当は、従業員に対して休日以外は1日も欠かさずに出勤することを奨励する趣旨で支給されるものであり、正社員と再雇用社員の間で、その皆勤を奨励する必要性に相違はない
住宅手当および家族手当	○	・住宅手当および家族手当は、いずれも労働者の提供する労務を金銭的に評価して支給されるものではなく、従業員に対する福利厚生および生活保障の趣旨で支給されるものである ・幅広い世代の労働者が存在し得る正社員について住宅費および家族を扶養するための生活費を補助することには相応の理由がある ・再雇用社員は老齢厚生年金の支給を受けることが予定さ

		れ、報酬比例部分の支給が開始されるまでは調整給を支給されることとなっている
役付手当	○	・役付手当は、正社員の中から指定された役付者であることに対して支給されるものである
時間外手当・超勤手当	×	・再雇用社員の時間外手当と正社員の超勤手当との間においては、超勤手当の計算の基礎に精勤手当が含まれるにもかかわらず、再雇用社員の時間外手当の計算の基礎には精勤手当が含まれないという労働条件の相違がある
賞与	○	・賞与は、労務の対価の後払い、功労報償、生活費の補助、労働者の意欲向上等といった多様な趣旨を含み得るものである ・再雇用社員は、定年退職に当たり退職金の支給を受けるほか、老齢厚生年金の支給を受けることが予定され、その報酬比例部分の支給が開始されるまでの間はN社から調整給の支給を受けることも予定されている ・再雇用社員の賃金（年収）は定年退職前の79%程度となることが想定され、再雇用社員の賃金体系は、収入の安定に配慮しながら、労務の成果が賃金に反映されやすくなるように工夫されている

※「○」＝不合理でない。「×」＝不合理である。

5 ▶ 本判決の分析

[1]旧労働契約法20条における不合理性の判断基準

　本判決は、旧労働契約法20条における不合理性の判断基準につき、「労働契約法の施行について」（平24.8.10　基発0810第2、最終改正：平30.12.28　基発1228第17）第5の6（2）オに記載されている「有期契約労働者と無期契約労働者との間の労働条件の相違について、職務の内容、当該職務の内容及び配置の変更の範囲その他の事情を考慮して、個々の労働条件ごとに判断されるものである」という考え方に沿って、1審および控訴審と異なり、「両者の賃金の総額を比較することのみによる

のではなく、当該賃金項目の趣旨を個別に考慮すべき」であると判断しました。

　もっとも、本判決は、「ある賃金項目の有無及び内容が、他の賃金項目の有無及び内容を踏まえて決定される場合」もあるから、そのような事情も不合理性の判断に当たり考慮すべきであるとして、個別の賃金項目の趣旨を個別に考慮することでは不十分な場合があり得ることを指摘し、その内容を踏まえて不合理性の判断を行っています。ある賃金項目（手当）の中には、他の手当と関連していたり、他の手当内容を踏まえてその支給の有無や金額を決するものも当然にあることからすれば、個別の賃金項目における比較を原則としつつも、「他の賃金項目の有無及び内容を踏まえて」不合理性を判断する手法には、一定の妥当性があるといえます。

　また、本判決は、有期労働契約者が定年後に再雇用された者であることが、旧労働契約法20条における「その他の事情」として考慮される旨を明確にしており、この点を考慮できるかどうかは、各賃金項目の趣旨を個別に検討する場合にも、結論に大きく影響を与えるものであり、実務的には大きな意義があるといえます。

［2］本件における労働条件の相違の不合理性
（1）再雇用社員の特殊性

　本判決は、定年退職後の継続雇用における賃金を定年退職時より引き下げること自体が不合理であるとはいえないという原審の判断を是認している上、能率給および職務給、住宅手当および家族手当ならびに賞与における判断において、老齢厚生年金の受給を旧労働契約法20条の不合理性を否定する理由として挙げています。

　このように、本判決は、Bらが再雇用社員であることを最大限に考慮し、その特殊性を踏まえた判断を行っていることを考えると、基本的に、本判決の射程を再雇用社員以外の契約社員等にまで及ぼすことは難しい

と考えます。

（2）能率給および職務給

　N社においては、再雇用社員に対して、職務給を支給しておらず、能率給の代わりに歩合給を支給しています。この点、単に個別の賃金項目を比較すると、N社が再雇用社員に対して職務給を支給していない点のみをもって、直ちに不合理であると判断される可能性がありますが、本判決は、

- Bらの基本賃金の額は、いずれも定年退職時における基本給の額を上回っていること
- 再雇用社員の歩合給に係る係数は、正社員の能率給に係る係数の約2～3倍に設定されていること

など、「他の賃金項目の有無及び内容を踏まえて」不合理性の判断を行った結果、不合理性は認められないと判断しました。

（3）精勤手当

　本判決は、精勤手当が、従業員に対して休日以外は1日も欠かさずに出勤することを奨励するという点において、ハマキョウレックス事件判決でも紹介された皆勤手当と同趣旨の手当であるとして、再雇用社員と正社員との間でその必要性に相違はないということを理由に、再雇用社員に支給されないことは不合理であると判断しました。この点は、最高裁が、精勤手当や皆勤手当のような、従業員の出勤を奨励する手当については、再雇用者であろうと、通常の契約社員であろうと、正社員との間で支給の有無を区別することは不合理であると明確に判断したものといえます。

[3]今後の実務対応

　本判決が、個別の賃金項目ごとに不合理性を判断しつつも、「ある賃金項目の有無及び内容が、他の賃金項目の有無及び内容を踏まえて決定される場合」があることも指摘していることを踏まえると、仮に、ある

賃金項目が支給されていない（労働条件の相違が不合理となる可能性がある）としても、別の賃金項目における支給の内容などにより労働条件の相違に関する不合理性が解消される可能性があります。この点について、ハマキョウレックス事件［差戻審］（大阪高裁　平30.12.21判決）も、ある賃金項目の有無および内容が、他の賃金項目の有無および内容を踏まえて決定される場合もあり得るところ、そのような事情も、有期契約労働者と無期契約労働者との個々の賃金項目に係る労働条件の相違が不合理と認められるものであるか否かを判断するに当たり考慮されることになるものと判断しています。したがって、ある賃金項目に不合理性が存在するとしても、賃金体系全体の中で、それを代替・補完する関係を適切に構築しておくことが望ましいものと考えます。

　ただし、後述**7**のとおり、定年後再雇用の際に、業務内容や勤務形態を大きく変更したが故に、その労働条件の提示について損害賠償を命じられた裁判例もあります。したがって、定年後再雇用に当たり、長澤運輸事件を意識して、業務内容や勤務形態を変更する場合には、かかる裁判例の存在にも留意する必要があります。

　なお、本判決は旧労働契約法20条について判断されていますが、パート有期法の施行以降であっても、定年後再雇用の事案においては、長澤運輸事件の判断が妥当するものと考えます。ただし、職務内容およびその変更範囲が同じ場合、パート有期法9条が適用される可能性がある点に留意が必要です。

6 ▶ その他裁判例

　長澤運輸事件以降、定年後再雇用の裁判例が幾つか出ていますが、そのうち、日本ビューホテル（定年後再雇用）事件（東京地裁　平30.11.21判決）は、営業職であった従業員について定年後再雇用において基本給

を月額で定年退職時から約46～50％減額した事案でしたが、定年前後で職務の内容が大きく異なり、また、配転可能性が異なるなどとして、不合理性を否定しています。さらに、北日本放送（定年後再雇用）事件（富山地裁　平30.12.19判決）は、定年前後で主にテレビのディレクターを担当していたものの、定年前後で基本給が約30％減額され、賞与、住宅手当、裁量手当および祝金が支給されなくなった事案でしたが、長澤運輸事件が定立した規範を前提に、定年前後で職務の内容、配置転換可能性が異なり、また、労使協議も行っていることなどから、基本給、賞与、住宅手当、裁量手当および祝金の差異について不合理性を否定しています。

　他方、自動車学校の教習所を経営する会社において、教習指導員を勤めていた従業員が定年前後で基本給が60％を下回っていたなどの待遇について、旧労働契約法20条に規定する不合理であると争われた事案（名古屋自動車学校事件　名古屋地裁　令2.10.28判決）で、裁判所は、定年前後で職務内容およびその変更範囲に変わりはなく、若年正職員の基本給も下回っていること、労使の自治が反映されていないこと（労使間で話し合いがなかったこと）などを理由に、定年前後で基本給が60％を下回っている限度で不合理であると判断しています。この裁判例をもって、定年前後で基本給が60％を下回れば、直ちにパート有期法8条（または9条）に違反するわけではありません。この事案では、定年前後で、職務内容およびその変更範囲に変更がなかったことに加えて、若年正職員の基本給を下回っていたり、労使協議がなかったりという事情も加わって、不合理と判断されています。したがって、定年前後で職務内容等を変更することを検討するとともに、若手の正社員の待遇との比較や労働組合等との協議も検討することで、不合理と判断される可能性は低くなると考えます。

7 ▶ 労働条件の提示自体が不法行為となる場合

　長澤運輸事件は、定年後再雇用に当たって職務の内容等を変更せずに賃金を下げたケースですが、定年後再雇用に当たって職務の内容等を変更し賃金も下げたケースもあります。ここではそのケースに当たる、九州惣菜事件（福岡地裁小倉支部　平28.10.27判決、福岡高裁　平29.9.7判決）について検討します。

[1]事案の概要

　本件は、惣菜類を製造する会社にフルタイム勤務していた労働者が、会社の継続雇用制度に基づき定年後の再雇用を希望したところ、会社からは、定年前の月収ベースの賃金が約75％減少するパートタイマーへの転換を提案されたものの、労働者はこの提案に応じず、再雇用契約が締結に至らなかったことから、会社に対し、①主位的に、定年後も会社との間の雇用契約が存在し、賃金については定年前の8割相当とする黙示的合意があるとして、雇用契約上の地位の確認を求め、②予備的に、会社が大幅な賃金の減少を伴う不合理な労働条件の提示しか行わなかったことが、労働者の再雇用の機会を侵害する不法行為を構成するとして、損害賠償を請求した、という事案です。

　当該労働者の定年前の給与は、所定労働時間を1週平均40時間以内、1日7時間30分として月給33万5500円（時給1944円）であったにもかかわらず、定年後の再雇用に際して、会社が、週3日または4日勤務、勤務時間実働6時間、時給900円（1カ月の就労日数を16日とした場合の月額賃金は8万6400円）という労働条件を提示したものです。

[2]判決内容の検討

　1審判決は、労働者の請求をすべて棄却しましたが、控訴審判決は、

主位的請求（①）は認めなかったものの、予備的請求（②）の不法行為の成立を認め、会社に対して、100万円の慰謝料の支払いを命じました。なお、最高裁は上告を棄却し、労働者および会社双方の上告受理の申し立てを受理しなかったことから、控訴審判決が確定しています（最高裁一小　平30.3.1決定）。

　控訴審判決は、高年齢者等の雇用の安定等に関する法律（高年法）9条1項に基づく高年齢者雇用確保措置を講じる義務は、事業主に定年退職者の希望に合致した労働条件の雇用を義務付けるといった私法上の効力を有するものではないものの、再雇用に当たり、極めて不合理であって、労働者である高年齢者の希望・期待に著しく反し、到底受け入れ難いような労働条件を提示する行為は、継続雇用制度の導入の趣旨に違反した違法性を有するものと判断しています。その上で、定年の前後における労働条件に継続性・連続性があることが前提ないし原則となっており、当該定年の前後で労働者の承諾なく労働条件を変更するためには、別の観点からの合理的な理由が必要となるものと判断しています。

　本件では、賃金について定年前の月収ベースで75％減となる労働条件は、定年退職前の労働条件との継続性・連続性を一定程度確保するものとは到底いえないし、そのような労働条件の提示を正当化する合理的な理由もないと判断し、不法行為を構成するとしています。

［3］本件が実務に与える影響

　定年後再雇用においては、定年前よりも労働条件が低下すること自体は一般的ですが、本件のように、極端に低い労働条件を提示すること自体が不法行為に該当する可能性があるため、実務上は、使用者が定年後再雇用の場面で労働条件を提示する際、定年前の労働条件と定年後再雇用における労働条件の内容の差異を検証し、差異がある場合には、それが合理的なものであることを説明および立証できるよう準備することが

必要となります。したがって、使用者としては、労働者が定年を迎える前までの労働条件、特に賃金カーブのつけ方を含む賃金体系全体について検証しておく必要があります。

第 **6** 章

──────────

「不合理」と
判断されないために

（労働者派遣）

「労働者派遣」とは、派遣労働者を雇用する派遣会社（派遣元）が、顧客（派遣先）との間で、労働者の派遣契約を締結し、派遣労働者が、派遣先の社内において、派遣先の指揮命令を受けて職務を遂行することをいい、労働契約は派遣元と派遣労働者の間に存在するものの、派遣労働者は派遣先において派遣先の指揮命令下で職務を遂行するという特徴があります。

　そのため、派遣労働者の処遇改善は、主として、労働契約の当事者である派遣元と派遣労働者の間における問題であるものの、派遣労働者は派遣先において職務を遂行すること、また、派遣労働者の待遇は派遣先が派遣元に対して支払う派遣料金に影響を受けることなどから、労働者派遣法では、次のとおり、派遣元と派遣先について、それぞれ義務の新設・強化を行っています（図表6−1）。

| 図表6−1 | 労働者派遣法の改正前後の比較 |

	改正前	改正後
派遣元に求められる対応	均等待遇規定・均衡待遇規定ともなし（均衡待遇規定は配慮義務規定のみ）	①「派遣先均等・均衡方式」による待遇決定　派遣先の通常の労働者との均等待遇・均衡待遇を確保　又は　①「労使協定方式」による待遇決定　一定の要件を満たす労使協定を締結し、当該協定に基づく待遇を確保　②派遣労働者の待遇に関する情報提供　②教育訓練（第40条第2項）と福利厚生施設（第40条第3項）に係る部分の情報提供　教育訓練、福利厚生施設の利用、就業環境の整備等
派遣先に求められる対応	派遣元に対し、派遣先の労働者の賃金水準に関する情報を提供するなどの配慮等	派遣元が①を遵守できるよう、派遣料金の額について配慮

資料出所：厚生労働省「不合理な待遇差解消のための点検・検討マニュアル〜改正労働者派遣法への対応〜労働者派遣業界編」〈https://www.mhlw.go.jp/content/11909000/000501271.pdf〉（図表6−2、6−4〜6−5も同じ）

1 ▶ 不合理な待遇の禁止

　労働者派遣法が目指す派遣労働者の同一労働同一賃金は、以下のいずれかの方式をとらなければなりません（図表6－2）。

（1）派遣先の通常の労働者との均等・均衡待遇【派遣先均等・均衡方式】

（2）派遣元における労使協定で定める以上の待遇【労使協定方式】

　派遣労働者の待遇改善までの流れの概要は、図表6－3のとおりです。

　また、派遣元は、派遣労働者の数、派遣先の数、いわゆるマージン率、教育訓練に関する事項等に加えて、以下①②のとおり、これらの待遇決定方式について情報提供を行わなければなりません（労働者派遣法23条5項、労働者派遣法施行規則18条の2）。

①労使協定を締結しているか否か

②労使協定を締結している場合には

　　(ア) 労使協定の対象となる派遣労働者（「協定対象派遣労働者」と呼ばれます）の範囲

　　(イ) 労使協定の有効期間の終期

図表6－2　派遣労働者の待遇決定における二つの方式

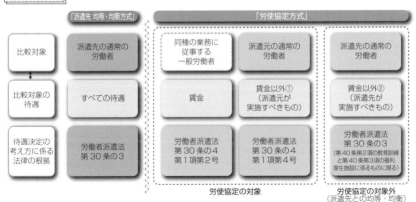

221

図表6－3　派遣労働者の待遇改善までの流れの概要

派遣元が講ずる措置　派遣先が講ずる措置

【派遣先均等・均衡方式】の場合

比較対象労働者の待遇情報の提供（派遣先）
【法第26条第7項・第10項】

↓

派遣労働者の待遇の検討・決定（派遣元）
【法第30条の3】

↓

派遣料金の交渉（派遣先は派遣料金に関して配慮）【法第26条第11項】

↓

労働者派遣契約の締結（派遣元及び派遣先）
【法第26条第1項等】

↓

派遣労働者に対する説明（派遣元）
1）雇入れ時
・待遇情報の明示・説明
【法第31条の2第2項】
2）派遣時
・待遇情報の明示・説明
【法第31条の2第3項】
・就業条件の明示
【法第34条第1項】

（注）比較対象労働者の待遇に変更があったときは、変更部分について派遣先から派遣元に待遇情報を提供。派遣元は派遣労働者の待遇の検討を行い、必要に応じて、上記の流れに沿って対応。

（求めに応じて下記の対応）

派遣労働者に対する比較対象労働者との待遇の相違等の説明（派遣元）
【法第31条の2第4項】

【労使協定方式】の場合

過半数代表者の選出＜過半数労働組合がない場合＞
投票、挙手等の民主的な方法により選出（派遣元）

・通知で示された最新の統計を確認
・労使協定の締結（派遣元）
【法第30条の4第1項】
（※）労使協定における賃金の定めを就業規則等に記載
・労使協定の周知等（派遣元）
1）労働者に対する周知
【法第30条の4第2項】
2）行政への報告　【法第23条第1項】

↓

比較対象労働者の待遇情報の提供（派遣先）【法第26条第7項・第10項】
（※）法第40条第2項の教育訓練及び第40条第3項の福利厚生施設に限る。

↓

派遣料金の交渉（派遣先は派遣料金に関して配慮）【法第26条第11項】

↓

労働者派遣契約の締結（派遣元及び派遣先）
【法第26条第1項等】

↓

派遣労働者に対する説明（派遣元）
1）雇入れ時
・待遇情報の明示・説明
【法第31条の2第2項】
2）派遣時
・待遇情報の明示・説明
【法第31条の2第3項】
・就業条件の明示
【法第34条第1項】

（注）同種の業務に従事する一般労働者の平均賃金に変更があったときは、派遣元は、協定改定の必要性を確認し、必要に応じて、上記の流れに沿って対応。

（求めに応じて下記の対応）

派遣労働者に対する労使協定の内容を決定するに当たって考慮した事項等の説明（派遣元）【法第31条の2第4項】

共通

派遣先の労働者に関する情報、派遣労働者の業務の遂行の状況等の情報の追加提供の配慮（派遣先）
【法第40条第5項】

待遇を決定する際の規定の整備

説明義務の強化

資料出所：厚生労働省「平成30年労働者派遣法改正の概要〈同一労働同一賃金〉」を一部加工

待遇決定方式に関する情報提供に当たっては、常時インターネットを利用して広く派遣先や派遣労働者等に必要な情報を提供することが原則です。

[1]派遣先の通常の労働者との均等・均衡待遇（派遣先均等・均衡方式）
(1)概要

まず、【派遣先均等・均衡方式】をとる場合について見ていきます。派遣労働者の同一労働同一賃金の大きな特徴の一つとして、派遣元社内での均等・均衡待遇ではなく、**派遣先の通常の労働者との均等・均衡待遇を提供することが、派遣元に義務付けられている**という点が挙げられます。すなわち、パート有期法8条、9条と同様の規定を設けて、派遣労働者の不合理な待遇を禁止し、派遣労働者と派遣先の通常の労働者との均等・均衡による待遇改善を図っています（労働者派遣法30条の3第1項、2項）。

「均等待遇」とは、①業務の内容および当該業務に伴う責任の程度（以下、職務の内容）、②職務の内容および配置の変更の範囲が同じ場合には、差別的取り扱いを禁止することをいいます。

「均衡待遇」とは、前述した①、②および③その他の事情の相違を考慮して不合理な待遇差を禁止することをいいます。

基本給だけでなく、賞与、諸手当などの賃金や福利厚生、教育訓練、安全衛生など、すべての待遇が均等・均衡待遇の対象になります。

そして、派遣元および派遣労働者は基本的に派遣先の従業員の待遇を知り得ないことから、派遣先には、比較対象となる派遣先の従業員（「比較対象労働者」と呼ばれます）の待遇情報を、書面、ファックス、電子メール等で派遣元に対して提供することが義務付けられており、かかる情報提供がなければ、派遣元と派遣先は労働者派遣契約を締結することができないとされています（労働者派遣法26条7項、9項）。なお、「比較対象労働者」とは、派遣先の通常の労働者であって、当該業務の内容

および当該業務に伴う責任の程度ならびに当該職務の内容および配置の変更の範囲が、派遣労働者と同一であると見込まれるものその他の当該派遣労働者と待遇を比較すべき労働者として厚生労働省令で定めるものをいいます（労働者派遣法26条8項）。

　ただし、派遣先の従業員の職務内容等と派遣労働者の職務内容等は異なることのほうが多いと思われるため、以下のとおり、比較対象労働者を決定する方法（優先順位）が定められています。なお、具体例については、厚生労働省が公表している「労働者派遣事業関係業務取扱要領」に記載されています。

①「職務の内容」と「『職務の内容』および『配置』の変更の範囲」の両方が同じ通常の労働者

②（①がいない場合）「職務の内容」が同じ通常の労働者

③（①と②がいない場合）「業務の内容」と「責任の程度」のいずれかが同じ通常の労働者

④（①～③がいない場合）「『職務の内容』および『配置』の変更の範囲」が同じ通常の労働者

⑤（①～④がいない場合）①～④に相当する短時間・有期雇用労働者（パート有期法等に基づき、派遣先の通常の労働者との間で均衡待遇が確保されていることが必要）

⑥（①～⑤がいない場合）派遣労働者と同一の職務に従事させるために新たに通常の労働者を雇い入れたと仮定した場合における当該労働者

　また、派遣先が提供しなければならない比較対象労働者の待遇情報は、次のとおりです（労働者派遣法施行規則24条の4第1項）。

> ①比較対象労働者の「職務の内容」「『職務の内容』および『配置』
> の変更の範囲」ならびに雇用形態
> ②比較対象労働者を選定した理由
> ③比較対象労働者の待遇のそれぞれの内容（昇給、賞与その他の主
> な待遇がない場合にはその旨も含む）
> ④比較対象労働者の待遇のそれぞれの性質および当該待遇を行う目
> 的
> ⑤比較対象労働者の待遇のそれぞれを決定するに当たって考慮した
> 事項

　なお、派遣先は情報提供した書面等の写しを労働者派遣が終了した日から３年間保存しなければなりません（労働者派遣法施行規則24条の３第２項）。

（2）均等・均衡待遇の提供

　派遣元としては、派遣先から提供されたこれらの情報に基づいて、派遣労働者に対して、均等・均衡待遇を提供しなければならないことになります（労働者派遣法30条の３）。

　派遣労働者と派遣先の通常の労働者との間の均等待遇が義務付けられる場面、均衡待遇が義務付けられる場面等については、2018年12月28日に同一労働同一賃金ガイドライン（「短時間・有期雇用労働者及び派遣労働者に対する不合理な待遇の禁止等に関する指針」）が公表されていますが、その内容は短時間労働者および有期雇用労働者の同一労働同一賃金とおおむね同じとなっています。

　図表6-4の「①職務に密接に関連する待遇」については、派遣先の通常の労働者との均等・均衡を図る必要があります。パート有期法との関係では、「特段の事情」がない限り、派遣元の通常の労働者と派遣労働者との間の待遇差が不合理か否かは実質的には問題とならないと考えられています。この場合の「特段の事情」とは、例えば、無期雇用フル

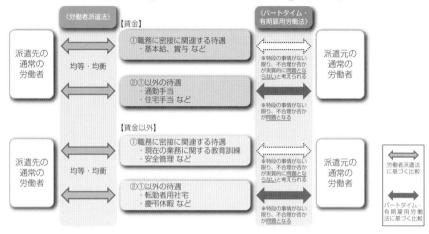

図表6-4 短時間労働者または有期雇用労働者である派遣労働者についての考え方（「派遣先均等・均衡方式」の場合）

タイムの派遣労働者だけに別途、職務密接関連性が高い手当を支払っているような場合が考えられます。

　また、図表6-4の「② ①以外の待遇」については、派遣先の通常の労働者との均等・均衡を図る必要があります。パート有期法との関係では、「特段の事情」がない限り、派遣元の通常の労働者と派遣労働者との間でも、不合理な待遇差がないようにする必要があります。そのため、派遣先と派遣元で待遇の適用状況が異なる場合には、双方が適用しているすべての待遇について、派遣労働者との間で不合理な待遇差がないかを確認する必要があります。この場合の「特段の事情」とは、例えば、異なる派遣先に派遣され、待遇を比較すべき派遣先の通常の労働者が異なることにより待遇差がある場合が考えられます。

[2]派遣元における労使協定で定める以上の待遇（労使協定方式）
(1)概要

　1[1]で述べた派遣先の通常の労働者との同一労働同一賃金を貫くと、

派遣先が変わるごとに賃金水準が変わり、派遣労働者の所得が不安定になることが想定されること、また、職務の難易度にかかわらず、大企業のほうが一般的に賃金水準が高いという傾向を受けて待遇が決定されることで、派遣労働者個人の段階的・体系的なキャリアアップ支援と不整合な事態を招くこともあり得るため、労働者派遣法では、派遣元が労使協定を締結し、当該協定に定める以上の待遇を派遣労働者に対して提供することも認められています（30条の4）。これを【労使協定方式】と呼びます。

　派遣元と派遣先の間の労働者派遣契約において、受け入れる派遣労働者を上記の労使協定の対象者に限定すると定めた場合、1［1］記載の待遇情報を提供する必要はなく、派遣先が派遣元に対して提供する必要がある情報は、以下に限定されます（労働者派遣法施行規則24条の4第2号）。

①派遣労働者と同種の業務に従事する派遣先の従業員に対して、業務の遂行に必要な能力を付与するために実施する教育訓練の内容（そのような教育訓練が存在しなければ、その旨）
②給食施設、休憩室、更衣室の内容（そのような施設が存在しなければ、その旨）

❶賃金について

　図表6-5の「①職務に密接に関連する待遇」については、同種の業務に従事する一般労働者の平均的な賃金額と同等以上等の要件を満たす必要があります。パート有期法との関係では、「特段の事情」がない限り、派遣元の通常の労働者と派遣労働者との間の待遇差が不合理か否かは実質的には問題とならないと考えられます。この場合の「特段の事情」とは、例えば、無期雇用フルタイムの派遣労働者だけに別途、職務密接関連性が高い手当を支払っているような場合が考えられます。

　また、図表6-5の「② ①以外の待遇」については、同種の業務に従

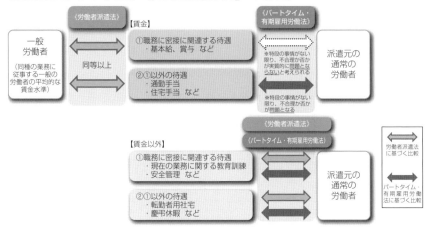

図表6-5　短時間労働者または有期雇用労働者である派遣労働者についての考え方（「労使協定方式」の場合）

事する一般労働者の平均的な賃金額と同等以上等の要件を満たす必要があります。パート有期法との関係では、「特段の事情」がない限り、派遣元の通常の労働者と派遣労働者との間でも、不合理な待遇差がないようにする必要があります。この場合の「特段の事情」とは、例えば、「労使協定方式」の対象となる有期雇用の派遣労働者と「派遣先均等・均衡方式」の対象となる無期雇用の派遣労働者がいる場合に、協定内容に基づく待遇内容と待遇を比較すべき派遣先の通常の労働者との均等・均衡を考慮して設定される待遇内容とに差がある場合が考えられます。

❷賃金以外の待遇について

　派遣元の通常の労働者と派遣労働者との間で、不合理な待遇差がないようにする必要があります（図表6-5）。ただし、賃金以外の待遇のうち、派遣先が実施・付与する待遇（労働者派遣法40条2項の教育訓練および同条3項の福利厚生施設［給食施設、休憩室、更衣室］）については、労使協定の対象にならない待遇であり、派遣先の通常の労働者と派遣労働者との間で不合理な待遇差がないように（均等・均衡待遇を確

228

保）する必要があります。

❸留意点

　労使協定は、派遣元が、過半数組合（過半数組合が存在しない場合は、過半数代表者）との間で締結し、図表6－6の記載事項を定めなければならないとされています。

　過半数代表者と労使協定を締結する場合には、①労使協定を締結する者を選出することを明らかにした上で、②民主的な方法（投票、挙手等）により、③派遣労働者を含むすべての労働者から選出されていること、④過半数代表者となる者が労働基準法41条2号に規定する管理監督者でないこと等、適切な選出手続きがなされているかどうか留意が必要です。なお、詳細は、厚生労働省「労使協定方式に関するＱ＆Ａ【第3集】」を参照してください。

　また、労使協定を締結した派遣元は、書面の交付等の方法によりその雇用するすべての労働者に周知し（労働者派遣法30条の4第2項）、毎年度、原則6月末までに行政機関に提出する「労働者派遣事業報告書」に労使協定を添付するとともに、協定対象派遣労働者の職種ごとの人数および職種ごとの賃金額の平均額を報告しなければなりません。

　なお、図表6－6の②〜⑤として労使協定に定めた事項を遵守していない場合には【労使協定方式】は適用されず、【派遣先均等・均衡方式】が適用されることになります。

（2）賃金の決定方法に関する記載

　派遣労働者の賃金の決定方法については、派遣労働者が従事する業務と「同種の業務に従事する一般労働者の平均的な賃金額」（以下、一般賃金）と同等以上となること等の要件を満たすことが必要です。一般賃金については、❶基本給・賞与・手当等（以下、基本給・賞与等）、❷通勤手当、❸退職金の三つに分けて考えることとされています。図表6－6の記載事項のうち、特に重要な②賃金の決定方法のアに関する、一般的な労使協定の記載手順および留意事項は次のとおりです。なお、

労使協定の締結にあたっては、下の①〜⑥のすべての事項を定める必要があります。

①　労使協定の対象となる派遣労働者の範囲

> 客観的な基準により範囲を定めることが必要です。
> 「賃金水準が高い企業に派遣する労働者」とすることは適当ではありません。

②　賃金の決定方法（次のア及びイに該当するものに限る。）
　ア　派遣労働者が従事する業務と同種の業務に従事する一般労働者の平均的な賃金の額と同等以上の賃金額となるもの

> 派遣先の事業所その他派遣就業の場所の所在地を含む地域において派遣労働者が従事する業務と同種の業務に従事する一般の労働者であって、当該派遣労働者と同程度の能力及び経験を有する者の平均的な賃金の額
> 【職種ごとの賃金、能力・経験、地域別の賃金差をもとに決定】
> 　（※）職種ごとの賃金等については、毎年6〜7月に通知で示す予定です。

　イ　派遣労働者の職務の内容、成果、意欲、能力又は経験等の向上があった場合に賃金が改善されるもの
　　※　イについては、職務の内容に密接に関連して支払われる賃金以外の賃金（例えば、通勤手当、家族手当、住宅手当、別居手当、子女教育手当）を除く。

③　派遣労働者の職務の内容、成果、意欲、能力又は経験等を公正に評価して賃金を決定すること

④　「労使協定の対象とならない待遇（法第40条第2項の教育訓練及び法第40条第3項の福利厚生施設）及び賃金」を除く待遇の決定方法（派遣元事業主に雇用される通常の労働者（派遣労働者を除く。）との間で不合理な相違がないものに限る。）

⑤　派遣労働者に対して段階的・計画的な教育訓練を実施すること

⑥　その他の事項
　・　有効期間（2年以内が望ましい）
　・　労使協定の対象となる派遣労働者の範囲を派遣労働者の一部に限定する場合は、その理由
　・　特段の事情がない限り、一の労働契約の期間中に派遣先の変更を理由として、協定の対象となる派遣労働者であるか否かを変えようとしないこと

資料出所：厚生労働省「平成30年労働者派遣法改正の概要〈同一労働同一賃金〉」

個別事例への対応方法については、厚生労働省よりＱ＆Ａが出されています。

❶基本給・賞与等

《一般賃金の決定》

　計算方法は次のとおりですが、計算の結果、基準値（０年）の額が最低賃金を下回る場合には、最低賃金の額を「基準値（０年）」の額とした上で、当該額に能力・経験調整指数を乗じることにより、一般基本給・賞与等の額を算出することが必要です。

　①職種別の基準値（０年）×②能力・経験調整指数×③地域指数

※計算式のうち、①職種別の基準値（０年）×②能力・経験調整指数の計算結果については、厚生労働省のホームページに掲載されている「局長通達」（図表６−７の資料出所参照）別添１（賃金構造基本統計調査基準）または別添２（職業安定業務統計基準）の数値を利用します。

図表6−7　「局長通達」別添１の賃金構造基本統計調査による職種別平均賃金（時給換算）（抜粋）

無期雇用かつフルタイムの労働者について、（所定内給与＋特別給与÷12）÷所定内労働時間で時給換算したものを特別集計

企業規模計　　　　　　　　　　　　　　　　　　　　　　　　　　　　　（円）

	基準値（０年）	基準値に能力・経験調整指数を乗じた値						参考値（０年）（補正前）
		1年	2年	3年	5年	10年	20年	
0 産業計	1,272 (−)	1,486	1,595	1,647	1,740	2,002	2,503	1,529
201 自然科学系研究者	1,661 (−)	1,940	2,083	2,151	2,272	2,614	3,269	1,974
202 化学分析員	1,210 (−)	1,413	1,517	1,567	1,655	1,905	2,381	1,459

資料出所：局長通達「令和３年度の『労働者派遣事業の適正な運営の確保及び派遣労働者の保護等に関する法律第30条の４第１項第２号イに定める「同種の業務に従事する一般の労働者の平均的な賃金の額」』等について」別添１（令2.10.20　職発1020第3）

例として別添1を掲載します（図表6−7）。どちらの政府統計に基づく職種別の時給換算額を利用するかは、労使間の協議により決めることになりますが、各統計のどの職種の数値を用いるかは、協定対象派遣労働者の「中核的業務」を基に決定します。「賃金構造基本統計調査」の職種については「役職及び職種解説」において、「職業安定業務統計」の職種については独立行政法人労働政策研究・研修機構の「第4回改訂 厚生労働省編職業分類 職業分類表 改訂の経緯とその内容」において、それぞれの職種の具体的な内容が解説されていますので、当該解説を基に協定対象派遣労働者が従事する業務に最も近いと考えられる職種を判断する必要があります。

※労使協定において、どちらの政府統計の数値を用いたかを明記する必要があります（図表6−8）。

※③地域指数は、派遣先の事業所その他派遣就業の場所に応じて「局長通達」の別添3の数値（都道府県または公共職業安定所管轄地域別の地域指数）を利用します。

※①×②×③の計算の結果、1円未満の端数が生じた場合には、当該端数を切り上げます（図表6−8内太枠）。

図表6−8 同種の業務に従事する一般の労働者の平均的な賃金の額（基本給・賞与の関係）（例）

			基準値及び基準値に能力・経験調整指数を乗じた値						
			0年	1年	2年	3年	5年	10年	20年
1	プログラマー	通達に定める賃金構造基本統計調査	1,253	1,464	1,571	1,623	1,714	1,972	2,466
2	地域調整	北海道92.2	1,156	1,350	1,449	1,497	1,581	1,819	2,274

資料出所：厚生労働省「労働者派遣法第30条の4第1項の規定に基づく労使協定（イメージ）※令和2年12月4日公表版」別表1

《協定対象派遣労働者の賃金の設定》

　協定対象派遣労働者の時給換算した基本給および賞与等の額が前述した一般賃金の額と同等以上になるように設定し、労使協定に記載する必要があります（図表6－9）。基本給が月額で定められている場合には、例えば、次の計算方法で時給換算をすることが考えられます。

①月給×12カ月÷52週÷週の所定労働時間

②月給÷その月の所定労働時間数（月によって異なる場合には1年間における1カ月平均所定労働時間数）

　また、賞与・手当等を支給している場合、労使協定に記載する賞与・手当等の額については、「①個々の協定対象派遣労働者に実際に支給される額」のほか、「②直近の事業年度において協定対象派遣労働者に支

図表6－9 協定対象派遣労働者の賃金（基本給・賞与）の労使協定への記載例

等級	職務の内容	基本給額	賞与額	手当額	合計額		対応する一般の労働者の平均的な賃金の額	対応する一般の労働者の能力・経験
Aランク	上級プログラマー（AI関係等高度なプログラム言語を用いた開発）	1,600〜	320	50	1,970〜	≧	1,819	10年
Bランク	中級プログラマー（Webアプリ作成等の中程度の難易度の開発）	1,250〜	250	30	1,530〜		1,497	3年
Cランク	初級プログラマー（Excelのマクロ等、簡易なプログラム言語を用いた開発）	1,000〜	200	20	1,220〜		1,156	0年

資料出所：厚生労働省「労働者派遣法第30条の4第1項の規定に基づく労使協定（イメージ）※令和2年12月4日公表版」別表2

給された額の平均額」や「③協定対象派遣労働者に支給される見込み額の平均額」等を選択することも可能です。②の場合には実際に直近の事業年度において協定対象派遣労働者に支給された額の合計額を当該事業年度の当該者の所定内労働時間数の合計で除して算出し、③の場合には来年度に支給される賞与総額を協定対象派遣労働者の想定される所定内労働時間の合計で除して算出することが考えられます。なお、これら賞与・手当等の平均額は、当該賞与・手当等を支給していない協定対象派遣労働者を含めての平均額としなければなりません。

❷通勤手当

　通勤手当は、①実費支給により「同等以上」を確保する場合、または②一般の労働者の通勤手当に相当する額（時給換算で令和３年度の場合は74円）と「同等以上」を確保する場合のどちらを適用するか、労使協定に記載する必要があります。なお、実費支給に上限があり、その上限額が時給換算で厚生労働省が定める金額（令和３年度の場合、74円）未満となっている場合には、①実費支給により「同等以上」を確保しているとは認められないので、留意が必要です。

❸退職金

　退職金については、①退職金制度による方法、②退職金前払いによる方法、③中小企業退職金共済制度などへの加入による方法の三つの選択肢があります。

　選択肢①は、「局長通達」別添４で設定された一般の労働者の退職手当制度と同等以上の水準を確保する方法です。「局長通達」別添４には「退職手当制度がある企業割合」（図表６−10）や「退職手当の支給月数」（図表６−11）に関する調査結果が記載されており、原則として、同一の統計の「退職手当の支給月数」に「退職手当制度がある企業割合」を乗じて得た数値を一般の労働者の平均的な退職手当の額として労使協定に記載します（図表６−12）。そして、協定対象派遣労働者の退職手当の額は、当該一般退職金の支給月数と同水準以上になるように設定しま

図表6−10 「局長通達」別添４の「退職手当制度がある企業割合」

- 80.5 ％（平成30年就労条件総合調査（厚生労働省））
- 91.0 ％【退職一時金制度】（令和元年賃金事情等総合調査（中央労働委員会））
- 94.4 ％【退職年金制度】（令和元年賃金事情等総合調査（中央労働委員会））
- 92.6 ％（平成28年民間企業退職給付調査（人事院））
- 71.3 ％（平成30年中小企業の賃金・退職金事情（東京都））

資料出所：局長通達「令和３年度の『労働者派遣事業の適正な運営の確保及び派遣労働者の保護等に関する法律第30条の４第１項第２号イに定める「同種の業務に従事する一般の労働者の平均的な賃金の額」』等について」別添４を一部加工（令２.10.20 職発1020第３）（図表6−11も同じ）

図表6−11 「局長通達」別添４の「退職手当の支給月数」

モデル退職金（調査産業計） (月)

勤続年数	高校卒（自己都合）	高校卒（会社都合）	勤続年数	高専・短大卒（自己都合）	高専・短大卒（会社都合）	勤続年数	大学卒（自己都合）	大学卒（会社都合）
1	0.4	0.6	1	0.4	0.7	1	0.4	0.7
3	1.0	1.5	3	1.0	1.6	3	1.1	1.7
5	1.7	2.5	5	1.8	2.6	5	1.9	2.7
10	3.8	5.2	10	4.3	5.5	10	4.4	5.7
15	6.5	8.6	15	7.1	8.8	15	7.4	9.1
20	9.7	11.9	20	10.6	12.3	20	10.7	12.5
25	13.4	16.0	25	14.5	16.5	25	14.8	16.5
30	16.7	19.6	30	18.4	20.5	30	18.7	20.3
35	20.2	23.2	35	21.8	23.8	33	21.5	23.3
37	21.2	24.1	定年	—	27.9	定年	—	28.0
定年	—	29.0						

平成30年中小企業の賃金・退職金事情（東京都）

同種の業務に従事する一般の労働者の平均的な退職手当の額

勤続年数		3年	5年	10年	15年	20年	25年	30年	33年
支給率 (月数)	自己都合 退職	0.8	1.4	3.1	5.3	7.6	10.6	13.3	15.3
	会社都合 退職	1.2	1.9	4.1	6.5	8.9	11.8	14.5	16.6

[注] 「平成30年中小企業の賃金・退職金事情」(東京都)における退職金の支給率(モデル退職金・大学卒)に、同調査において退職手当制度があると回答した企業の割合(71.3%)をかけた数値として通達で定めたもの

資料出所:厚生労働省「労働者派遣法第30条の4第1項の規定に基づく労使協定(イメージ)」
※令和2年12月4日公表版」別表3を一部加工

図表6-13 **協定対象派遣労働者の退職手当の額の設定例**

勤続年数		3年 以上 5年 未満	5年 以上 10年 未満	10年 以上 15年 未満	15年以上 25年未満	25年以上 35年未満
支給月数	自己都合 退職	1.0	3.0	7.0	10.0	16.0
	会社都合 退職	2.0	5.0	9.0	12.0	18.0

資料出所:厚生労働省「労働者派遣法第30条の4第1項の規定に基づく労使協定(イメージ)」
※令和2年12月4日公表版」別表4

す(図表6-13)。

　なお、退職金の支給月数に乗じる算定基礎額は、基本給だけの場合や手当を含む場合などさまざまで、会社によって異なることが多いですが、一般退職金と比較する際は、各会社の算定基礎額に労使協定における勤続年数別の支給月数を乗じて得た額を「退職時の所定内賃金」で除して得た支給月数と「一般退職金における勤続年数別の支給月数」とを比較することになります。当該「退職時の所定内賃金」とは、所定労働時間に対して支払われる賃金であり、基本給、業績給、勤務手当、奨励手当

（精皆勤手当）、生活手当、その他の諸手当等をいい、通勤手当、所定外賃金（時間外手当、深夜手当、休日出勤手当等）および賞与は除かれます。

選択肢②は、一般基本給・賞与等の額に６％以上を乗じて得た額（１円未満の端数切り上げ）を前払い退職金として支払う方法です。この場合、労使協定においては、図表6−8の場合に加えて前払い退職金上乗せ後の一般の労働者の時給額を記載（図表6−14内「3」）し、当該上乗せ後の時給額と同等以上の時給額を協定対象派遣労働者の時給額として設定することになります。

選択肢③は、中小企業退職金共済制度、確定給付企業年金、確定拠出

図表6−14 **退職金前払いによる方法をとる場合の労使協定への記載例**

【退職金（退職金前払いの方法）や通勤手当を合算する場合の記載例】

| | | | 基準値および基準値に能力・経験調整指数を乗じた値 | | | | | | |
			0年	1年	2年	3年	5年	10年	20年
1	プログラマー	通達に定める賃金構造基本統計調査	1,253	1,464	1,571	1,623	1,714	1,972	2,466
2	地域調整	北海道92.2	1,156	1,350	1,449	1,497	1,581	1,819	2,274
3	退職金（6%）上乗せ後		1,226	1,431	1,536	1,587	1,676	1,929	2,411
4	通勤手当（74円）上乗せ後		1,300	1,505	1,610	1,661	1,750	2,003	2,485

［注］ 一般基本給・賞与等を算出した結果、1円未満の端数が生じた場合、その時点で、当該端数を切り上げることが必要。また、一般基本給・賞与等に6％を乗じ、1円未満の端数が生じた際も当該端数の切り上げが必要。
（例：0年目の場合）
1,253円×0.922＝1,156円（1155.266）
1,156円×1.06＝1,226円（1225.36）

資料出所：厚生労働省「労働者派遣法第30条の4第1項の規定に基づく労使協定（イメージ）※令和2年12月4日公表版」別表1内の表を一部加工

年金等に加入し、一般基本給・賞与等の額に６％以上を乗じて得た額（１円未満の端数切り上げ）を掛け金として拠出するという方法です。

そのほか、一般基本給・賞与等の額の６％の額と掛け金との差額について、退職金前払いの方法により対応することもできます。

[3]内容変更時の情報提供義務

派遣先の通常の労働者との均等・均衡待遇を提供する場合（前述１[1]）と労使協定で定める以上の待遇を提供する場合（前述１[2]）のいずれであっても、派遣先は、提供した情報に変更が生じたときは、遅滞なく、変更した情報を派遣元にあらためて提供しなければなりません（労働者派遣法26条10項）。

[4]追加情報の提供その他の協力配慮義務

派遣元が合理的な待遇を派遣労働者に提供する義務、派遣労働者に対して教育訓練等を行う義務、派遣労働者への説明を行う義務を適切に遂行できるよう、派遣先は、派遣元の求めに応じ、派遣先の従業員に関する情報、派遣労働者の業務遂行状況その他の情報を提供するなど、必要な協力をするよう配慮しなければならないとされています（労働者派遣法40条５項）。

[5]派遣料金の交渉における配慮

派遣先は、派遣元が合理的な待遇を派遣労働者に提供できるよう、派遣料金の額について、配慮することが義務付けられています（労働者派遣法26条11項）。例えば、派遣元から要請があるにもかかわらず、派遣先が派遣料金の交渉に一切応じない場合や、派遣元が労働者派遣法30条の３または30条の４第１項に基づく賃金を確保するために必要な額を派遣先に提示した上で派遣料金の交渉を行ったにもかかわらず、派遣料金が当該額を下回る場合には、配慮義務を尽くしたとは解されません。

2 ▶ 派遣労働者に対する説明義務の強化

　労働者派遣法では、派遣労働者に対する待遇に関する説明義務が強化されています。派遣元は、労働者を派遣労働者として雇い入れようとする時（雇入れ時）、また、労働者派遣をしようとする時（派遣時）に、派遣労働者に対して、労働条件に関する一定の事項を明示するとともに、不合理な待遇差を解消するために講ずることとしている措置の内容を説明することが求められます（労働者派遣法31条の2第2項、3項）。

　明示・説明すべき事項として新たに規定された事項は、図表6−15のとおりです。また、図表6−15のうち「労働条件について」は文書

図表6−15 雇入れ時・派遣時の労働条件に関する明示・説明事項

区　分	雇入れ時	派遣時
労働条件について	・昇給の有無 ・退職手当の有無 ・賞与の有無 ・労使協定の対象となる派遣労働者であるか否か（対象である場合、労使協定の有効期間の終期） ・派遣労働者から申し出を受けた苦情の処理に関すること	・賃金の決定等に関する事項（退職手当および臨時に支払われる賃金以外） ・休暇に関する事項 ・昇給の有無 ・退職手当の有無 ・賞与の有無 ・労使協定の対象となる派遣労働者であるか否か（対象である場合、労使協定の有効期間の終期）
待遇に関する措置について	・「派遣先均等・均衡方式」により講ずることとしている措置の内容 ・「労使協定方式」により講ずることとしている措置の内容 ・職務の内容、職務の成果、意欲、能力または経験その他の就業の実態に関する事項を勘案してどのように賃金[注2]を決定するか	

［注］1　厚生労働省作成のパンフレットの図表を参考に作成した。
　　2　職務の内容に密接に関連して支払われる賃金以外の賃金（例えば、通勤手当、家族手当、住宅手当、別居手当、子女教育手当）は除く。

の交付、ファックス、電子メール等により明示することができます（労働者派遣法施行規則25条の15）が、「待遇に関する措置について」は書面を活用して説明することが基本になっています（労働者派遣法施行規則25条の18）。

　さらに、派遣労働者の求めに応じた比較対象労働者との間の待遇の相違の内容および理由等の説明が義務となっています（労働者派遣法31条の2第4項）。

[1]派遣先均等・均衡方式の場合
(1)待遇の相違内容
　次の①および②の事項を説明しなければなりません。

①派遣労働者および比較対象労働者の待遇のそれぞれを決定するに当たって考慮した事項の相違の有無

②「派遣労働者および比較労働者の待遇の個別具体的な内容」または「派遣労働者および比較対象労働者の待遇の実施基準」

(2)待遇の相違理由
　派遣労働者および比較対象労働者の職務の内容、職務の内容および配置の変更の範囲その他の事情のうち、待遇の性質および待遇を行う目的に照らして適切と認められるものに基づき、待遇の相違の理由を説明しなければなりません。

[2]労使協定方式の場合
　協定対象派遣労働者の賃金が、次の内容に基づき決定されていることについて説明しなければなりません。

・派遣労働者が従事する業務と同種の業務に従事する一般労働者の平均的な賃金の額と同等以上であるものとして労使協定に定めたもの

・労使協定に定めた公正な評価
　協定対象派遣労働者の待遇（賃金、労働者派遣法40条2項の教育訓

練および同条３項の福利厚生施設を除く）が、派遣元事業主に雇用される通常の労働者（派遣元事業主を除く）との間で不合理な相違がなく決定されていること等について、派遣先均等・均衡方式の場合の説明内容に準じて説明しなければなりません。

3 ▶ 適正な就業の確保等

前述のとおり、派遣労働者は派遣先において職務を遂行することから、現行の労働者派遣法では、就業に関する派遣先の義務についても、図表６−１６のとおり旧法より強化されています。

図表6−16 **就業に関する派遣先の義務**

区 分	旧法	現行法
①派遣労働者と同種の業務に従事する派遣先の従業員に対して、業務の遂行に必要な能力を付与するために実施する教育訓練	実施するよう**配慮する義務**	実施するなど必要な措置を**講じる義務**[注]
②給食施設、休憩室、更衣室	利用の機会を与えるよう**配慮する義務**	利用の機会を**与える義務**
③その他の就業環境維持、診療所等の利用に関する便宜	必要な措置を講じるよう**努力する義務**	必要な措置を講じるよう**配慮する義務**

［注］ 教育訓練については、派遣元から求めがあった場合に限られるとともに、①派遣元において同様の教育訓練を実施済みまたは実施可能な場合や、②当該派遣労働者が必要な能力を既に有している場合には義務を負いません。

4 ▶ 紛争解決

旧法では、特に派遣労働者と派遣先の間の紛争について、裁判外での迅速かつ簡易な紛争解決のための手続きは存在しませんでしたが、現行法では、労働者派遣に関し、労働局における紛争解決援助および調停の手続きが新設され（労働者派遣法47条の5）、事案に応じて、裁判所における手続きと裁判外の手続きを選択することが可能となりました。

5 ▶ 違反時の制裁

以下の派遣先の義務に関しては、派遣先が、違反について、労働局の勧告を受けたにもかかわらず、勧告に従わなかった場合には、企業名公表が行われる可能性があります（労働者派遣法49条の2）。

①労働者派遣契約締結前の情報提供義務（前述1 [1] および [2]）
②教育訓練実施等の義務（図表6−16①）
③給食施設、休憩室、更衣室の利用機会提供義務（図表6−16②）

6 ▶ 今後の対応

派遣先が最も大きな影響を受ける点は、労働者派遣契約締結前の情報提供義務（前述1 [1] および [2]）であると思われ、前述のとおり、派遣元において、労使協定が締結されているか否かで、派遣先が提供する必要がある情報が全く異なるため、派遣先が、労使協定の対象となる派遣労働者のみを受け入れることを希望する場合が多いといえます。

　もっとも、賃金構造基本統計調査や職業安定業務統計によれば、製造派遣や事務派遣は、一般の正社員よりも賃金額が低くなっているところ、労使協定方式の場合、「派遣労働者が従事する業務と同種の業務に従事する一般労働者の平均的な賃金の額と同等以上の賃金額」を求められることになるため、製造派遣や事務派遣において労使協定方式を採用した場合、派遣料金が値上がりすることが多くなります[71]。派遣先としては、派遣料金が高くなっても受け入れるのか、それとも直接雇用するのか、または請負契約に切り替えることが選択肢としてあり得ます。ただし、直接雇用する場合でも有期の場合は5年の無期転換権の発生を見据えて、無期雇用の制度を整備する必要がありますし、請負契約に切り替える場合は、いわゆる偽装請負の問題に留意する必要があります。

---

[71] 実際に約9割の事業所が労使協定方式を採用しています（第308回労働政策審議会職業安定分科会労働力需給制度部会資料の調査［2020年10月14日]）。

同一労働同一賃金対応・チェックリスト

※厚生労働省公表の自主点検表を一部修正して作成

【派遣元】

[1]　派遣先均等・均衡方式

□	派遣先から、比較対象労働者の待遇に関する情報提供を受けている	**1**　[1]
□	比較対象労働者の情報を踏まえ、均等待遇または均衡待遇のいずれかにより、派遣先に雇用される通常の労働者と派遣労働者との不合理な待遇差を解消している	**1**　[1]
□	派遣労働者の雇入れ時、派遣時または派遣労働者から求めがあった場合に待遇に関する明示や説明を適切に行っている	**2**　前文 図表6-15 **2**　[1]
□	労働者派遣契約書や派遣元管理台帳等において、新たに記載事項となった項目（「責任の程度」や「協定対象派遣労働者に限定するか否かの別」等）を記載している ※詳細は、厚生労働省ホームページに各書類の記載例が掲載されています	——
□	毎年度、原則6月末までに、都道府県労働局へ労働者派遣事業報告書を提出している	——
□	労使協定を締結しているか否かについて、派遣労働者や派遣先等へ情報提供を行っている	**1**　本文

[2] 労使協定方式

☐	過半数組合または過半数代表者との間において、書面により労使協定を締結している	**1** [2]
☐	労使協定を適切な締結単位（「派遣元事業主単位」または「労働者派遣事業を行う事業所単位」）で締結している	——
☐	労使協定において必要な事項を定めている	図表6−6
☐	労使協定で定めた事項の遵守や公正な評価の取り組みを行っている	**1** [2]
☐	派遣労働者の賃金の決定方法について、同種の業務に従事する一般の労働者の平均的な賃金の額と同等以上となるよう労使協定に記載している	**1** [2]
☐	派遣先から、比較対象労働者の待遇に関する情報提供を受けている	**1** [2]
☐	派遣労働者の雇入れ時、派遣時または派遣労働者から求めがあった場合に待遇に関する明示や説明を適切に行っている	**2** 前文 図表6−15 **2** [2]
☐	労働者派遣契約書や派遣元管理台帳等において、新たに記載事項となった項目（「責任の程度」や「協定対象派遣労働者に限定するか否かの別」等）を記載している ※詳細は、厚生労働省ホームページに各書類の記載例が掲載されています	——
☐	毎年度、原則6月末までに、都道府県労働局へ労使協定を添付（労使協定で引用または参照している場合には当該労働協約、就業規則、賃金規程等も添付）して労働者派遣事業報告書を提出している	**1** [2]
☐	労使協定を締結しているか否かについて、派遣労働者や派遣先等へ情報提供を行っている	**1** 本文

【派遣先】

☐	派遣元に対し、比較対象労働者の待遇情報または労働者派遣法40条2項に基づく教育訓練等に関する情報を提供している	**1**[1] **1**[2]
☐	労働者派遣契約書や派遣先管理台帳において、新たに記載事項となった項目（「責任の程度」や「協定対象派遣労働者に限定するか否かの別」等）を記載している ※詳細は、厚生労働省ホームページに各書類の記載例が掲載されています	——
☐	派遣料金の額について、派遣元において【派遣先均等・均衡方式】または【労使協定方式】による待遇改善が行われるよう配慮している	**1**[5]
☐	派遣元から求めがあった場合に、労働者派遣法40条2項に基づく教育訓練を実施する等必要な措置を講じている（ただし、派遣元が実施可能な場合等を除く）	——
☐	派遣先の労働者が利用する給食施設、休憩室および更衣室の福利厚生施設について、派遣労働者に対しても利用の機会を与えている	——
☐	労働者派遣法40条4項に基づき、派遣先が設置・運営し、派遣先の労働者が通常利用している物品販売所、病院等の施設の利用に関する便宜の供与の措置を講ずるように配慮している	——
☐	労働者派遣法40条5項に基づき、派遣元から求めがあった場合には、派遣先に雇用される労働者に関する情報、派遣労働者の業務の遂行状況その他の情報であって必要なものを提供する等、必要な協力をするよう配慮している	——

第 7 章

違法状態の是正

第4章「『不合理』と判断されないために（短時間・有期雇用労働者）」では、各待遇の項目ごとに、不合理性の判断に関するポイントを検討しましたが、本章では、仮に「不合理な待遇差」が認められた場合に、どのようにその是正（解消）を図っていくかについて検討します。

1 ▶ 待遇差是正に向けた各社の動き

正規従業員と非正規従業員の待遇差の是正に向けた動きは既に始まっており、新聞等で報道されていた各社の対応例としては、以下のようなものがあります（社名五十音順）。

- イケアジャパン：2014年に非正社員・正社員の雇用区分を廃し、すべての社員をコワーカーとして、同一労働同一賃金を実現。すべてのコワーカーで同一の福利厚生を適用等
- エフコープ生活協同組合：2016年10月から、同じ仕事であれば雇用形態にかかわらず賃金の時間単価をそろえる賃金制度を導入。福利厚生制度も原則同じに
- オークワ（小売・スーパー）：契約社員にも正社員同様の慶弔休暇を与える（時期不明）
- クレディセゾン：2017年9月から総合職正社員、専門職正社員、メイト社員の社員区分を撤廃し、アルバイトを除く全員を正社員として無期雇用化。職務給制度を導入し、同一労働同一処遇を実現
- そごう・西武：契約社員に確定拠出年金制度を新設（2018年）
- ドトールコーヒー：非正規従業員向けの退職金制度を導入（2017年）
- 日本通運：2019年4月から支社で働く非正規の賃金体系を正社員と同様に
- 日本郵政グループ：年始勤務手当を非正規社員にも支給。ボーナスも上積み支給（2018年）

- ブリヂストン：契約社員に、正社員と同水準の夜勤手当の支給を開始（2018年10月）
- ヤマト運輸：2018年5月から新規採用する運転手はすべて正社員として採用

　また、厚生労働省作成の「不合理な待遇差解消のための点検・検討マニュアル」にも各社の対応事例が紹介されています。

　もっとも、これらの対応を行った各社において、以前存在した待遇差が法的に見て「違法」な状態にあったのか（それとも、違法［不合理］とまではいえない待遇差にとどまっていたのか）は必ずしも分からないところであり、違法レベルに達していない待遇差について是正を図っている可能性も十分考えられるところです。

2 ▶ 違法状態の是正

[1]待遇（労働条件）の変更による違法状態の是正

　正規従業員と非正規従業員との間の違法な待遇差を是正する方法としては、

①非正規従業員の待遇を改善する

②正規従業員の待遇を引き下げる

③非正規従業員を正規従業員化する

といった、正規従業員または非正規従業員の待遇（労働条件）を変更する方法によることが考えられます。この①～③の方法や、後述［2］で述べる職務内容等の見直しは、違法状態是正のための手段として、どれか一つの手法しか取り得ないものではなく、実際には、幾つかの手法を併用しつつ、全体として、是正を図ることも検討に値します。

　正規従業員または非正規従業員の待遇（労働条件）を変更する方法により、違法な待遇差を是正する場合の法律上ないし実務上の留意点は、

以下のとおりです。

　なお、以下の留意点は、「違法」レベルに達していない待遇差の是正についても同様に当てはまるものです。

（1）非正規従業員の待遇改善

　違法な待遇差を是正する方法として、非正規従業員の待遇を改善することが考えられます。

　この場合の改善のレベルとしては、①非正規従業員の待遇を正規従業員の待遇と全く同一のレベルにまで引き上げることもあり得ますが、そこまではせず、②待遇の格差は残しつつも、職務の内容の違い等からして不合理とは評価されない（であろう）レベルまで非正規従業員の待遇改善を図るということも考えられるところです。

　違法な待遇差是正のため、非正規従業員の待遇改善を図ることは、労働者側としては望ましい是正方法といえるでしょう。

　もっとも、非正規従業員の待遇を改善する形で待遇差是正を図るためには、多くの場合、人件費の増加を伴うことから、会社側としては、その分の財源を確保する必要があります。

　財源確保の方法としては、さまざまな方法が考えられ、各社ごとの企業努力が必要になりますが、例えば、以下のようなものがあります。

　まず、人件費を削減することです。人件費の削減方法もさまざま考えられるところですが、例えば、不要な長時間労働を減らして、残業代を削減することで財源を捻出することが考えられます。そして、長時間労働を減らす方法としては、業務や役割の見直しを行い、業務の効率化を図ったり、残業の事前申告制を徹底したり、ノー残業デーを導入するなどして、不要な残業を抑制したりすることのほか、特殊な労働時間制（変形労働時間制、裁量労働制等）を有効活用して、割増賃金の支払い対象となる労働時間数を減らすことも一つの方法です。また、人件費の削減のため、希望退職者の募集などの人員削減策を適法に実施することも考えられるでしょう。後述（2）の不利益変更の問題が生じますが、正規

従業員の賃金を有効に一部切り下げた上で、その分を非正規従業員の待遇改善に回すことも一方法です。

その他の財源確保の手段としては、人件費以外の費用項目を削減したり、近年の日本企業において増加傾向にある企業の内部留保を賃金原資に回すことにより、労働分配率を上げたり、製品・サービスの価格を引き上げて賃金原資としたりすることなども有効な手段であると指摘されています[72]。

また、このほかのものとしては、国の「キャリアアップ助成金」制度（非正規従業員の企業内でのキャリアアップ等を促進するため、正規従業員化や処遇改善の取り組みを実施した事業主に対して助成する制度）を利用することも考えられます。「キャリアアップ助成金」は、現時点では、以下のような七つのコースが設けられており、例えば、下記2、4、5のコースを利用して、その助成金を非正規従業員の待遇改善のための財源の一部とすることも考えられるところです。

「キャリアアップ助成金」（厚生労働省ホームページより抜粋）

1　有期契約労働者等の正規雇用労働者・多様な正社員等への転換等を助成する「正社員化コース」

2　有期契約労働者等の賃金規定等を改定した場合に助成する「賃金規定等改定コース」

3　有期契約労働者等に対し、労働安全衛生法上義務付けられている健康診断以外の一定の健康診断制度を導入し、適用した場合に助成する「健康診断制度コース」

4　有期契約労働者等に関して、正規雇用労働者と共通の職務等に応じた賃金規定等を新たに作成し、適用した場合に助成する「賃金規定等共通化コース」

---

72 水町勇一郎『「同一労働同一賃金」のすべて』123ページ（2018年、有斐閣）

5　有期契約労働者等に関して、正規雇用労働者と共通の諸手当に関する制度を新たに設け、適用した場合に助成する「諸手当制度共通化コース」

6　労使合意に基づき社会保険の適用拡大の措置を講じ、新たに被保険者とした有期契約労働者等の基本給を増額した場合に助成する「選択的適用拡大導入時処遇改善コース」

7　短時間労働者の週所定労働時間を5時間以上延長または労働者の手取り収入が減少しないように週所定労働時間を1時間以上5時間未満延長し、新たに社会保険に適用させることに加えて賃金規定等改定コースまたは選択的適用拡大導入時処遇改善コースを実施した場合に助成する「短時間労働者労働時間延長コース」

※より詳細な内容は、第8章Q9（273ページ）参照。

（2）正規従業員の待遇の引き下げ（不利益変更）

　待遇差是正の方法としては、非正規従業員の待遇を改善するのではなく、正規従業員の待遇を引き下げる形で、不合理な待遇差を解消することも考えられます。非正規従業員の待遇改善のために必要な財源をどうしても確保できないとして、やむを得ずこのような方法をとらざるを得ないという会社もあるでしょう。

　もっとも、正規従業員の待遇の引き下げは無制限に許されるものではなく、基本的には、①労働者の個別の同意を得るか、②（合理性のある）就業規則の変更によって実現する必要があります。

　この点に関し、ガイドラインは、「雇用する労働者の労働条件を不利益に変更する場合」、労働契約法9条に基づき「原則として、労働者と合意する必要がある」こと、また、変更は、同法10条の規定に基づき「当該変更に照らして合理的なものである必要がある」との就業規則の不利益変更に関する法規制に言及しながら、「労使で合意することなく通常の労働者の待遇を引き下げることは、望ましい対応とはいえない」「待

遇の体系を、労使の話合いにより、可能な限り速やかに、かつ、計画的に構築していくこと」が、同一労働同一賃金の実現には望ましいとの考え方を示しています。

①個別同意の取得

　労働者の労働条件を不利益に変更するに当たっては、原則として、労働者から個別に同意を得る必要があります（労働契約法8条）。

　したがって、不合理な待遇差是正のために正規従業員の労働条件を引き下げるに当たっても、これを実現するために、正規従業員から個別に同意を取得することが考えられます。

　この際の実際のプロセスとしては、後になって同意の有無を争われることがないように、同意の書面を得ることが重要になりますが、それだけでなく、労働者は会社に対して従属的な立場にあることから、少なくとも、就業規則に定められた賃金や退職金に関する労働条件の不利益変更の場合には、同意書への署名押印等の当該変更を受け入れる旨の労働者の行為があるとしても、これをもって直ちに労働者の同意があったと認めることは相当でなく、「労働者の自由な意思に基づいてされたものと認めるに足りる合理的な理由が客観的に存在するか否か」という観点からも、同意の有無を判断すべきと解されています（山梨県民信用組合事件　最高裁二小　平28.2.19判決）。この具体的な判断に当たっては、①当該変更により労働者にもたらされる不利益の内容および程度、②当該変更を受け入れる旨の労働者の行為（同意書への署名押印等）がされるに至った経緯および態様、③当該行為に先立つ労働者への情報提供または説明の内容等という各要素に係る諸般の事情を総合的に考慮して判断されます。

　したがって、同意を取得する際には、事前に、労働条件を引き下げる理由・必要性等についてもきちんと説明した上で、同意（書）を取り付けること（加えて、その説明内容等についての証拠も残すこと）が重要です。また、丁寧な説明は、少しでも従業員の納得を得て、紛争化を事

実上防止するためにも大事なステップです。

他の留意点としては、労働者から個別の同意を有効に得た場合であっても、就業規則に定める労働条件を下回る合意は労働契約法12条により無効となり、無効となった部分は就業規則で定める基準によることになります（いわゆる就業規則の最低基準効）。したがって、引き下げる労働条件や就業規則の内容によっては、労働者から個別の同意を得るだけでなく、併せて、必要な就業規則の改定を行う必要もある点には注意が必要です。

なお、労働組合が存在する会社においては、労働組合と協議し、労働協約を締結することで、労働条件の不利益変更を実現することも考えられます（そもそも、労働協約で定められている労働条件を不利益に変更する場合には、労働者から個別の同意を得たとしても、それだけでは足りず、労働組合と協議して労働協約を変更する必要があります ［労働組合法16条]）。

ただし、非組合員については、一つの事業場において常時使用される同種の労働者の４分の３以上の労働者が労働協約の適用を受けるようになり、労働組合法17条（いわゆる労働協約の一般的拘束力）により労働協約の適用が及ばない限り、労働協約による労働条件の不利益変更の効力は及びません。そのため、非組合員や他の労働組合の組合員[73]、労働組合法２条ただし書き１号に該当する監督的地位にある者等のように、労働協約の効力が及ばない従業員がいる場合には、労働組合と労働協約を締結するだけでは足りず、その従業員から個別の同意を得るか、後述の就業規則の変更を行うことにより、労働条件の不利益変更を有効に行う必要があります。

---

[73] 労働協約の一般的拘束力が少数組合に及ぶかどうかについては、学説・裁判例ともに肯定・否定両説に分かれています（菅野和夫『労働法（第12版）』944ページ [2019年、弘文堂]）。

②就業規則の不利益変更

　待遇の不利益変更については、従業員や労働組合から反発や抵抗が示されることが予想され、その同意を得ることは必ずしも容易ではありません。

　そのため、従業員や労働組合からの同意（合意）を得られない場合には、就業規則の変更により、待遇（労働条件）の不利益変更を実施することが考えられます（例えば、就業規則に定める手当の廃止、手当の金額の減額等）。

　もっとも、就業規則の変更による労働条件の不利益変更は、「変更後の就業規則を労働者に周知させ、かつ、就業規則の変更が、労働者の受ける不利益の程度、労働条件の変更の必要性、変更後の就業規則の内容の相当性、労働組合等との交渉の状況その他の就業規則の変更に係る事情に照らして合理的なものである」との要件を満たした場合に限り認められます（労働契約法10条）。

　そして、就業規則の不利益変更に係る合理性の判断に関しては、判例は、「特に、賃金、退職金など労働者にとって重要な権利、労働条件」の不利益変更については、当該条項が「高度の必要性に基づいた合理的な内容のもの」でなければならないとして、高度の業務上の必要性を要求する傾向にあります（第四銀行事件　最高裁二小　平9.2.28判決等）。

　加えて、働き方改革関連法案に対する参議院の附帯決議では、同一労働同一賃金は、非正規雇用労働者の待遇改善によって実現すべきであり、各社の労使による合意なき通常の労働者の待遇引き下げは、基本的には法改正の趣旨に反するとともに、労働条件の不利益変更法理にも抵触する可能性があるとされており、同様の内容はガイドラインにも盛り込まれています。また、正規労働者の労働条件を引き下げて対応をしようとしている事実は、改正法の趣旨に反するものとして、変更後の就業規則の内容の相当性（または「その他の……事情」）の点で合理性を否定す

る要素として考慮されると解されるとの指摘もあります[74]。

　同一労働同一賃金原則に基づく格差是正のための不利益変更について、その有効性が争われた裁判例は今のところ存在しませんが、同一労働同一賃金原則の実現という目的であっても、正規従業員の待遇を引き下げる形の就業規則の不利益変更は、仮にその有効性を争われた場合には、有効と認められるハードルは高い（賃金を引き下げる場合はより一層高い）と認識しておく必要があるでしょう。

　そのため、やむを得ず、正規従業員の賃金を引き下げる場合には、会社が従業員に対して支給する賃金原資総額は減らさずに賃金の再分配を行うとともに、代償措置や経過措置等、正規従業員が負う不利益を緩和するための措置を講じたり、労働組合や労働者にも丁寧に説明を行い、真摯に協議等を行って内容を決めていくことが重要となると考えられます。また、そもそも、賃金原資を他から確保し、正規従業員の待遇を引き下げることなしに、非正規従業員の待遇を改善する方向での是正が困難である理由についても具体的にかつ十分に整理しておく必要があるでしょう。

　なお、2018年、日本郵政グループは、春闘において日本郵政グループ労働組合（JP労組）から、「同一労働同一賃金」の観点から非正規従業員の処遇改善の要求を受け、非正規従業員に対して、それまで支給されていなかった年始勤務手当を支給などする一方で、転居を伴う異動の発生しない正社員（約5000人）に支給していた住宅手当を廃止するという対応をしましたが、その際は、10年という長期の経過措置期間を設け、現支給額の10％を毎年減らす形で住宅手当の廃止を行っています。また併せて、非正規従業員への病気休暇の付与日数増加、時給社員の年間賞与の引き上げなどの非正規従業員の待遇改善が図られています。

---

[74] 水町勇一郎『「同一労働同一賃金」のすべて』124ページ（2018年、有斐閣）

（3）非正規従業員の待遇改善（正規従業員化）

（1）で説明した非正規従業員の待遇改善の一種であるとも考えられますが、現在のところ、正規従業員間の待遇差について規定する法律はないことから、非正規従業員を正規従業員化し、非正規従業員ではなくすることで、「非正規従業員と正規従業員との待遇差」という問題を解消することも考えられます（ただし、正規従業員間であっても公序良俗違反等が問題となり得る点については、第8章Q1［264ページ］参照）。

もっとも、労働者本人の意思を無視して、会社側の一方的な意思表示等によって、非正規従業員を正規従業員化することはできませんので、正規従業員化をするためには、労働者本人の真意による同意が必要となります。正規従業員化した後、どのような労働条件（待遇）となるのかにもよるところであり、特にパート等の短時間労働者については、正規従業員化を希望しない者も一定数いると考えられます。そのため、会社としては、非正規従業員の正規従業員化を図るにしても、正規従業員化を希望しない従業員が一定数残る可能性があることに留意するとともに、フルタイム労働者等とは異なる働き方を希望する非正規従業員のニーズを踏まえて、正規従業員化した場合の労働条件（待遇）を検討・設定する必要があるといえます。

［2］職務内容等の見直し

違法な待遇差を是正する方法としては、前述［1］のように報酬制度や労働条件を変更するのではなく、現状の報酬制度や労働条件は基本的に維持した上で、違法な待遇差と評価されないように、正規従業員および非正規従業員が担う職務の内容や人材活用の仕組みなどを見直すということも考えられます。

そのためには、会社内の各組織において、どのような職務内容・役割等があるのかを明らかにした上で、正規従業員と非正規従業員とで担うべき職務内容・役割等を明確に分ける必要があります。

正規従業員や非正規従業員の職務内容を明らかにするためのツールとしては、「職務分析・職務評価」があり、厚生労働省が作成した「職務評価を用いた基本給の点検・検討マニュアル」[75](2019年)、「職務分析実施マニュアル」[76](2015年)、「職務分析・職務評価実施マニュアル」[77](2011年)や厚生労働省が開設している「職務分析・職務評価導入支援サイト」[78]が参考になります[79]。

　もっとも、正規従業員と非正規従業員とで職務内容等を分離しさえすれば、待遇差の存在が当然に是認されるものではありません。

　この点に関しては、ガイドラインも、「通常の労働者と短時間・有期雇用労働者等との間で職務の内容等を分離した場合であっても、通常の労働者と短時間・有期雇用労働者等との間で不合理な待遇の相違等を解消する必要がある」（要旨）と示しているところです。これは、正規従業員と非正規従業員との間で、形式的に職務内容等を分離（区別）したとしてもそれだけでは不合理な待遇差の解消策とはならず、あくまでも職務内容等の実質的な相違から待遇差が合理的であると考えられるか否かが問われることになる、という趣旨です。したがって、職務内容等を分離すれば足りるものではなく、職務内容等の相違と、報酬項目や報酬水準等の相違とが整合しているかどうか（不合理な待遇差が生じていな

---

75 https://www.mhlw.go.jp/content/000496880.pdf

76 https://www.mhlw.go.jp/bunya/koyoukintou/pamphlet/dl/parttime140731.pdf

77 https://www.mhlw.go.jp/bunya/koyoukintou/parttime/dl/zentai.pdf

78 https://part-tanjikan.mhlw.go.jp/estimation/

79 職務の大きさを（他の職務と比べて）明確にする「職務評価」の手法としては、①単純比較法（社内の職務を1対1で比較し、職務の大きさが同じか、異なるのかを評価する方法）、②分類法（社内で基準となる職務を選び、詳細な職務分析を行い、作成した「職務レベル定義書」に照らし、職務全体として、最も合致する定義はどのレベルかを判断することにより、職務の大きさを評価する方法）、③要素比較法（あらかじめ定めておいた職務の構成要素ごとに、レベルの内容を定義する。そして、職務を要素に分解し、その要素ごとに最も合致する定義はどのレベルかを判断することにより、職務の大きさを測る方法）、④要素別点数法（要素比較法と同じように、職務の大きさを構成要素ごとに測る方法。測った結果を要素比較法のようにレベルの違いで表すのではなく、要素ごとに点数の違いで表すのが特徴。そのレベルに応じた点数をつけ、その合計点で職務の大きさを評価する）があるとされています。

いか）にも留意する必要があります。

　なお、正規従業員と非正規従業員とで職務内容等を区別した場合で
あっても、例えば、正規従業員の人員不足等により、本来正規従業員が
担うべき職務・役割を非正規従業員が一時的に担わざるを得ない場面も
実際には出てくると考えられます。会社としては、そのような場合に備
えて、当該職務等に相応する手当を非正規従業員に特別に支給できるよ
うにするなど、イレギュラーな事態においても不合理な格差が生じない
仕組みを検討・構築しておいたほうがいいでしょう。

[3]ガイドラインが示す不適切な是正方法

　なお、ガイドラインは、以下のような手法では不合理な待遇差は解消
されないとの考え方を示しており、少なくとも企業としては、この二つ
の手法またはそれに類似する方法をとるべきではないと考えられます。

（1）待遇水準の低い通常の労働者を設けること

　ガイドラインは、「雇用管理区分を新たに設け、当該雇用管理区分に
属する通常の労働者の待遇の水準を他の通常の労働者よりも低くしたと
しても、当該他の通常の労働者と短時間・有期雇用労働者等との間でも
不合理な待遇の相違等を解消する必要がある」（要旨）としています。
つまり、非正規従業員の待遇の相違等を解消しようとして、低い待遇の
正規従業員を新たに創出したとしても、不合理な待遇差の解消策とはな
らず、すべてのタイプの正規従業員との間で不合理な待遇差の解消等が
求められることが明確にされています。

（2）不合理な待遇の相違等が残る形での職務内容等の分離

　この点については、前記[2]で述べたとおりですが、ガイドラインは、
「通常の労働者と短時間・有期雇用労働者等との間で職務の内容等を分
離した場合であっても、通常の労働者と短時間・有期雇用労働者等との
間で不合理な待遇の相違等を解消する必要がある」（要旨）としています。
これは、正規従業員と非正規従業員との間で、形式的に職務内容等を分

離（区別）したとしてもそれだけでは不合理な待遇差の解消策とはならず、あくまでも職務内容等の実質的な相違から待遇差が合理的であると考えられるか否かが問われることになる、という趣旨であり、待遇差是正を図るに当たっては、この点にも留意する必要があります。

3 ▶ 待遇差是正に向けて

　以上のとおり、待遇差を是正するためには、まずは、個別の項目ごとに、不合理な待遇差の有無を確認した上で、正規従業員または非正規従業員の待遇の変更、あるいは、職務内容等の見直しのいずれか（の組み合わせ）によって是正を図る必要があります。

　是正を図る過程においては、人件費のシミュレーションや、待遇改善のための原資の確保方法についての検討、労働組合や従業員代表者等との協議、就業規則・給与規程の改訂、給与システムの改修、労働者への周知・説明等、対応すべき事項が多数あります。特定の賃金項目の支給基準等を見直すだけでなく、給与制度全体の見直し、あるいは、雇用形態等を含めた人事制度全体の見直しが必要になる場合もあります。

　パート有期法の適用は、大企業において2020年4月1日から既に始まっており、中小企業については2021年4月1日からですが、対応には相当の時間がかかることも想定されるため、早めに専門家に相談することなども検討したほうがよいでしょう。

　なお、国等が提供している支援制度としては、以下のようなものがあります。

●各都道府県設置の「働き方改革推進支援センター」（厚生労働省）
　　中小企業における、非正規雇用労働者の待遇改善、長時間労働の是正、生産性向上による賃金引き上げ等に向けた取り組みを支援。就業規則の作成方法、賃金規程の見直し、労働関係助成金の活用に係る無

料相談等も実施。
- ●厚生労働省

　　正規従業員と非正規従業員の均等・均衡待遇の状況を確認する方法の一つである「職務評価」について、職務評価に関するセミナーの開催、専門的知識を持った職務評価コンサルタントを企業に無料派遣。
- ●各都道府県設置の「よろず支援拠点」（中小企業庁）

　　働き方改革や人事労務管理の専門家でもある「人手不足対応アドバイザー」等を設置。

第 **8** 章

同一労働同一賃金
をめぐるQ&A

「同一労働同一賃金」規制の適用対象

> Q_1 「同一労働同一賃金」規制は、無期雇用労働者同士や有期雇用労働者同士にも適用されますか。

A 旧労働契約法20条（2020年4月1日以降は大企業には適用されませんが、中小企業については、2021年3月31日まで引き続き適用されます）は、有期雇用労働者と無期雇用労働者との間の不合理な格差を禁止する規定であり、パート有期法8条および9条は、有期雇用労働者・短時間（パートタイム）労働者と通常の労働者（無期雇用フルタイム労働者）との間の不合理な格差を禁止する規定であるため、いずれの規定についても無期雇用労働者間の待遇差や有期雇用労働者間の待遇差に対して直接的に適用されることはありません。もっとも、これらの規制が直接的に適用されない場合であっても、事案によっては労働基準法3条・4条等の根底にある均等待遇の理念に反し公序良俗違反（民法90条）と評価される可能性があります。

　すなわち、丸子警報器事件（長野地裁上田支部　平8.3.15判決）では、「同一（価値）労働同一賃金の原則の基礎にある均等待遇の理念は、賃金格差の違法性判断において、ひとつの重要な判断要素として考慮されるべきものであって、その理念に反する賃金格差は、使用者に許された裁量の範囲を逸脱したものとして、公序良俗違反の違法を招来する場合があると言うべきである」と判示されており、この裁判例の考え方を踏まえると、雇用形態を問わず労働者間において均等待遇の理念に反する待遇差があると認められる場合には、公序良俗違反として違法と判断される可能性があると考えることができます。なお、「均等待遇の理念に反する待遇差」の内容に関して具体的な基準は不透明ですが、特に無期転換社員の労働条件が転換前のものと同様で、仮に転換しなければ旧労働契約法20条等で救済されていたようなケースについては、「均等待遇の理念に反する待遇差」として司法的救済が

なされる可能性があるでしょう。

　井関松山製造所事件［控訴審］（高松高裁　令元.7.8判決）は、有期雇用労働者に対する家族手当等の不支給が旧労働契約法20条に違反すると評価された事件です。この事件では、当該有期雇用労働者が労働契約法18条１項の無期転換申込権を行使して、無期雇用者となったものの、無期転換申込権行使前に制定されていた無期転換者用の就業規則に基づき家族手当等が不支給とされていたことに関し、（就業規則が労働条件となるためには、その内容が合理的なものであることを要するとする）「労働契約法７条」の適用との関係で、会社の損害賠償責任を肯定しています。このような裁判例が出ていることにも留意が必要です。

法違反の制裁

> **Q2** パート有期法に定める各規制に違反したらどのような制裁を受けますか。

A　労働基準法に違反した場合のような懲役刑や罰金刑はありませんが、一部の規制について行政から是正勧告を受けたにもかかわらずこれに従わなかった場合には、その旨を公表されることがあります。詳細は、次表を参照してください。

　なお、旧労働契約法20条（2020年４月１日以降は大企業には適用されませんが、中小企業については、2021年３月31日まで引き続き適用されます）に違反した場合であっても、行政から報告徴収、助言、指導、是正勧告を受けることはありません。

条文・規制内容	報告徴収、助言、指導、是正勧告	公表
8条（不合理な待遇の禁止）	○ [注]	×
9条（差別的取り扱いの禁止）	○	○
11条1項（教育訓練）	○	○
12条（福利厚生施設）	○	○
14条（説明義務）	○	○

［注］パート有期法8条は、短時間・有期雇用労働者であることを理由とする不支給など、本条に違反することが明確な場合を除き、パート有期法18条1項に基づく報告徴収、助言、指導および勧告の対象としないものとされています（パート有期法通達）。

ガイドライン違反の場合の制裁

Q₃ 同一労働同一賃金ガイドラインに違反したら、どのような制裁を受けますか。

A 「短時間・有期雇用労働者及び派遣労働者に対する不合理な待遇の禁止等に関する指針（平30.12.28 厚労告430)」（同一労働同一賃金ガイドライン）は、通常の労働者と短時間・有期雇用労働者および派遣労働者との間の不合理な待遇差の禁止等に関する基本的な考え方を明らかにして事業主・労使の取り組みを促す趣旨で作成されたものであるところ、当該基準に違反した待遇差については「不合理と認められる等の可能性がある」にとどまり、裁判所の法的判断を拘束するものではありません。

したがって、本ガイドラインに違反した場合であっても、裁判所で直ちに違法と判断されることはありません。ただし、裁判所が本ガイドラインを踏まえて不合理性の判断を行う可能性は極めて高く、本ガイドラインに沿った内容の判決が出ることは十分に予測できるため、各社においては、本ガイドラインの内容を踏まえた上で検討を進める必要があると考えます。

なお、本ガイドラインはパート有期法の施行時期（原則2020年4

月1日。中小企業については、2021年4月1日）に合わせて適用されますので、施行前の時点で本ガイドラインを守っていないことを理由に、行政指導等の対象になることはありませんが、施行後に本ガイドラインに違反した場合には、行政指導等の対象になることがありますので、ご留意ください。

「賃金」以外への適用の有無

Q4 同一労働同一賃金は、賃金だけに適用されますか。

A 働き方改革関連法による改正後のパート有期法8条では、「短時間・有期雇用労働者の基本給、賞与その他の待遇のそれぞれ」について不合理と認められる相違を設けることを禁止しています。すなわち、「同一労働同一賃金」とはいわばキャッチフレーズにすぎず、休暇制度や福利厚生などの賃金以外の労働条件にも広く適用されます。

　私法的効力を拘束するものではありませんが、労働契約法20条改正時の通達においても、「法第20条の『労働条件』には、賃金や労働時間等の狭義の労働条件のみならず、労働契約の内容となっている災害補償、服務規律、教育訓練、付随義務、福利厚生等労働者に対する一切の待遇を包含するものであること」との行政解釈が示されています（平24.8.10　基発0810第2）。

退職金・企業年金制度の有期雇用者への適用

Q5 退職金制度・企業年金制度は、有期雇用の従業員には適用しなくてもよいでしょうか。

A メトロコマース事件［上告審］（最高裁三小　令和2.10.13判決）では、無期雇用の従業員と有期雇用の従業員との間の労働条件の相違

が退職金の支給に係るものであっても、旧労働契約法20条にいう「不合理と認められるものに当たる場合はあり得る」とされており、有期雇用の従業員であるからといって直ちに退職金制度の対象外とすることが認められるものではありません。この点は、退職金制度と同一の趣旨に基づいて実施される企業年金制度にも同様に妥当するものと考えられます。

退職金に関する裁判例の傾向等については、第4章の**4**（175ページ参照）に記載したとおりですが、実務上の対応としては、非正規従業員を退職金制度・企業年金制度の対象外とすることは認められないと判断される可能性も視野に入れて、支給条件となる勤続年数の下限を引き上げるなど、既存の退職金制度・企業年金制度の内容を見直すことも一考に値します。

なお、企業年金制度（確定給付企業年金制度・確定拠出年金制度）については、厚生年金保険の被保険者は原則として加入者となるものとされています。

例外的に、規約において、①職種、②勤続期間、③年齢、④希望する者または⑤休職等期間中でない者（確定給付企業年金制度のみ）を基準として加入者の範囲を限定する（一定の資格を定める）ことも認められていますが、その場合には、特定の者について不当に差別的でないことが承認の条件とされています(確定給付企業年金法4条4号、5条1項2号、「確定給付企業年金制度について」[平14.3.29　年発0329008]、確定拠出年金法3条3項6号、4条1項2号、「確定拠出年金制度について」[平13.8.21　年発213])。

そして、確定拠出年金制度については、一定の①職種または②勤続年数に係る資格を設ける場合には、これにより制度対象外となる従業員につき、原則として代替措置（別途退職手当制度、確定給付企業年金または厚生年金基金[加算部分]）が適用されていることが求められます（前記通達）。例外的に、(1)制度対象となる従業員と比べて労

働条件が著しく異なっている者、(2)雇用契約等により雇用期間が3年未満であることが確実に見込まれる者については、かかる代替措置を講じる必要はないものとされていますが、(1)「労働条件が著しく異なっている」か否かは、就業規則等から客観的かつ個別具体的に判断すべきものとされています（「確定拠出年金の企業型年金に係る規約の承認基準等について」［平13.9.27 企国発18］、厚生労働省「確定拠出年金Q&A」No.37）。

　また、確定給付企業年金制度についても、一定の①職種または②勤続年数に係る資格を設ける場合には、原則として代替措置が適用されていることが求められます。例外的に、②勤続年数に係る資格を設ける場合には、退職金の算定対象期間に含まれない期間中であることなどの合理的な理由がある場合に限り、代替措置を講じなくてもよいものとされていますが、その場合でも、5年を超える勤続期間を加入条件とすることは認められていません（前記通達）。

　したがって、企業年金制度の内容を見直す場合（または新設する場合）には、これらの承認基準にも注意しながら進める必要があります。

基本給の決定要素が複数ある場合の対応

Q6 当社では、基本給は、ガイドラインが示すように①能力または経験、②業績または成果、③勤続年数のいずれかに応じて基本給を決定しているものではなく、勤続年数や能力・経験、業績・成果など、さまざまな要素を考慮して決定しています。このように、一つの要素から一義的に基本給が決まる関係にない場合、どのように対応すればよいのでしょうか。

A どのような基本給の決定方法を用いている場合であっても、結論としては、正規従業員と非正規従業員の基本給の金額を比較したときに、その基本給の金額の相違が不合理ではないとの説明がつくか否か

がポイントとなります。

　ガイドラインは、①能力または経験、②業績または成果、③勤続年数のいずれかに応じて基本給を支給するケースを例に挙げて解説を行っていますが、実務上は、例えば、勤続年数（③）と能力（①）の双方を加味して基本給を決定しているケースや、そもそも具体的な賃金テーブルなしに諸要素を総合考慮して基本給を決定しているケースなど、上記①②③のいずれの制度にも分類できないケースが多いと考えられます。

　実際に裁判例においても、上記①②③のいずれの制度にも分類できないケースが多く取り上げられていますが、そのようなケースにおいても、一つひとつの基本給の決定要素に基づき判断がなされているのではなく、基本給全体の金額の比較を行い、その相違が不合理ではないと認められるか否かの判断が行われています。そして、裁判例は、その不合理性を判断するに当たり、職務内容の相違または／および異動範囲の相違を主な理由として取り上げている例が多く見受けられます。

　したがって、どのように基本給を決定しているかにかかわらず、同一の職務についている正規従業員と非正規従業員の基本給全体の金額の比較を行い、仮に相違がある場合には、その相違が職務内容の相違や異動範囲の相違から不合理ではないと説明することができるかを検証し、そのような説明が難しい場合には、基本給制度の見直しを行うことが望ましいと考えられます。

人材獲得・定着を目的とした待遇差

Q7 「有為な人材の獲得・定着を図る」目的で正社員と契約社員の間で、手当の支給に関して待遇差を設けてもよいのでしょうか。

A　裁判所の判断が分かれており現時点において結論を断定すること

は難しい状況ですが、ガイドラインの基本的な考え方等に照らすと、そのような目的で手当の支給に関して待遇差を設けることは、原則として控えることが望ましいと考えられます。

第2章の**2**[1]（45ページ参照）のとおり、ハマキョウレックス事件［控訴審］（大阪高裁 平28.7.26判決）においては、住宅手当および給食手当に関して有能な人材の獲得・定着を図るという目的自体に一定の合理性が認められるとの判断がなされていたにもかかわらず、ハマキョウレックス事件［上告審］（最高裁二小 平30.6.1判決）においてはそのような判示がなされていません。

この点に関しては、同判決が「有為な人材の獲得・定着を図る」目的での待遇差の是非について判断を示さなかったとも考えられるところではありますが、仮にそうであったとしても、「有為な人材の獲得・定着を図る」目的は抽象的な理由であり、ガイドラインが求める「職務内容の相違」や「異動範囲の相違」等のような客観的・具体的な実態に基づくものではありませんので、今後、そのような目的での待遇差は不合理であるとの判断がなされる可能性は否定できないと考えられます。

これに対して、大阪医科薬科大学事件［上告審］（最高裁三小 令2.10.13判決）や、メトロコマース事件［上告審］（最高裁三小 令2.10.13判決）においては、賞与や、退職金に関して、正規従業員としての職務を遂行し得る人材の確保やその定着を図るという目的を認めた上で、結論として、非正規従業員への退職金・賞与の不支給は不合理とはいえないとの判断がなされています。もっとも、同判決は、賞与・退職金の支給要件や支給内容等に照らして導かれる、賞与の性格（労務の対価の後払い、功労報償、将来の従業員の意欲向上などさまざまな趣旨を含むものであること等）や退職金の性格（賃金の後払いや功労報償などの複合的な性格）なども踏まえて、長期雇用を前提とする正規従業員に対して賞与や福利厚生（退職金）を手厚くすることにより、正規従業員としての職務を遂行し得る人材の確保・定着を図ると

いう人事施策上の目的を認め、これを不合理性を否定する要素として考慮したものであり、同判決の考え方は、その他の手当にそのまま当てはまるものではないと考えられます。

したがって、賞与や退職金などの一部の例外を除き、原則として、「有為な人材の獲得・定着を図る」目的で正社員と契約社員の間で待遇差を設けることは控えるべきであると考えられます。

また、賞与や退職金に関しても、その支給要件等にかかわらず、当然に、「正社員としての職務を遂行し得る人材の確保・定着を図る」目的が認められるわけではない点や、当該目的が認められたとしても、職務の内容等についての相違の有無・程度やその他の事情に照らして、不合理な待遇差と評価される可能性がある点などには留意が必要です。

ある手当の代わりに他の手当を支給する取り扱い

Q8 ある手当を契約社員に支給しない代わりに他の手当を支給すれば不合理な格差にならないのでしょうか。

A 個別具体的な事情に基づき判断する必要がありますが、そのような考え方自体は、合理性があるものと考えられます。

この点について、ハマキョウレックス事件［差戻審］（大阪高裁平30.12.21判決）は、「有期契約労働者と無期契約労働者との個々の賃金項目に係る労働条件の相違が不合理と認められるものであるか否かを判断するに当たっては、両者の賃金の総額を比較することのみによるのではなく、当該賃金項目の趣旨を個別に考慮すべきものと解するのが相当である。なお、ある賃金項目の有無及び内容が、他の賃金項目の有無及び内容を踏まえて決定される場合もあり得るところ、そのような事情も、有期契約労働者と無期契約労働者との個々の賃金項目に係る労働条件の相違が不合理と認められるものであるか否かを判

断するに当たり考慮されるものになるものと解される」と判示しています（ただし、同判決は、同規範を用いた上で、結論として契約社員に対する皆勤手当の不支給を不合理と認めています）。

したがって、前記規範のとおり、正社員に対して支給している特定の手当を契約社員に対しては支給していなかったとしても、契約社員に対して支給している他の手当が、当該手当をカバーし得るものであると解することのできる具体的な事情がある場合には、当該手当を支給していないことが不合理なものとは認められない可能性があると考えられます。

非正規雇用の処遇改善で利用できる助成金

Q9 非正規雇用の処遇改善を図る予定ですが、利用できる助成金制度はありますか。

A 非正規雇用の処遇改善を図るに当たり利用できる助成金制度としては、「キャリアアップ助成金」があります。これは、有期契約労働者や短時間労働者といった、非正規雇用労働者の正社員化や処遇改善の取り組みを実施した事業者向けの助成金制度です。

現時点では、計7コースが設けられており、非正規社員の処遇改善との関係では、例えば、以下のコースを利用することが考えられます。

①正社員化コース：有期契約労働者等を正規雇用労働者等に転換または直接雇用した場合

②賃金規定等改定コース：すべてまたは一部の有期契約労働者等の基本給の賃金規定等を（2％以上）増額改定し、昇給した場合

③賃金規定等共通化コース：有期契約労働者等に関して正規雇用労働者と共通の職務等に応じた賃金規定等を作成し、適用した場合

④諸手当制度共通化コース：有期契約労働者等に関して正規雇用労働者と共通の諸手当制度を新たに設け、適用した場合

各コースによって要件が異なりますが、キャリアアップ助成金を受給するためには、共通要件として、

①雇用保険適用事業所の事業主であること

②上記事業所ごとに、「キャリアアップ管理者」を置いている事業主であること

③上記事業所ごとに、対象労働者に対し、「キャリアアップ計画」を作成・提出し、所轄労働局長の受給資格認定を受けた事業主であること

④該当するコースの措置に係る対象労働者に対する賃金の支払い状況等を明らかにする書類を整備している事業主であること

⑤計画期間内にキャリアアップに取り組んだ事業主であること

が求められます。

　例えば、①の「正社員化コース」では、有期契約労働者を正規雇用労働者に転換した場合（転換する制度を就業規則その他これに準じるものに規定していることや、転換後の6カ月間の賃金を、転換前6カ月間の賃金より5％以上増額させていることなどの要件も満たす必要があります）は、57万円（中小企業以外の場合は、42万7500円。2020年4月1日現在）が支給されます（一定の生産性向上が認められる場合等には、一定の加算制度もあります）。

　なお、助成金の支給要件や支給金額等は変わる場合がありますので、現在利用できる制度を確認するためには、厚生労働省のホームページを確認したり、各都道府県労働局・ハローワークに問い合わせをするようにしてください。

異動による不合理な待遇差の解消

> **Q10** これまでA部署で正規従業員と同じ業務に従事してきた非正規従業員のXを、B部署に異動させ、従前と異なる業務（正規従業員が従事していない業務）に従事させることで、不合理な待遇差の解消を図ることは許されますか。

A 配置命令は、①業務上の必要性がない場合や、②業務上の必要性がある場合であっても、不当な動機・目的による場合や、通常甘受すべき程度を著しく超える不利益を与える場合は、権利濫用として、違法・無効になると解されています（東亜ペイント事件　最高裁二小昭61.7.14判決）。

　A部署に所属していた間について、Xと正規従業員との間で、給与に関し不合理な待遇差があった場合（したがって、不法行為を理由に会社に対する損害賠償請求が成り立つ場合）、Xは、A部署でこれまでと同じ業務に従事していれば、その後もその間、会社に対して、不法行為に基づく損害賠償請求をすることができたと考えられるのに対して、会社の一方的な指示でB部署に異動させられたことで、（その後の分の）損害賠償を請求できなくなる点において、不利益を被っているようにも見えることから、当該配置転換は、違法・無効とならないかが問題となり得ると考えられます。

　この点については、今後の裁判例や学説の動向を見守る必要がありますが、少なくとも、不合理な待遇差を理由にXの労働条件が無効とされたとしても、関係する労働協約、賃金規程、労働契約等の合理的解釈として、Xにおいて、正規従業員と同じ給与の支給を受けられる労働契約上の地位を有しているとまでは評価されない場合には（旧労働契約法20条やパート有期法8条・9条は、労働基準法13条に規定されているような、いわゆる補充的効力を有していません）、Xは何か既得の権利を侵害されているわけでもなく、違法な状態を是正する

ために行われた当該配置転換は、有効と評価される可能性が高いもの
と考えられます。

　ただし、配置転換により、Xの業務を正規従業員の業務と明確に分
けたとしても、業務の内容の違い等に応じて均衡のとれた処遇をする
必要があり、B部署に異動した後も同一労働同一賃金の問題が残り得
る点には留意が必要です。

同一労働同一賃金の実現と年功型賃金制度

> **Q11** いわゆる年功型の賃金制度は、やめなければなりませ
> んか。

A　正規従業員の基本給については、
①勤続年数に応じて賃金が上昇する形態（勤続給）
②職能資格制度に基づいて、職務遂行能力のランクに応じて額が定め
　られる形態（能力給）
③労働者の業績や成果に応じて支給される形態（成果給）
④職務等級や役割等級の等級に基づいて賃金が定められる形態（職務
　給、役割給）
などさまざまな賃金制度があります。実際には、どれか一つではなく、
これらの形態が複数組み合わされた上で基本給が設計されていること
も少なくありません。

　同一労働同一賃金の実現を図ろうとする今回の改革は、職務内容が
同一であれば、賃金を同一とする「職務給」制度を取ることを法的に
義務付けようとするものではありません。ガイドラインも、基本給に
ついて、①職業経験・能力に応じて支給するもの（職能給）、②業績・
成果に応じて支給するもの（成果給）、③勤続年数に応じて支給する
もの（勤続給）という三つの典型的な形態を挙げ、そのどれを取るか
は基本的には労使の決定に委ねられるという前提に立ちつつ、それぞ

れの形態の中で正規従業員と非正規従業員の均等・均衡を図るための
考え方を示しているところです（なお、職務給については、ガイドラ
インに例示されていません）。

　したがって、例えば、年功型賃金制度とされる、勤続給や能力給を
やめなければならないということはありません。

　しかし、例えば、正規従業員について勤続給を取り入れている場合、
正規従業員と同一の勤続年数である非正規従業員には同一の支給、勤
続年数に一定の違いがある場合は、その相違に応じた支給をすること
が求められます。非正規従業員について、同一の勤続年数の正規従業
員と同一の支給（勤続年数の相違に応じた支給）をしていなければ、
不合理な待遇差となりますが、実際に、非正規従業員について、正規
従業員と均等・均衡のとれた勤続給の支給をしているケースは少ない
でしょう。そのような場合において、正規従業員について勤続給を今
後も維持するのであれば、非正規従業員についても均等・均衡のとれ
た勤続給を支給する必要があります。もし、それが難しい場合には、
正規従業員・非正規従業員について、賃金制度自体の変更や職務分離
等を行い、不合理な待遇差是正を図ることを検討する必要があるで
しょう。

第 **9** 章

───────────

資　料

1 短時間労働者で
　あるか否かの
　判定方法

2 同一労働同一賃金
　裁判例集

短時間労働者であるか否かの判定方法 (パート有期法通達を基に作成)

[1]業務の種類が一つの場合

　当該事業主における1週間の所定労働時間が最長である通常の労働者と比較し、1週間の所定労働時間が短い通常の労働者以外の者が短時間労働者となる(パート有期法2条1項かっこ書き以外の部分。下図1－(1)から1－(3)まで)。

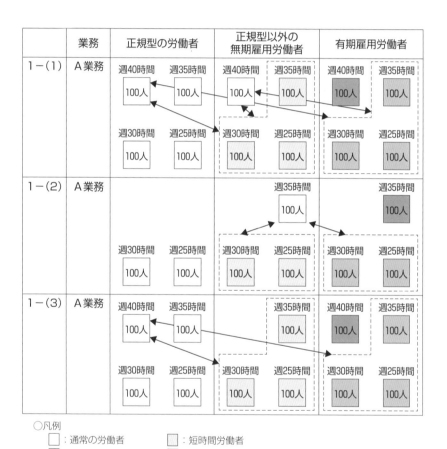

○凡例

[2]業務の種類が２以上あり、同種の業務に従事する通常の労働者がいる場合

　原則として、同種の業務に従事する１週間の所定労働時間が短い通常の労働者以外の者が短時間労働者となる（パート有期法２条１項かっこ書きの部分。下図２-(1)）。

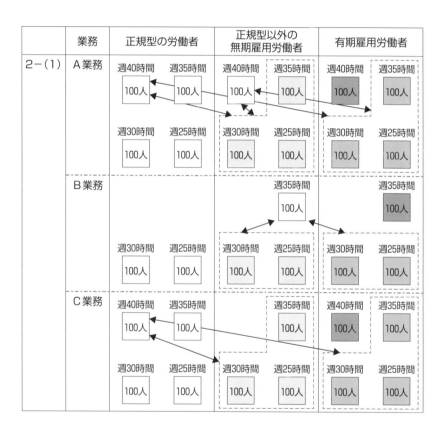

[3]業務の種類が2以上あり、同種の業務に従事する通常の労働者がいない場合

当該事業主における1週間の所定労働時間が最長である通常の労働者と比較し、1週間の所定労働時間が短い通常の労働者以外の者が短時間労働者となる（パート有期法2条1項かっこ書き以外の部分。下図2－(2)のC業務）。

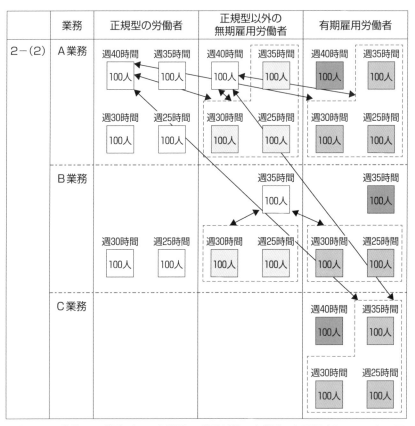

※仮に、B業務とC業務が同一事業所、A業務が他の事業所である場合についても、同一の事業所に存在する「通常の労働者」との比較を優先せず、当該事業主において所定労働時間が最長の「通常の労働者」と比較することとなる。

[4]同一の事業主における業務の種類が2以上あり、同種の業務に従事する通常の労働者がいる場合であって、同種の業務に従事する通常の労働者以外の者が当該業務に従事する通常の労働者に比べて著しく多い場合（当該業務に従事する通常の労働者の1週間の所定労働時間が他の業務に従事する通常の労働者の1週間の所定労働時間のいずれよりも長い場合を除く）

　当該事業主における1週間の所定労働時間が最長の通常の労働者と比較して1週間の所定労働時間が短い当該業務に従事する者が短時間労働者となる（パート有期法施行規則1条。下図2－(3)のB業務）。

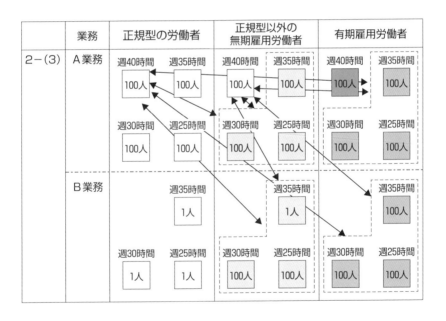

1 ハマキョウレックス事件［1審］
（大津地裁彦根支部　平27.9.16判決　労判1135号59ページ）

業務関連手当	作業手当	・正社員は該当者には月額1万円を支給 ・契約社員はなし	【適法性 ○】 （※） ・正社員は、業務上の必要性に応じて就業場所および業務内容の変更命令を甘受しなければならず、出向も含め全国規模の広域異動の可能性があるほか、被告の行う教育を受ける義務を負い、将来、支店長や事業所の管理責任者等の被告の中核を担う人材として登用される可能性がある者として育成されるべき立場にある ・契約社員は、業務内容、労働時間、休息時間、休日等の労働条件の変更があり得るにとどまり、就業場所の異動や出向等は予定されておらず、将来、支店長や事業所の管理責任者等の被告の中核を担う人材として登用される可能性がある者として育成されるべき立場にあるとはいえない
	皆勤手当	・正社員は該当者には月額1万円を支給 ・契約社員はなし	
住居・家族関連手当	住宅手当	・正社員は月額2万円を支給 ・契約社員はなし	
	家族手当	・正社員はあり（金額不明） ・契約社員はなし	
	通勤手当	・正社員は通勤距離に応じて支給。限度額は5万円、2km以下は一律5000円を支給 ・契約社員は3000円を限度に支給	【適法性 ✕】 ・労働者間の職務内容や職務内容・配置の変更の範囲の異同にその他の事情を加えて考察すると、公序良俗に反するとまではいえないものの、被告の経営・人事制度上の施策として不合理なものである
特殊勤務・残業関連手当	無事故手当	・正社員は該当者には月額1万円を支給 ・契約社員はなし	【適法性 ○】 ※と同様
その他福利厚生手当	給食手当	・正社員は月額3500円を支給 ・契約社員はなし	
賞与・退職金等	一時金	・正社員は原則支給あり ・契約社員はなし	
	退職金	・正社員は原則支給あり ・契約社員はなし	
	定期昇給	・正社員は原則あり ・契約社員は原則なし	

2 長澤運輸（定年後再雇用）事件［1審］
（東京地裁　平28.5.13判決　労判1135号11ページ）

基本給等	基本給	・正社員は、基本給として在籍給と年齢給（計上限12万7100円）、能率給、職務給が支払われ、その他諸手当も支払われる ・嘱託社員は、基本給12万5000円と、歩合給（正社員の能率給より割合が大	【適法性 ✕】 ・賃金コストの無制限な増大を回避しつつ定年到達者の雇用確保のために定年後継続雇用者の定年前から引き下げること自体には合理性が認められるものの、職務内容ならびに職務内容および配置の変更範囲を同一とし

		きい）が支払われるが、職務給はなく、その他諸手当も支払われない ・（被告主張）結果として、定年前の約79％の賃金水準となっている	て賃金を引き下げる取り扱いが企業一般に広く行われているとまでは認められず、会社において財務・経営上合理的と認められるような賃金コスト圧縮の必要性があったわけではないことから、特段の事情は認められない

3 ハマキョウレックス事件［控訴審］
（大阪高裁　平28.7.26判決　労判1143号5ページ）

業務関連手当	作業手当	・正社員は該当者には月額1～2万円を支給（彦根支店では正社員に対して一律月額1万円を支給） ・契約社員はなし	【適法性 ✖】 ・作業手当が現在は実質上基本給の一部をなしている側面があるとしても、正社員給与規程において、特殊業務に携わる者に対して支給する旨を明示している以上、作業手当を基本給の一部と同視することはできない
	皆勤手当	・正社員は該当者には月額1万円を支給 ・契約社員はなし	【適法性 ◯】 ・皆勤を奨励する趣旨で支給される手当 ・正社員のドライバーにだけ支給することの合理性を積極的に肯定することは困難 ・もっとも、雇用契約および就業規則によれば、契約社員については、会社の業績と本人の勤務成績を考慮して昇給することがあり得るほか、契約更新時には時間給の見直しが行われており、現に、1審原告の時間給は、1150円から1160円に増額されている
住居・家族関連手当	住宅手当	・正社員は、21歳以下：月額5000円、22歳以上：月額2万円を支給 ・契約社員はなし	【適法性 ◯】 ・正社員は、就業規則において、転居を伴う配置転換（転勤）が予定されており、配置転換が予定されない契約社員と比べて、住宅コストの増大（例えば、転勤に備えて住宅の購入を控え、賃貸住宅に住み続けることによる経済的負担等）が見込まれる ・長期雇用関係を前提とした配置転換のある正社員への住宅費用の援助および福利厚生を手厚くすることによって、有能な人材の獲得・定着を図るという目的自体は、経営ないし人事労務上の判断として相応の合理性を有する
	通勤手当	・正社員は交通用具（自動車、オートバイおよびこれに準ずるものとし、自転車を除く）利用の場合、通勤距離に応じて月額2万円を限度に支給。1審原告と同じ通勤距離の正社員には月額5000円を支給 ・契約社員は通勤距離に応じて月額3000円を限度に支給	【適法性 ✖】 ・通勤に要する交通費を補填する趣旨で支給される手当 ・通勤手当のかかる性質上、本来は職務の内容や当該職務の内容および変更の範囲とは無関係に支給されるものである ・給与計算事務が煩雑になることを労働契約法20条の不合理性の判断に当たって考慮することは相当ではない
特殊勤務・残業関連手当	無事故手当	・正社員は該当者には月額1万円を支給 ・契約社員はなし	【適法性 ✖】 ・無事故手当は優良ドライバーの育成や安全な輸送による顧客の信頼の獲得を目的とするものと解される ・優良ドライバーの育成や安全な輸送による顧

			客の信頼の獲得といった目的は、正社員の人材活用の仕組みとは直接の関連性を有するものではなく、むしろ、正社員のドライバーおよび契約社員のドライバーの両者に対して要請されるべきものである
その他福利厚生手当	給食手当	・正社員は月額3500円を支給 ・契約社員はなし	【適法性×】 ・長期雇用関係の継続を前提とする正社員の福利厚生を手厚くすることにより優秀な人材の獲得・定着を図るという目的自体は、一定の合理性を有する ・もっとも、従業員の食事に係る補助として支給する手当であり、職務の内容や当該職務の内容および変更の範囲とは無関係に支給されるものである

4 長澤運輸（定年後再雇用）事件[控訴審]
（東京高裁　平28.11.2判決　労判1144号16ページ）

基本給等	基本給	・嘱託社員の年収は定年前の約79％程度である	【適法性○】 ・正社員と嘱託社員の年収額の差異は、年功的な賃金の差異を大幅に上回るが、会社の属する規模の企業の平均の減額率をかなり下回っており、会社の本業について収支が大幅な赤字となっていると推認できる ・賃金構成の各項目についても差異はあるが、正社員の能率給に対応する歩合給を嘱託社員に設け、支給割合を正社員より高くし、無事故手当を正社員より増額して支払ったことがあり、老齢厚生年金の報酬比例部分が支給されない期間について調整給を支払ったことがある等、正社員との賃金の差額を縮める努力をした
	定期昇給	・正社員は勤続するにつれて基本給が増額されるが、嘱託社員は勤続しても基本賃金その他の賃金の額に変動はない	【適法性○】 ・嘱託社員は一度退職して退職金を受給していること、その年齢等を考慮すると、長期にわたり勤務を続けることは予定されていない
賞与・退職金等	退職金	・正社員は3年以上勤務すれば退職金が支給されるが、嘱託社員には退職金は支給されない	【適法性○】 ・嘱託社員は一度退職して退職金を受給していること、その年齢等を考慮すると、長期にわたり勤務を続けることは予定されていない

5 メトロコマース事件[1審]（東京地裁　平29.3.23判決　労判1154号5ページ）

基本給等	基本給	・正社員は月給制／契約社員Bは時給制 ・1年目は契約社員Bのほうが高く、3年目はおおむね同程度か契約社員Bのほうが高いが、6年目以降はおおむね正社員のほうが高い ・10年目の契約社員Bの本給は、正社員の85～87％	【適法性○】 ・職務内容、職務内容・配置の変更範囲に大きな相違 ・正社員には長期雇用を前提とした年功的な賃金制度を設けることは一定の合理性あり ・10年目でも本給の8割以上は確保 ・契約社員Bの本給にも昇給があり、かつ、正社員にない早番手当・皆勤手当も支給されている

業務関連手当	資格手当	・正社員がL-3資格に昇格した場合、3000円の資格手当が加算 ・契約社員Bには資格手当なし	【適法性〇】 基本給と併せて判断
住居・家族関連手当	住宅手当	・正社員は、扶養家族の有無により月額9200円または1万5900円の住宅手当あり ・契約社員Bはなし	【適法性〇】 ・住宅費用負担の有無を問わず一律に支給されており、正社員に対する福利厚生としての性格が強い ・正社員は転居を伴う配置転換等が予定され、住宅コストの増大が見込まれる ・正社員への住宅費用の援助を手厚くすることで有為な人材の獲得・定着を図る目的は合理的 ・被告営業所が東京都内にしか存在しないとしても、転居を伴うことは想定し得る
特殊勤務・残業関連手当	早出残業手当	・正社員の早出残業の割増率は、2時間まで127%、2時間超は135% ・契約社員Bは125%	【適法性✕】 ・早出残業手当は時間外労働に対する割増賃金としての性質を有する ・割増賃金義務付けの趣旨は、経済的負担を課すことで時間外労働等を抑制する点にある ・正社員か否かを問わず等しく割増賃金を支払うことが相当 ・人材の確保・定着を図るという点から割増率の高い割増賃金を支払う合理性なし
賞与・退職金等	賞与	・正社員には、夏冬に本給2カ月分+17万円または17万6000円を賞与として支給 ・契約社員Bには、夏冬に一律各12万円を賞与として支給	【適法性〇】 ・職務内容、職務内容・配置の変更範囲に大きな相違 ・契約社員Bにも各12万円は支給されている ・賞与は功労報償的な性格や将来の意欲向上としての意味合いも有する ・正社員の賞与を手厚くすることで有為な人材の獲得・定着を図る目的は合理的 ・賞与の割合は使用者に裁量がある上、年間賃金で比較しても、10年目でも正社員の65%程度の水準は確保
	退職金	・正社員には勤続年数等に応じた退職金制度あり ・契約社員Bには退職金制度なし	【適法性〇】 ・退職金は一般に賃金の後払い的性格のみならず功労報償的性格を有する ・正社員の福利厚生を手厚くすることで有為な人材の獲得・定着を図る目的は合理的 ・職務内容、職務内容・配置の変更範囲に大きな相違 ・正社員への登用制度が設けられ、登用実績も存在
	褒賞	・正社員には、勤続10年ごとに表彰状+3万円の賞金、定年退職時に感謝状+5万円相当の記念品を褒賞として贈呈 ・契約社員Bには褒賞なし	【適法性〇】 ・長期雇用を前提とする正社員のみを支給対象とすることも不合理とはいえない ・職務内容、職務内容・配置の変更範囲に大きな相違 ・正社員の福利厚生を手厚くすることで有為な人材の獲得・定着を図る目的は合理的

6 ヤマト運輸（賞与）事件［1審］
（仙台地裁　平29.3.30判決　労判1158号18ページ）

賞与・退職金等	賞与	・マネージ社員（期間の定めのない雇用契約）は、「（基本給×支給月数）×配分率＋（リーダー手当A×1カ月）＋地域手当＋成果加算（1人当たり5万円を査定原資として加点評価。うち70%を主管支店業績評価、30%を特別評価）」を支給 ・キャリア社員（期間の定めのある雇用契約）は、「（基本給〔時給×173〕×支給月数）×配分率（40〜90%）×成績査定（120〜40%）＋（リーダー手当A×1カ月）＋地域手当」を支給	【適法性〇】 ・職務内容・配置の変更の範囲に違いがあり、その違いは小さくない ・支給月数の差は、マネージ社員より基本給が高いキャリア社員との賞与算定の基礎金額を同一にしようとしたもので、月数の差異も大きくない ・成果査定方法の差は、マネージ社員が今後役職任命・職務内容の変更があり得る（成果加算による動機付けやインセンティブの意義がある）のに対し、キャリア社員は与えられた役割内で能力を最大限に発揮することを期待されていることによるもので、不合理とはいえない

7 日本郵便（佐賀）事件［1審］
（佐賀地裁　平29.6.30判決　労経速2323号30ページ）

基本給等	基本給	・時給制契約社員の基本給は、時間額とされており、基礎基本給および加算給からなる ・（原告主張）時給制契約社員は、出勤日数が少ない月には、正社員よりも少ない賃金しか支給されない	【適法性〇】 （※） ・月給制と時間給制との違いに基づくものを超える有意な相違の存在を認めるに足りる証拠はない
業務関連手当	作業能率評価手当	（手当の正式名称） 郵便物区分能率向上手当、郵便物配達能率向上手当、郵便外務業務精通手当 ・正社員にはかかる手当が支給される ・時給制契約社員にはかかる手当の支給なし	【適法性〇】 ・正社員と期間雇用社員の職務内容等の違いによれば、正社員については、より能力・実績に応じた支給を行うことで能力向上へのインセンティブを付与する必要があり、そのために各手当が設けられたものと認められる
	外務業務手当	・正社員には、外務業務に従事した場合に、1日につき、区分に従って、1090円ないし570円が支給される ・期間雇用社員には支給なし	【適法性〇】 ・外務業務手当は、内務職と外務職の職種統合に伴い、外務業務について差額相当分を別途支給して正社員間の公平を確保するためのものにすぎない
住居・家族関連手当	通勤手当	・（被告主張）正社員など月給制の社員については1カ月の勤務日数を21日として通勤手当額を算出するのに対し、時給制契約社員については、勤務日数が千差万別であることから、勤務1回当たりについて支給することとし、上記手当額を21日で除し10円未満の端数を切り捨てることとしたものである	【適法性〇】 ※と同様
特殊勤務・残業関連手当	早出勤務等手当	・正社員には、始業時間が午前7時以前となる勤務や終業時刻が午後9時以後となる勤務につき、350円ないし850円の早出勤務等手当が支給される	【適法性〇】 ・正社員については、早出勤務等がない正社員との間の公平を図る必要から早出勤務等手当が支給されているのに対し、早朝・夜間

		・時給制契約社員には早出勤務等手当の支給なし〔ただし、同様の早朝・夜間の勤務につき、200円ないし500円が支給される〕	に勤務する時給制契約社員は、採用の際に早朝・夜間の時間帯を勤務時間とすることを前提とした上で労働契約を締結している ・正社員の早出勤務等手当が早朝・夜間に4時間以上勤務した場合であることを支給要件とするのに対し、時給制契約社員の早朝・夜間割増賃金は同1時間以上勤務した場合であることを支給要件とするなど、支給要件の点では有利である
	祝日給	・（原告主張）正社員には、期間雇用社員には設定されていない祝日給がある ・祝日に勤務した時給制契約社員に対する祝日割増賃金と、祝日勤務することを命じられている正社員に対する祝日給の割増率は、いずれも35％で共通しており、処遇の相違はない	【適法性〇】 ・祝日勤務することを命じられている正社員には、本来の給与に加えて祝日給が支給されることになるが、祝日勤務することを命じられている正社員以外の正社員は、勤務を要しないとされつつ本来の給与を支給されていることとの公平の観点に適うものである
	非番日の割増率	・非番日の割増率については、時給制契約社員が125％、正社員が135％である	【適法性〇】 ・非番日の概念が、期間雇用社員では、正規の勤務時間を割り振られた日および週休日（原則として日曜日）以外の日とされているのに対し、正社員では、4週間内において、週休日（原則として日曜日）のほかに4日の非番日を設けることができるとされていて、非番日の性質が異なっている
賞与・退職金等	夏期年末手当	・正社員に支給される夏期手当・年末手当の金額は、（基本給＋扶養手当＋調整手当）×在籍期間割合（30～100％）×支給の都度定める割合により計算される ・時給制契約社員には夏期年末手当の支給なし〔ただし、臨時手当〔夏期賞与・年末賞与〕〔基本賃金の1カ月の平均額×30％×対象期間の実際の勤務日数の区分に応じた割合（100～180％）で計算〕が支給される〕	【適法性〇】 ・相違は、労使交渉の結果および郵政民営化前からの歴史的経緯による ・正社員と期間雇用社員の職務内容等に大きな相違が存在する ・賞与が労働の対価としての性格のみならず、功労報償的な性格や将来の労働への意欲向上としての性格を持ち、長期雇用を前提とする正社員に対し賞与支給を厚くすることにより有為な人材の獲得・定着を図る必要性が認められる
休暇等	特別休暇	・正社員には、夏期（6月1日から9月30日までの間）の特別休暇3日および冬期（10月1日から翌年3月31日までの間）の特別休暇3日が付与され、いずれも有給である ・期間雇用社員には付与されない	【適法性〇】 ・正社員に対して特別休暇を付与した趣旨は、長期雇用を前提とする正社員に対して定年までの長期にわたり会社へ貢献することのインセンティブを付与することにより無期契約労働者としての長期的な勤続を確保するという点にある

8 日本郵便（休職）事件（東京地裁 平29.9.11判決 労判1180号56ページ）

休暇等	私傷病休職	・正社員は、90日または180日の有給の病気休暇が認められ、3年以内で必要な期間の休職が認められる ・期間雇用社員は、1年度に10日の無給の病気休暇が認められるが休職制度はない	【適法性〇】 ・職務内容は、役割の違いや責任の軽重等からして、正社員と異なり、職務内容の変更や人事異動の有無等においても大きく異なる ・正社員については長期的な雇用の確保を図る要請が大きい

9 日本郵便(東京)事件[1審] （東京地裁　平29.9.14判決　労判1164号5ページ）

業務関連手当	郵便外務・内務業務精通手当	・正社員には郵便外務・内務業務精通手当として、各々の手当額に各々の調整率を乗じて算出した金額が支給される ・時給制契約社員には支給なし（ただし、時給制契約社員にはスキル評価の結果に応じて資格給を基本給に加算して支給している）	【適法性〇】 ・郵便外務・内務業務精通手当は、正社員の基本給および手当の一部を原資に郵便外務・内務業務精通手当として組み替える方法により、正社員に対して能力向上に対する動機付けを図ったものであり、同手当の支給の有無は、正社員と契約社員の賃金体系の違いに由来する ・郵便外務・内務業務精通手当は、労使協議を経た上で新設されたものである ・時給制契約社員については、資格給の加算により担当職務への精通度合いを反映させている
	外務業務手当	・正社員には外務業務手当が支給される ・時給制契約社員には支給なし	【適法性〇】 ・職務の内容ならびに職務の内容および配置の変更の範囲に大きなまたは一定の相違がある上、正社員には長期雇用を前提とした賃金制度を設け、短期雇用を前提とする契約社員にはこれと異なる賃金体系を設けることは、企業の人事上の施策として一定の合理性が認められる ・外務業務手当は、職種統合による賃金額の激変を緩和するため正社員の基本給の一部を手当化したものであり、同手当の支給の有無は、正社員と契約社員の賃金体系の違いに由来する ・具体的な金額も、労使協議も踏まえた上で、統合前後で処遇をおおむね均衡させる観点で算出されたものである ・郵便外務事務に従事する時給制契約社員については、外務加算額という形で、外務事務に従事することについて別途反映されている
住居・家族関連手当	住居手当	・正社員には、自ら居住するための住宅を借り受け、住宅を新築購入したり、単身赴任の際に家族用の住宅を借り受けたりした場合に住居手当が支給される ・時給制契約社員には支給なし	●旧人事制度【適法性〇】 ・住居手当の給付は、住居費の負担を軽減し、正社員の福利厚生を図り、長期的な勤務に対する動機付けを行う意味も有する ・配置転換等が予定されていない時給制契約社員と比較して、住宅に係る費用負担が重いことを考慮し、旧一般職に対して住居手当を支給することは一定の合理性が認められる ・長期雇用を前提とした配置転換等のある旧一般職に対して住宅費の援助をすることで有為な人材の獲得、定着を図ることも人事上の施策として相応の合理性が認められる ●新人事制度【適法性✕】 ・新一般職に対しては、転居を伴う可能性のある人事異動等が予定されていないにもかかわらず住居手当が支給されているところ、人事

			施策の合理性等の事情を考慮に入れても、（正社員と同額でなければ不合理であるとまではいえないが）時給制契約社員に対して住居手当が全く支払われていないのは不合理である
特殊勤務・残業関連手当	早出勤務等手当	・正社員には、正規の勤務時間として始業時刻が午前7時以前となる勤務または終業時刻が午後9時以後となる勤務に4時間以上従事したときに、始業終業時刻に応じ、350円から850円が支給される ・時給制契約社員には支給なし（ただし、正規の勤務時間として始業時刻が午前7時以前となる勤務または終業時刻が午後9時以後午後10時以前となる勤務に1時間従事したときは、勤務1回につき、始業終業時刻に応じて200円、300円または500円の早朝・夜間割増賃金が支給される）	【適法性 ○】 ・正社員に対しては勤務シフトに基づいて早朝、夜間の勤務を求め、時給制契約社員に対しては募集等の段階で勤務時間帯を特定して採用し、特定した時間の勤務を求めている点で、職務内容等に違いがあることから、正社員については社員間の公平を図るため、早朝勤務等手当を支給している ・時給制契約社員については、早朝・夜間割増賃金が支給されている上、時給を高く設定することで早出勤務等について賃金体系に別途反映されている ・類似の手当の支給に関して時給制契約社員に有利な支給要件も存在する
	夜間特別勤務手当	・正社員には、正規の勤務時間として、郵便局において新夜勤、調整深夜勤および深夜勤のいずれかに服し、かつ、夜間（午後10時から翌日の午前6時までの間）の全期間にわたって勤務したとき、勤務時間や勤務回数に応じて夜間特別勤務手当が支給される ・時給制契約社員には支給されない	【適法性 ○】 ・正社員に対しては勤務シフトに基づいて早朝、夜間の勤務を求め、時給制契約社員に対しては募集等の段階で勤務時間帯を特定して採用し、特定した時間の勤務を求めているという意味で職務内容等に違いがある ・その職務内容等の違いに基づき、正社員についてのみ社員間の公平を図るために同手当を支給することには相応の合理性がある
	祝日給	・正社員には、祝日において、割り振られた正規の勤務時間中に勤務することを命ぜられて勤務したときに、1時間当たりの給与に100分の135を乗じた金額が支給される ・時給制契約社員には支給なし（ただし、時給制契約社員が祝日に勤務することを命ぜられて勤務したときは、祝日割増賃金が支給される）	【適法性 ○】 ・祝日に勤務することへの配慮の観点からの割増率については、正社員と時給制契約社員との間に差異はない ・正社員に対する祝日給については、賃金体系に由来する正社員間の公平のために設けられた ・時給制契約社員については、勤務していない祝日にその対価としての給与が支払われる理由がない
	年末年始勤務手当	・正社員には、12月29日から同月31日までの間に実際に勤務したときには1日当たり4000円、翌年1月1日から同月3日までの間に実際に勤務したときには1日当たり5000円の年末年始勤務手当が支給される ・時給制契約社員には年末年始勤務手当の支給なし	【適法性 ✕】 ・年末年始勤務手当は、年末年始の期間における労働の対価として一律額が基本給とは別枠で支払われるものである ・（正社員と同額でなければ不合理であるとまではいえないが）同じ年末年始の期間に労働に従事した時給制契約社員に対して年末年始勤務手当が全く支払われないのは不合理である

賞与・退職金等	夏期年末手当	・正社員に支給される夏期手当の金額は、（基本給＋扶養手当＋調整手当）×在籍期間割合（30〜100％）×支給の都度定める割合により計算される ・正社員に支給される年末手当の金額は、夏期手当と同様の計算式にて計算した金額と（基本給＋調整手当）×在籍期間割合×評定区分に応じた成績率（40〜150％）で計算した金額の合計金額 ・時給制契約社員には、夏期年末手当の支給なし（ただし、臨時手当〔基本賃金（1カ月平均）×30％×対象期間の実際の勤務日数の区分に応じた割合（100〜180％）で計算〕が支給される）	【適法性○】 ・新一般職または旧一般職と時給制契約社員との間には、職務の内容ならびに職務の内容および配置の変更の範囲に大きなまたは一定の相違があるため、基本給と密接に関連する夏期年末手当についての相違は一定の合理性がある ・夏期年末手当は、功労報償や将来の労働への意欲向上としての意味合いを有するため、長期雇用を前提として、将来的に枢要な職務および責任を担うことが期待される正社員に対する同手当の支給を手厚くすることにより、優秀な人材の獲得や定着を図ることは一定の合理性がある ・時給制契約社員に対しても労使交渉の結果に基づいた臨時手当が支給されている
休暇等	夏期冬期休暇	・正社員には、在籍時期に応じ、夏期休暇として6月1日から9月30日までの期間において暦日1日から3日まで付与され、冬期休暇として10月1日から翌年3月31日までの期間において暦日1日から3日まで付与される ・時給制契約社員には付与されない	【適法性×】 ・夏期冬期休暇は、国民的な慣習や意識などを背景に制度化されたものである ・正社員と時給制契約社員とを比較すると、最繁忙期が年末年始の時期であることには差異がない ・取得要件や取得可能な日数等について違いを設けることは別として、時給制契約社員に対してのみ夏期冬期休暇を全く付与しないという点で不合理である
	病気休暇	・正社員には、私傷病につき有給の病気休暇（結核性疾患以外は少なくとも90日）が付与されている ・時給制契約社員には、1年度に無給の病気休暇10日のみが設けられている	【適法性×】 ・病気休暇は、労働者の健康保持のための制度である ・（職務の内容等に照らし、有給休暇を取得するための必要勤続期間や、取得可能日数について、正社員と時給制契約社員に差異があっても、その差異等の程度により、不合理であると認められない場合もあり得るが）時給制契約社員に対しては、契約更新を重ねて全体として勤務時間がどれだけ長時間になった場合であっても、有給の病気休暇が全く付与されないという点で不合理である

10 ヤマト運輸（賞与）事件［控訴審］
（仙台高裁　平29.10.11判決　判例集未掲載）

| 賞与・退職金等 | 賞与 | ・マネージ社員（期間の定めのない雇用契約）は、「（基本給×支給月数）×配分率＋（リーダー手当A×1カ月）＋地域手当＋成果加算（1人当たり5万円を査定原資として加点評価。うち70％を主管支店業績評価、30％を特別評価）」を支給
・キャリア社員（期間の定めのある雇用契約）は、「〔（基本給〔時給×173〕×支 | 【適法性○】
・労働契約法20条は、特に限定を付さずに「有期雇用契約を締結している労働者」と「期間の定めのない労働契約を締結している労働者」間の不合理な労働条件の相違に該当するかどうかの判断要素として、労働者の業務の内容および当該業務に伴う責任の程度、当該職務の内容および配置の変更の範囲のほか「その他の事情」を斟酌するとしている |

		給月数）×配分率（40 ～ 90%）×成績査定（120 ～ 40%）＋（リーダー手当A×1カ月）＋地域手当」を支給	・労働条件の相違が不合理であるかどうかを判断するに当たっては、同一の職務業務区分に限らず広く「有期雇用契約者」と「期間の定めのない雇用契約者」を比較の対象とするのが相当

11　学校法人産業医科大学事件［1審］
（福岡地裁小倉支部　平29.10.30判決　労判1198号74ページ）

基本給等	基本給	・（原告主張）原告の月額給与は、ほぼ同時期に教育職員として雇用された正規職員の俸給月額の約43 ～ 60%にとどまる	【適法性 ○】 ・原告とほぼ同じ勤続年数の事務職系正規職員との比較において、同様の業務を取り扱っているとの単純な比較は相当でなく（困難であり）、あるいは、業務内容には歴然とした差異があり、原告の賃金の定めが労働契約法20条に違反するということは困難

12　大阪医科薬科大学事件［1審］
（大阪地裁　平30.1.24判決　労判1175号5ページ）

基本給等	基本給	・アルバイト職員は時給制で正職員は月給制 ・アルバイト職員の時給と正職員の初任給は、フルタイムで換算すると、約2割程度の賃金水準の相違	【適法性 ○】 ・アルバイト職員につき、個別の賃金計算が容易な時給制の採用は不合理ではない ・職務・異動範囲も異なる ・正職員の賃金は職能給、アルバイト職員の賃金は職務給の性質を有し、いずれの定め方にも適法性あり ・アルバイト職員は、正社員としての中途採用への応募や登用試験を通じた登用により、能力や努力いかんで正職員になり得る ・原告の総支給額は新規採用職員の約55%であり、相違の程度は一定範囲内
	労働日数による変動	・アルバイト職員は時給制で正職員は月給制 ・年末年始等の休日があった場合、正職員の賃金は減少しないが、アルバイト職員の賃金は減少	【適法性 ○】 ・賃金制度の違いから必然的に生ずる相違であって、正職員とアルバイト職員で賃金形態を異にすることが不合理であるとはいえない
その他福利厚生手当	医療費補助	・正職員のほか雇用関係の有無を問わず広範な者に対し、付属病院を受診した場合の医療費について1人当たり月額4000円を上限として補助している ・当該補助の対象にアルバイト職員は含まれていない	【適法性 ○】 ・制度内容からすれば、労働条件として発展してきたものではなく、医療水準・教育水準の向上目的等に一定程度の貢献をすることに対する謝礼・関係者等への社会儀礼という側面も有する ・当該制度はあくまで恩恵的な措置であり、仮に労働条件に含まれているとしても、使用者に広範な裁量がある ・アルバイト職員の職務内容等からすると、当該運用は裁量権を逸脱または濫用しているとまでは認められない

賞与・退職金等	賞与	・正職員には支給されるが、アルバイト職員には支給されない	【適法性○】 ・一般的に賞与は月額賃金を補う性質も有している ・賞与として特定の時期にまとめて支給することは、正職員の雇用確保等に関するインセンティブとして一定の合理性あり ・アルバイト職員は、同様のインセンティブが想定できず、賞与算定期間の設定等も困難なため、労働時間に応じた賃金支払いのほうが合理的 ・原告の総支給額は新規採用職員の約55%であり、相違の程度は一定範囲内
休暇等	年次有給休暇	・正職員については、採用後6カ月後に10日、1年後に採用月から年末までの期間に応じて1〜14日、翌年始に16日、翌々年始に18日の年休を付与 ・アルバイト職員については、労働基準法所定の日数を付与	【適法性○】 ・正職員の年休算定方法の理由は、長期雇用を前提として年休手続きの省力化や事務の簡便化を図る点にある ・アルバイト職員については、雇用期間が不統一で、長期雇用も想定していないため、調整する必然性が乏しい ・原告が正職員として雇用されていた場合の年休日数と実際の年休日数の差は1日
	夏期特別有給休暇	・正職員は夏期に5日間の夏期特別有給休暇があるが、アルバイト職員にはない	【適法性○】 ・アルバイト職員は、夏期を含まない雇用期間も想定し得る ・正職員につき、夏期特別有給休暇を付与し、心身のリフレッシュを図らせることには十分な必要性・適法性が認められ、他方、アルバイト職員は、その労働条件や就労実態からみてその必要性が認め難い
	私傷病欠勤・休職	・正職員は、私傷病で欠勤しても6カ月は賃金全額が支払われ、6カ月経過後も休職期間中は賃金の2割の休職給が支払われる ・アルバイト職員にはそのような保障がない	【適法性○】 ・私傷病欠勤中に賃金・休職給を支払う趣旨は、正職員の長期就労に対する評価や今後の長期就労の期待を踏まえ、その生活保障を図る点にある ・アルバイト職員は長期雇用が想定されておらず、就労実態等が異なる

13 学究社（定年後再雇用）事件
（東京地裁立川支部　平30.1.29判決　労判1176号5ページ）

基本給等	賃金全般	・定年退職後の賃金は、定年退職前の正社員の賃金の30%から40%前後が目安（50分につき3000円）	【適法性○】 ・定年退職前後でその業務の内容および当該業務に伴う責任の程度に差がある ・本件再雇用契約は、高年法9条1項2号の定年後の継続雇用制度に該当するものであり、定年後継続雇用者の賃金を定年退職前より引き下げることは、一般的に不合理であるとはいえない

14 九水運輸商事事件[1審]

（福岡地裁小倉支部　平30.2.1判決　労判1178号5ページ）

| 住居・家族関連手当 | 通勤手当 | ・正社員は1万円支給（1ヵ月に出勤日の半分を超える欠勤があった場合、出勤日数×1000円または1万円のうち少ないほう）
・パート社員は5000円支給（月に欠勤2日以内の場合のみ） | 【適法性 ✕】
・原告らの通勤費用は1万円を超えており、実際上通勤費用を填補する役割を果たしていたことや、皆勤手当とは別個に通勤手当を定めていたことから、実質的にも通勤手当である
・少しでも手当が多いほうが求人に有利であるという、被告が通勤手当を設けた理由は、本件相違の適法性を肯定できない
・パート社員と正社員のいずれも、仕事場への通勤を要し、その通勤形態としても、多くの者が自家用車で通勤しているという点で相違はなく、パート社員のほうが通勤時間・経路が短いといった事情等もない |

15 日本郵便(大阪)事件[1審]

（大阪地裁　平30.2.21判決　労判1180号26ページ）

業務関連手当	郵便外務業務精通手当	・郵便業務調整額の支給を受ける正社員のうち主として外務業務に従事し、その担当する職務の精通度合い等を被告が定めるところにより評価した結果が所定の評価段階に達した正社員に対し、評価段階に応じて定められた手当額に調整率を乗じて算出された金額が支給される ・本件契約社員には支給なし（ただし、時給制契約社員に対しては、資格給の加算によって郵便外務業務への精通度合いが基本賃金に反映されている）	【適法性 〇】 ・郵便外務業務精通手当は、郵便外業務への習熟度および成果等個々の従業員の職務能力の程度に応じて支給される ・郵便外務業務精通手当は、労使協議も経た上で新設された ・本件契約社員においては職務能力に応じた基本給等の設定がされており、職務能力に応じた給与の差異が設けられているといえる
	外務業務手当	・正社員には、外務業務に従事した日1日につき、各郵便局の取扱物数等により定められた支給区分に応じて570円から1420円を支給する ・本件契約社員には支給なし（ただし、外務業務に従事する時給制契約社員については、基本賃金のうち基本給の下限額に130円または80円が支給され、月給制契約社員については、基本月額および契約更新時に加算される額が、担当業務および正規の勤務時間によって定められている）	【適法性 〇】 ・外務業務手当の支給は、外務職の従前の給与水準を維持するという目的を有するもので、正社員と本件契約社員の雇用期間の差異とは無関係である ・具体的な支給額も、労使協議の結果を踏まえた上で、統合前後で処遇をおおむね均衡させる観点から算定されたものである ・時給制契約社員に対しては外務加算額によって、月給制契約社員に対しては基本月額等によって、いずれも外務業務に従事することが各賃金体系において反映されており、その金額も外務業務手当と比較して均衡を失するものであるとはいえない
住居・家族関連手当	住居手当	・正社員には、自ら居住するための住宅を借り受け、住宅を新築購入したり、単身赴任の際に家族用の住宅を借り受けたりした場合に住居手当が支給される ・本件契約社員には支給なし	●旧人事制度【適法性 〇】 ・転居を伴う配置転換等が予定されていない本件契約社員と比較して、住宅に係る費用負担が重いことを考慮して、旧一般職に対して住居手当を支給することは一定の合理性が認められる

			・長期雇用を前提とした配置転換のある旧一般職に対して住宅費の援助をすることで有為な人材の獲得、定着を図ることも相応の合理性が認められる ●新人事制度【適法性 ✕】 ・住居手当が支給される趣旨目的は、主として、配置転換に伴う住宅に係る費用負担の軽減という点にあると考えられる ・新一般職は、本件契約社員と同様に転居を伴う配置転換が予定されていないにもかかわらず、住居手当が支給されている ・本件契約社員には、住居に係る費用負担の軽減という観点からは何らの手当等も支給されていない
	扶養手当	・正社員には、扶養親族の状況に応じて扶養手当が支給される ・本件契約社員には支給なし	【適法性 ✕】 ・扶養手当は、基本給を補完するものとして付与される生活保障給としての性質を有している ・扶養手当は、職務の内容等の相違によってその支給の必要性の程度が大きく左右されるものではない ・扶養手当と同趣旨の手当等は本件契約社員には全く支給されていない上、基本給においてもこのような趣旨は含まれていない
特殊勤務・残業関連手当	早出勤務等手当	・正社員には、始業時刻が午前7時以前または終業時刻が午後9時以降の勤務に従事した場合、350円ないし850円の範囲で早出勤務等手当が支給される ・本件契約社員には支給なし（ただし、正規の勤務時間として始業時刻が午前7時以前となる勤務または終業時刻が午後9時以後午後10時以前となる勤務に1時間従事したときは、勤務1回につき、始業終業時刻に応じて200円、300円または500円の早朝・夜間割増賃金が支給される）	【適法性 ◯】 ・早出勤務等手当が支給される趣旨は、正社員は、業務命令により定められた勤務シフトに基づいて早朝、夜間の勤務を求められている状況下で、正社員の中には、早朝、夜間のシフトに従事した者と、そうでない者が存在することから、両者間の公平を図るという点にある ・本件契約社員については、募集時等に勤務する時間帯が明示され、勤務シフトを作成する際には、本人の同意のない時間帯には割り当てないよう配慮されている ・本件契約社員に対しても、早出勤務等手当とほぼ類似する支給条件で早朝・夜間割増賃金が支給されており、その支給条件について正社員よりも本件契約社員に有利な点も存在する
	祝日給	・正社員には、祝日給として、祝日または1月1日から同月3日までのうち祝日を除く日（年始期間）に勤務した場合、1時間当たりの給与に100分の135を乗じた額が支給される ・時給制契約社員には、祝日に勤務した場合に、時給の100分の35に相当する祝日割増賃金が支給されるが、祝日ではない年始期間である1月2日、3日の両日については祝日割増賃金が支給されない	【適法性 ◯】 ・正社員に対しては、社員間の公平を図る必要があるため、実際の労働に対する給与相当額に祝日に勤務したことへの配慮を考慮した割増額を加えた額（100分の135）として祝日給が支給されている ・時給制契約社員については、本来の労働に応じた基本賃金に加えて割増賃金（100分の35）が支給されている ・期間雇用社員については、年始期間も業務に従事することを当然の前提とすることには合

		・月給制契約社員には、1時間当たりの給与に100分の135を乗じた祝日割増賃金が支給されるが、年始期間について祝日割増賃金が支給されない	理的理由があり、当該相違は、特定の期間についてそもそも労働義務が課されている者であるか否か、当該義務がなかった場合に、業務に従事した者とそうでない者との間の処遇の均衡を図る必要があるか否かによるものであり、一定の合理性を有している
	年末年始勤務手当	・正社員には、勤務した1日につき、12月29日から同月31日までは4000円、1月1日から同月3日までは5000円が支給される ・本件契約社員には支給なし	【適法性✕】 ・年末年始勤務手当は、年末年始特別繁忙手当が廃止されたのに伴い、その原資の一部によって新設された ・具体的金額は、労使協議を経て決定されたものである ・被告において、年末年始は、1年を通して最も繁忙な時期に該当する ・年末年始勤務手当は、勤務内容にかかわらず一律の金額が支給されるものである ・年末年始勤務手当は、特定の繁忙期である年末年始に業務に従事したことに着目して支給される性質を有しており、本件契約社員にもかかる趣旨は妥当する（個別の集配業務については、正社員と本件契約社員との間で業務内容に顕著な相違があるとはいえない）
賞与・退職金等	夏期年末手当	・正社員に支給される夏期手当の金額は、（基本給＋扶養手当＋調整手当）×在籍期間割合（30～100％）×支給の都度定める割合により計算される ・正社員に支給される年末手当の金額は、夏期手当と同様の計算式にて計算した金額と（基本給＋調整手当）×在籍期間割合×評定区分に応じた成績率で計算した金額の合計金額 ・時給制契約社員には、夏期年末手当の支給なし（ただし、臨時手当〔夏期賞与・年末賞与〕〔基本賃金（1カ月平均）×30％×対象期間の実際の勤務日数の区分に応じた割合（100～180％）で計算〕が支給される） ・月給制契約社員には、夏期年末手当の支給なし（ただし、臨時手当〔夏期賞与・年末賞与〕〔基本賃金月額×30％×2.0による計算〕が支給される）	【適法性〇】 ・夏期年末手当は、賞与としての性質を有し、賞与支給の有無および支給額の決定については、使用者の人事政策上の裁量の及ぶ事項であることから、使用者に広い裁量が認められる ・正社員と本件契約社員との職務の内容等には相違があり、功績の程度や内容、貢献度等にも違いが存在する ・長期雇用を前提として、将来的に枢要な職務および責任を担うことが期待されている正社員に対する夏期年末手当の支給を手厚くすることにより、優秀な人材の獲得やその定着を図ることは一定の合理性がある ・夏期年末手当は、労使交渉を経て、金額の相当部分が決定され、臨時手当も、その支給額の算定方法が労使交渉の結果を踏まえて決定されたものである

16 医療法人A会事件 (新潟地裁 平30.3.15判決 労経速2347号36ページ)

賞与・退職金等	賞与	・正規職員には、業績・勤務状況等を勘案した賞与が支給され、成績配分の額により変動 ・非正規職員には、定額の賞与が支給される	【適法性〇】 ・賞与には、一般に功労報償的な意味および将来の意欲向上策としての意味がある ・長期雇用を前提とする正規職員に対し、貢献度向上等を期待してインセンティブを与えることは不合理ではない ・相違の程度も、基本給約1カ月分程度であり、正規職員であった場合との差額の割合は約

			8.25%にとどまる
			・正規職員と非正規職員は、職務の内容、職務の内容・配置の変更の範囲が制度として定型的に異なっている

17 五島育英会（定年後再雇用）事件［1審］
（東京地裁　平30.4.11判決　労経速2355号3ページ）

基本給等	賃金全般	・基本給、調整手当および基本賞与の額が、6割程度に減じられる	【適法性 ○】 ・終身雇用制度を背景とした年功性の高い賃金体系においては、定年退職後に新たに締結された労働契約における賃金が定年退職直前の賃金に比して低額となることは、不合理とはいえない ・極めて年功性の強い賃金制度がとられており、定年退職後の嘱託教諭の賃金水準は30代半ばの専任教諭の賃金水準と同程度であった ・本件規定は原告を構成員とする労働組合との合意により導入されたものである

18 井関松山製造所事件［1審］（松山地裁　平30.4.24判決　労判1182号20ページ）

業務関連手当	精勤手当	・無期雇用労働者のうち、月給日給者で、かつ当該月皆勤者に精勤手当（月額基本給に68.11分の1を乗じた額）を支給 ・有期雇用労働者は精勤手当なし	【適法性 ✖】 ・無期雇用労働者には月給者と月給日給者が存在するところ、精勤手当の趣旨は、月給日給者のほうが欠勤日数の影響で基本給が変動して収入が不安定であるため、かかる状態を軽減する趣旨が含まれる ・有期雇用労働者は時給制であり、欠勤日数の影響で基本給が変動する点は月給日給者と変わりがない
住居・家族関連手当	住宅手当	・無期雇用労働者には、扶養者の有無および住宅の別に応じて住宅手当（3500円〜1万円）を支給 ・有期雇用労働者は住宅手当なし	【適法性 ✖】 ・住宅手当は、住宅費用の負担の度合いに応じて対象者を類型化してその者の費用負担を補助する趣旨 ・有期雇用労働者であっても住宅費用を負担する場合があることに変わりはない ・無期雇用労働者を含む被告の労働者は勤務地変更を伴う異動は想定されていないため、無期雇用労働者のほうが潜在的に住宅費用が高くなると認めることは困難
	家族手当	・無期雇用労働者には、扶養家族の続柄および人数に応じて家族手当（扶養家族1人当たり2000円〜1万円）を支給 ・有期雇用労働者は家族手当なし	【適法性 ✖】 ・家族手当は生活補助的な性質を有しており、労働者の職務内容等とは無関係に支給されている ・配偶者および扶養家族がいることにより生活費が増加することは有期雇用労働者にも変わりがない
賞与・退職金等	賞与	・無期雇用労働者の平均賞与額（平成25年夏季〜平成26年冬季）は、約36万〜39万円程度	【適法性 ○】 ・賞与は、一般的に、賃金の一部を構成するものとして基本給と密接に関連し、賃金の後

		・有期雇用労働者には賞与は支給しないが、夏冬に一律各5万円の寸志を支給	払いとしての性質を有することに加え、継続勤務に対する功労報償および将来に対する勤労奨励といった複合的性質を有する ・無期雇用労働者と有期雇用労働者とで、業務に伴う責任の程度が一定程度相違している ・無期雇用労働者と有期雇用労働者の間には職務の内容および配置の変更の範囲に関して相違があり、職制就任等の可能性がある者として育成される立場の無期雇用労働者に対して、より高額の賞与を支給することで有為な人材の獲得・定着を図る目的は一定の合理性を有する ・有期雇用労働者にも各5万円の寸志は支給されている ・中途採用制度により有期雇用労働者から無期雇用労働者になる実績もあり、両者の地位は必ずしも固定的ではない ・厚労省ガイドライン案は、未確定〈編注：本件事件当時〉であるため、現時点の同案を参酌する必要性はない

19 井関松山ファクトリー事件[1審]
（松山地裁　平30.4.24判決　労判1182号5ページ）

住居・家族関連手当	物価手当	・無期雇用労働者には、物価手当支給基準の区分により物価手当を支給（職務内容等とは無関係に、労働者の年齢に応じて支給） ・有期雇用労働者には物価手当なし	【適法性✕】 ・物価手当は年齢に応じて増大する生活費を補助する趣旨を含む ・年齢上昇に応じた生活費の増大は有期雇用労働者であっても変わりはない
賞与・退職金等	賞与	・無期雇用労働者の平均賞与額（平成25～26年度）は、約35万～37万円程度 ・有期雇用労働者には賞与は支給しないが、業績や評価に基づく一時金として、夏冬に約8万～10万円の寸志を支給	【適法性〇】 ・賞与は、一般的に、賃金の一部を構成するものとして基本給と密接に関連し、賃金の後払いとしての性質を有することに加え、継続勤務に対する功労報償および将来に対する勤労奨励といった複合的性質を有する ・職制に就任する等の可能性がある者として育成される立場にある無期雇用労働者に対して、より高額の賞与を支給することで有為な人材の獲得・定着を図る目的は一定の合理性を有する ・有期雇用労働者にも一季10万円程度の寸志は支給されている ・無期雇用労働者は中途採用制度により採用されており、両者の地位は必ずしも固定的ではない ・厚労省ガイドライン案は、未確定〈編注：本件事件当時〉であるため、現時点の同案を参酌する必要性はない

20 日本郵便（佐賀）事件［控訴審］

（福岡高裁　平30.5.24判決　労経速2352号3ページ）

基本給等	基本給	（1審原告主張） ・1カ月当たりの勤務日数が、正社員の平均的な勤務日数より少なくなる月について、正社員と異なり減少した日数分の基本賃金を得られない	【適法性○】 ・そもそも、1審原告の給与体系が時給制であり、正社員の給与体系が月給制であることに起因する相違である ・業務内容のうち、勤務体制という点については、時給制契約社員と正社員とでは明らかに異なっており、それを前提として給与体系に時給制か月給制かの相違が設けられている
業務関連手当	作業能率評価手当	（手当の正式名称） 郵便物区分能率向上手当、郵便物配達能率向上手当、郵便外務業務精通手当 ・正社員にはかかる手当が支給される ・時給制契約社員にはかかる手当の支給なし（ただし、作業能率測定時の直近のスキル評価がAランクでかつ基礎評価結果がすべてできていると評価された者にはランクに応じて作業能率評価手当が支給され、また、スキル評価の結果によって資格給が加算されている）	【適法性○】 ・1審原告が問題とする正社員の手当に相当する支給は、時給制契約社員に対しても、名称を異にする手当および基本給の一部として支給されている ・職務内容や、職務の内容および配置の変更の範囲に相違がある 　→異なる給与体系を設けること自体は、不合理とは認められない ・上記に加えて、そもそも賃金体系等の制度設計を異にし、給付開始の経緯や趣旨が異なる 　→対象者の範囲ないしはその金額の多寡について、不合理とは認められない
	外務業務手当	・正社員には、外務業務に従事した場合に、1日につき1420円ないし570円が外務業務手当として支給される ・時給制契約社員には支給されない（ただし、支店において外務業務に従事する社員については、基本給のうち基本給の下限額に130円または80円が加算される）	【適法性○】 ・時給制契約社員についても内務業務に従事する者との比較において、外務業務に従事する者については、外務業務に従事していることを理由として給与の加算が行われているのだから、正社員における外務業務手当と同趣旨の手当ないし給与の加算がないとはいえない ・両者の賃金体系に相違がある ・職務内容や、職務の内容および配置の変更の範囲に相違がある
住居・家族関連手当	通勤手当	（1審原告主張） ・1カ月当たりの勤務日数が、正社員の平均的な勤務日数より少なくなる月について、正社員と異なり減少した日数分の通勤手当を得られない	【適法性○】 ・そもそも、1審原告の給与体系が時給制であり、正社員の給与体系が月給制であることに起因する相違である ・業務内容のうち、勤務体制という点については、時給制契約社員と正社員とでは明らかに異なっており、それを前提として給与体系に時給制か月給制かの相違が設けられている
特殊勤務・残業関連手当	早出勤務等手当	・正社員には、正規の勤務時間として始業時刻が7時以前となる勤務または終業時刻が21時以降となる勤務に4時間以上従事したときに1回につき350円ないし850円の早出勤務等手当が支給される ・時給制契約社員には、正規の勤務時間の始業時刻が5時から7時以前となる勤務および終業時刻が21時から22時	【適法性○】 ・当該時間帯に1時間勤務すれば基本賃金と併せて支給を受けられるとされる時給制契約社員と、勤務時間の関係で当該時間帯を含んで4時間以上の勤務に従事しなければ支給を受けられないとされる正社員とでは支給要件が異なる ・早出勤務等手当の支給が問題になる時給制

300

		以前となる勤務に1時間以上従事したときは、1回につき200円ないし500円の早朝・夜間割増賃金が支給される	契約社員は、そもそも採用の際に同手当の支給対象となる時間帯を勤務時間とすることを前提にして労働契約を締結している者がある
	祝日給	・正社員には、祝日給として、祝日において、割り振られた正規の勤務時間中に勤務することを命ぜられて勤務したときに、1時間当たりの給与に100分の135を乗じた金額が支給される ・時給制契約社員が祝日に勤務した場合には、当日の就労に対する基本賃金額に加え、その35%に相当する祝日割増賃金が加算されて支給される	【適法性 〇】 ・祝日給が支給されている趣旨は、正社員の勤務体制を前提にした正社員間の処遇の均衡を図ってきた歴史的な経緯によるものである ・時給制契約社員との間に相違が生じているのは、祝日が本来的には勤務日であることとされ、それを前提に基本給等が決まっている正社員と、そもそも祝日は当然に勤務日ではなく、就労した時間数に応じて賃金を支払うこととされている時給制契約社員の勤務体制の相違によるものである
賞与・退職金等	夏期年末手当	・正社員には、夏期手当・年末手当が支給されており、時給制契約社員に対しても同時期に臨時手当が支給されているものの、両者の算定方式は異なっている	【適法性 〇】 ・夏期手当・年末手当は年齢給や功労報償としての性質を包含している ・臨時手当は会社への貢献度を評価して支給する仕組みが組み込まれているが、年齢給としての性質はない ・正社員と時給制契約社員との間で職務の内容ならびに職務の内容および配置の変更の範囲に相違があることや、賞与の功労報償的な性格や将来の労働への意欲向上としての性格、有為な人材の獲得・定着を図る必要性があることなどを考慮すると、不合理な差であるとは認め難い ・そもそも算定の基礎となる賃金の考え方が異なっており、単純に支給の対象となる期間における会社への貢献度のみを勘案して正社員の夏期年末手当が支給されているわけではない
休暇等	特別休暇	・正社員には、夏期・冬期に各3日の特別休暇（有給休暇）が付与される ・時給制契約社員には付与なし	【適法性 ✕】 ・特別休暇が、主としてお盆や年末年始の慣習を背景にしたものであることに照らすと、正社員に対して定年までの長期にわたり会社に貢献することへのインセンティブを与えるという面を有しているとしても、その時期に同様に就労している正社員と時給制契約社員との間で休暇の有無に相違があることについて、その職務内容等の違いを理由に説明することはできない ・休暇が設けられた趣旨から、当該期間中の実際の勤務の有無や、平均的な勤務日数などの要件を付加した上で、時給制契約社員に対し、正社員に比して一定割合の日数を付与するという方法も考えられる ・1審原告が所属する労働組合と会社との間では、期間雇用社員の休暇に関し労働協約（特別休暇の定めなし）が締結されているが、そのことだけでは不合理性を否定することはできない

21 ハマキョウレックス事件[上告審]
（最高裁二小　平30.6.1判決　労判1179号20ページ）

業務関連手当	作業手当	・正社員は該当者には月額1万～2万円を支給（彦根支店では正社員に対して一律月額1万円を支給） ・契約社員はなし	【適法性 ×】 ・特定の作業を行った対価として支給されるものであり、作業そのものを金銭的に評価して支給される性質の手当 ・職務の内容は異ならない ・職務の内容および配置の変更の範囲が異なることによって、行った作業に対する金銭的評価が異なることになるものではない
	皆勤手当	・正社員は該当者には月額1万円を支給 ・契約社員はなし	【適法性 ×】 ・皆勤を奨励する趣旨で支給される手当 ・職務の内容は異ならないから、出勤する者を確保することの必要性は、両者の間に差異が生じない ・出勤する者を確保することの必要性は、当該労働者が将来転勤や出向をする可能性や、会社の中核を担う人材として登用される可能性の有無といった事情により異ならない ・労働契約および就業規則によれば、契約社員については、会社の業績と本人の勤務成績を考慮して昇給することがあるとされているが、昇給をしないことが原則である上、皆勤の事実を考慮して昇給が行われた事情もうかがわれない
住居・家族関連手当	住宅手当	・正社員は、21歳以下：月額5000円、22歳以上：月額2万円を支給 ・契約社員はなし	【適法性 ○】 ・住宅に要する費用を補助する趣旨で支給される手当 ・契約社員については就業場所の変更が予定されていないのに対し、正社員については、転居を伴う配置転換が予定されているため、契約社員と比較して住宅に要する費用が多額となり得る
	通勤手当	・正社員は通勤距離に応じて支給。限度額は5万円、2km以下は一律5000円を支給 ・契約社員は3000円を限度に支給	【適法性 ×】 ・通勤に要する交通費を補填する趣旨で支給される手当 ・労働契約に期間の定めがあるか否かによって通勤に要する費用が異なるものではない ・職務の内容および配置の変更の範囲が異なることは、通勤に要する費用の多寡とは無関係である
特殊勤務・残業関連手当	無事故手当	・正社員は該当者には月額1万円を支給 ・契約社員はなし	【適法性 ×】 ・優良ドライバーの育成や安全な輸送による顧客の信頼の獲得を目的として支給される手当 ・職務の内容は異ならないから、安全運転および事故防止の必要性は、職務の内容によって両者の間に差異が生じない ・安全運転および事故防止の必要性は、当該労働者が将来転勤や出向をする可能性や、会社の中核を担う人材として登用される可能

			性の有無といった事情により異なるものではない
その他福利厚生手当	給食手当	・正社員は月額3500円を支給 ・契約社員はなし	【適法性✗】 ・従業員の食事に係る補助として、勤務時間中に食事を取ることを要する労働者に対して支給する手当 ・職務の内容が異ならない上、勤務形態にも違いがない ・職務の内容および配置の変更の範囲が異なることは、勤務時間中に食事を取ることの必要性やその程度とは関係がない

22 長澤運輸(定年後再雇用)事件[上告審]
(最高裁二小 平30.6.1判決 労判1179号34ページ)

基本給等	基本給・能率給・職務給	・正社員には基本給、能率給、職務給が支給されるが、嘱託社員には基本賃金および歩合給が支給され、能率給および職務給は支給されない	【適法性〇】 ・嘱託社員の基本賃金は定年前の基本給を上回っており、歩合給の係数を能率給よりも高く設定することにより、基本賃金と歩合給を合わせた額は、基本給、能率給および職務給を合わせた金額より10%程度少ない額にとどまっている ・嘱託社員は一定の要件を満たせば老齢厚生年金の支給を受けることができる上、老齢厚生年金の報酬比例部分の支給が開始されるまでは2万円の調整給が支給されている
業務関連手当	役付手当	・正社員には役付手当(班長は月額3000円、組長は月額1500円)が支給されるが、嘱託社員には支給されない	【適法性〇】 ・役付手当は、年功給、勤続給的性格のものではなく、正社員の中から指定された役付者であることに対して支給されるものである
	精勤手当	・正社員には精勤手当(月額5000円)が支給されるが、嘱託社員には支給されない	【適法性✗】 ・精勤手当は従業員に対して休日以外は1日も欠かさずに出勤することを奨励する趣旨で支給される ・職務の内容が同一である以上、両者の間で、その皆勤を奨励する必要性に相違はない
住居・家族関連手当	住宅手当	・正社員には住宅手当(月額1万円)が支給されるが、嘱託社員には支給されない	【適法性〇】 ・住宅手当は、従業員の住宅費の負担に対する補助として支給される ・正社員には幅広い世代の労働者が存在し得るが、嘱託社員は、定年退職した者であり、老齢厚生年金の支給を受けることが予定され、その報酬比例部分の支給が開始されるまでは調整給を支給されることとなっている
	家族手当	・正社員には家族手当(配偶者につき5000円、2人を限度として子1人につき5000円)が支給されるが、嘱託社員には支給されない	【適法性〇】 ・家族手当は、従業員の家族を扶養するための生活費に対する補助として支給される ・正社員には幅広い世代の労働者が存在し得るが、嘱託社員は、定年退職した者であり、老齢厚生年金の支給を受けることが予定され、その報酬比例部分の支給が開始されるまでは調整給を支給されることとなっている

特殊勤務・残業関連手当	時間外手当・超勤手当	・割増賃金の算定に当たり、割増率その他の計算方法は変わらない ・正社員の超勤手当の計算の基礎に精勤手当が含まれるにもかかわらず、嘱託社員の時間外手当の計算の基礎には精勤手当が含まれない	【適法性×】 ・嘱託乗務員に精勤手当を支給しないことは、不合理であるから、嘱託乗務員の時間外手当の計算の基礎には精勤手当が含まれないというのは不合理
賞与・退職金等	賞与	・正社員には賞与（基本給の5カ月分）が支給されるが、嘱託社員には支給されない	【適法性○】 ・賞与は、労務の対価の後払い、功労報償、生活費の補助、労働者の意欲向上等といった多様な趣旨を含み得る ・嘱託社員は、定年退職後に再雇用された者であり、定年退職に当たり退職金の支給を受けるほか、老齢厚生年金の支給を受けることが予定され、その報酬比例部分の支給が開始されるまでの間は会社から調整給の支給を受けることも予定されている ・嘱託社員の年収は定年退職前の79%程度となることが想定され、賃金体系も工夫されている

23 九水運輸商事事件［控訴審］
（福岡高裁　平30.9.20判決　労判1195号88ページ）

住居・家族関連手当	通勤手当	・正社員は1万円支給（1カ月に出勤日の半分を超える欠勤があった場合、出勤日数×1000円または1万円のうち少ないほう） ・パート社員は5000円支給（月に欠勤2日以内の場合のみ）	【適法性×】 ・（会社は支給していた通勤手当は皆勤手当の一種であるなどと主張するが）雇入通知書には皆勤手当とは別に通勤手当が記載され、パート社員が通勤に最多利用する交通手段は自家用車であったから、通勤手当は通勤に要する交通費を填補する趣旨で支給されていたというべき。事務手続きの手間を省略できることからすると、一律支給の事実は、通勤手当であるとの判断を左右しない。皆勤手当とは別に通勤手当が記載され、会社も支給した金額を通勤手当として申告し非課税の扱いを受けていたことからすると、月3回以上の欠勤で不支給になるとしても、通勤手当ではないとはいえない ・職務の内容・職務の内容および配置の変更の範囲の相違は、通勤に要する費用の多寡と直接関連しない ・（通勤手当の支給要件からすると）通勤手当の金額の多寡と出勤率の向上との関連は薄い ・労働契約に期間の定めがあるか否かによって通勤に要する費用が異なるものではないし、正社員とパート社員とで通勤に利用する交通手段に相違はなく、パート社員の通勤時間や通勤経路が正社員に比して短いといった事情もない

24 五島育英会（定年後再雇用）事件［控訴審］
（東京高裁　平30.10.11判決　判例集未掲載）

基本給等	賃金全般	・基本給、調整手当および基本賞与の額が、6割程度に減じられる	【適法性 ○】 ・退職年度の専任教諭の職務の内容につき、一般の専任教諭よりも負担を軽減する方向で一定の配慮がされていた ・退職前年度と退職年度の職務との内容の差異をも考慮すれば、本件労働条件の相違が直ちに不合理であるとはいえない ・本件規定は被控訴人を構成員とする労働組合との合意により導入されたものである

25 日本郵便（休職）事件［控訴審］
（東京高裁　平30.10.25判決　労経速2386号3ページ）

休暇等	病気休暇	・正社員には、勤続10年未満の場合、私傷病につき90日以内の有給の病気休暇を付与 ・時給制契約社員には、無給の病気休暇10日のみ付与	【適法性 ○】 ・正社員のうちの一般職と時給制契約社員とを比較すると、その職務の内容、当該職務の内容および配置の変更の範囲その他の事情については、一定の相違がある ・病気休暇は、労働者の健康保持のため、私傷病によって勤務することができない場合に療養に専念させるための制度であり、正社員の病気休暇に関し、これを有給のものとしている趣旨は、正社員として継続して就労をしてきたことに対する評価の観点、今後も長期にわたって就労を続けることによる貢献を期待し、有為な人材の確保、定着を図るという観点、正社員の生活保障を図るという観点によるものと解することができ、職務の内容等の相違に照らして、一定の合理的な理由がある ・時給制契約社員については、期間を6カ月以内と定めて雇用し、長期間継続した雇用が当然に想定されるものではなく、継続して就労をしてきたことに対する評価の観点、有為な人材の確保、定着を図るという観点が直ちに当てはまるものとはいえない ・社員の生活保障を図るという観点について、1審被告においては、期間雇用社員の私傷病による欠務について、私傷病による欠務の届け出があり、かつ診断書が提出された場合には、承認欠勤として処理されており、欠勤ではあるものの無断欠勤ではなく、問責の対象としない取り扱いがされている ・社会保険に加入している期間雇用社員については、一定の要件の下で傷病手当金を受給することができるため、著しい欠務状況でない限り、事実上は、ある程度の金銭的補填のある療養が相当な期間にわたって可能な状態にある

	休職制度	・正社員には休職制度あり ・期間雇用社員には休職制度なし	【適法性 ○】 ・病気休暇に関して説示したところと同様の理由により、正社員には有為な人材の確保、定着を図るという観点から休職制度を設けているものであり、合理性を有する ・時給制契約社員については、6カ月の契約期間を定めて雇用され、長期間継続した雇用が当然に想定されるものではない

26 日本ビューホテル（定年後再雇用）事件
（東京地裁　平30.11.21判決　労判1197号55ページ）

基本給等	基本給	・最も低い嘱託社員における賃金額は21万320円（基本給、調整手当および固定時間外手当の合計。定年退職時の年俸の月額の約54%であり、原告に支給されるべき高年齢者雇用継続基本給付も考慮に入れると約63%である） ・臨時社員時の最も低額である月の時給の月額は19万4683円であり、定年退職時の約50%である	【適法性 ○】 ・嘱託社員および臨時社員の基本給ないし時間給と正社員の年俸の趣旨に照らし、前者が後者よりも低額であること自体不合理ではない ・嘱託社員および臨時社員の賃金制度は長期雇用を前提とせず、年功的性格は含まず、役職に就くことも予定されていない ・嘱託社員および臨時社員の賃金額は職務内容が近似する一般職の正社員と比較して不合理に低いとはいえない

27 学校法人産業医科大学事件［控訴審］
（福岡高裁　平30.11.29判決　労判1198号63ページ）

基本給等	基本給	・臨時職員の給与月額は、雇用期間や職種にかかわりなく毎年一律に定められ、毎年人事院勧告に従い引き下げや引き上げが行われていた ・1審原告の基本給は、同時期に採用された正規職員の約2分の1であった	【適法性 ×】 ・職務の内容等の違いおよび1審原告自身が同一の科での継続勤務を希望した事情を踏まえても、30年以上の長期にわたり雇用を続け、業務に対する習熟度を上げた1審原告に対し、臨時職員であるとして人事院勧告に従った賃金の引き上げのみであって、1審原告と同学歴の正規職員が管理業務に携わることができる主任に昇格する前の賃金水準すら満たさず、同時期に採用された正規職員との基本給の額に約2倍の格差が生じているという労働条件の相違は、同学歴の正規職員の主任昇格前の賃金水準を下回る3万円の限度において不合理である

28 日本郵便（東京）事件［控訴審］
（東京高裁　平30.12.13判決　労判1198号45ページ）

業務関連手当	郵便外務・内務業務精通手当	・正社員には郵便外務・内務業務精通手当として、各々の手当額に各々の調整率を乗じて算出した金額を支給している ・時給制契約社員には支給なし（ただし、時給制契約社員にはスキル評価の結果に応じて資格給を基本給に加算して支給している）	【適法性 ○】 ・1審判決（9事件）と同旨
	外務業務手当	・正社員には外務業務手当が支給される ・時給制契約社員には支給なし	【適法性 ○】 ・1審判決（9事件）と同旨

住居・家族関連手当	住居手当	・正社員には、自ら居住するための住宅を借り受け、住宅を新築購入したり、単身赴任の際に家族用の住宅を借り受けたりした場合に住居手当が支給される ・時給制契約社員には支給なし	●旧人事制度【適法性○】 ・住居手当は、その名称および支給要件からして、従業員の住宅に要する費用を補助する趣旨で支給される ・旧一般職は、転居を伴う可能性のある配置転換等が予定されていたため、旧一般職は時給制契約社員と比較して住宅に要する費用が多額となり得る ●新人事制度【適法性×】 ・新一般職は、転居を伴う配置転換等が予定されておらず、新一般職も時給制契約社員も住宅に要する費用は同程度である ・住居手当は、従業員の住宅に要する費用を毎月補助するものであるところ、同費用は上記のとおり同程度であることから、長期的な勤務に対する動機付けの効果および有為な人材を正社員に採用しやすくする狙いがあることをもって、不合理性は否定できない
特殊勤務・残業関連手当	早出勤務等手当	・正社員には、正規の勤務時間として始業時刻が午前7時以前となる勤務または終業時刻が午後9時以後となる勤務に4時間以上従事したときに、始業終業時刻に応じ、350円から850円が支給される ・時給制契約社員には支給なし（ただし、正規の勤務時間として始業時刻が午前7時以前となる勤務または終業時刻が午後9時以後午後10時以前となる勤務に1時間従事したときは、勤務1回につき、始業終業時刻に応じて200円、300円または500円の早朝・夜間割増賃金が支給される）	【適法性○】 ・1審判決（9事件）と同旨
	夜間特別勤務手当	・正社員には、正規の勤務時間として、郵便局において新夜勤、調整深夜勤および深夜勤のいずれかに服し、かつ、夜間（午後10時から翌日の午前6時までの間）の全期間にわたって勤務したとき、勤務時間や勤務回数に応じて夜間特別勤務手当が支給される ・時給制契約社員には支給されない	【適法性○】 ・1審判決（9事件）と同旨（時給制契約社員には正社員の夜勤手当〔100分の25〕よりも高い割合〔100分の30〕の深夜割増賃金が支給されることも追加）
	祝日給	・正社員には、祝日において、割り振られた正規の勤務時間中に勤務することを命ぜられて勤務したときに、1時間当たりの給与に100分の135を乗じた金額が支給される ・時給制契約社員には支給なし（ただし、時給制契約社員が祝日に勤務することを命ぜられて勤務したときは、祝日割増賃金が支給される）	【適法性○】 ・1審判決（9事件）と同旨（祝日に勤務したことにより追加して支給される賃金の観点からみると、祝日給は135%であって、時給制契約社員と同じ割合であることも追加）

	年末年始勤務手当	・正社員には、12月29日から同月31日までの間に実際に勤務したときには1日当たり4000円、翌年1月1日から同月3日までの間に実際に勤務したときには1日当たり5000円の年末年始勤務手当が支給される ・時給制契約社員には年末年始勤務手当の支給なし	【適法性✕】 ・1審判決（9事件）と同旨（契約期間や更新状況に照らし、時給制契約社員が、年末年始の期間に必要な労働力を補充・確保するための臨時的な労働力であるとは認められず、時給制契約社員に年末年始勤務手当の趣旨が妥当しないとはいえないことも追加）
賞与・退職金等	夏期年末手当	・正社員に支給される夏期手当の金額は、（基本給＋扶養手当＋調整手当）×在籍期間割合（30 ～ 100％）×支給の都度定める割合により計算される ・正社員に支給される年末手当の金額は、夏期手当と同様の計算式にて計算した金額と（基本給＋調整手当）×在籍期間割合×評定区分に応じた成績率（40 ～ 150％）で計算した金額の合計 ・時給制契約社員には、夏期年末手当の支給なし（ただし、臨時手当〔基本賃金（1ヵ月平均）×30%×対象期間の実際の勤務日数の区分に応じた割合（100 ～ 180％）で計算〕が支給される）	【適法性〇】 ・1審判決（9事件）と同旨（使用者は、雇用および人事に関する経営判断の観点から、職務内容および変更範囲にとどまらないさまざまな事情を考慮して、労働者の賃金に関する労働条件を検討するものといえること、労働者の賃金に関する労働条件のあり方については、基本的には、労使自治に委ねられるべき部分が大きいことも追加）
休暇等	夏期冬期休暇	・正社員には、在籍時期に応じ、夏期休暇として6月1日から9月30日までの期間において暦日1日から3日まで付与され、冬期休暇として10月1日から翌年3月31日までの期間において暦日1日から3日まで付与され、いずれも有給である ・時給制契約社員には付与されない	【適法性✕】 ・夏期冬期休暇の趣旨は、内容の違いはあれ、一般的に広く採用されている制度（慣習的な休暇）を1審被告においても採用したもの ・夏期冬期休暇が基本給と密接に関連し一体として機能するとは認められないし、夏期冬期休暇と年次有給休暇は同じ有給の休暇であっても趣旨が異なり一体として見ることは相当でない ・夏期冬期休暇は、国民的意識や慣習が背景にある休暇であり、正社員と時給制契約社員との間で夏期や年末年始の繁忙期に差異があるとも認められない中で、時給制契約社員に付与しないことについて、不合理性は否定できない
	病気休暇	・正社員には、私傷病につき有給（一定期間を超える期間については、基本給の月額および調整手当を半減して支給）の病気休暇（結核性疾患以外は少なくとも90日）が付与されている ・時給制契約社員には、1年度に無給の病気休暇10日のみが設けられている	【適法性✕】 ・長期雇用を前提とした正社員に対し日数の制限なく病気休暇を認めているのに対し、契約期間が限定され、短時間勤務の者も含まれる時給制契約社員に対し、その日数を限定していることは、不合理であるとは評価できない ・無給の休暇制度があることや健康保険から傷病手当金の支給を受けられることは、病気休暇が無給であることの不合理性を左右するものではない →正社員に対し私傷病の場合は有給とし、時給制契約社員に対し私傷病の場合も無給としている相違は、不合理である

29 北日本放送（定年後再雇用）事件

（富山地裁　平30.12.19判決　労経速2374号18ページ）

基本給等	基本給	・正社員の基本給は、年齢給および職能等級等に基づく職能給 ・再雇用社員の基本給は、本人の職務および能力等によって決定した時間給（※原告の平均月額賃金は、正社員時の約73%）	【適法性 ○】 ・再雇用社員と正社員の職務の内容、当該職務の内容および配置の変更の範囲はいずれも異なり、定年退職後の再雇用社員の基本給を正社員と比べて相当程度低くすることも不合理であるとはいえない事情が存在する上、原告の基本給の水準は会社と組合の十分な労使協議を経たものとして尊重する必要があり、再雇用社員時の月収は給付金および企業年金を加えると正社員時の基本給を上回ることが認められる
住居・家族関連手当	住宅手当	・正社員のうち社宅入居者以外の者には、採用地等の基準に応じて3万円から4万1000円の住宅手当が支給される ・再雇用社員は支給なし	【適法性 ○】 ・正社員は、幅広い世代の労働者が存在し得るから、住宅費を補助することには相応の理由がある ・再雇用社員は、正社員として勤続した後に定年退職した者であり、既に持ち家を所有している者も相当程度存在することが推測されるから、住宅費を補助する必要性が高いとは必ずしもいえない ・正社員は転勤および関連会社への出向が予定されているのに対し、再雇用社員は今まで配置転換および転勤することとなった者がいない
特殊勤務・残業関連手当	裁量手当	・裁量労働制の適用対象者には労使協定で定める裁量手当が支給される ・会社と組合は、裁量労働制の適用対象者は、対象業務に常態として従事する者であって、適切な時間管理、効率的な業務遂行のためには、これを対象者自身が自律的に行うことが適切であるとして会社が指定した者とする旨協定しており、原告が会社から裁量労働制の対象として指定を受けていないことについては、当事者間に争いがない	【適法性 ○】 ・再雇用社員が裁量手当の支給を受けていないのは、再雇用社員が裁量労働制の対象として指定されていないことによるのであって、これが期間の定めがあることに関連して生じたものであるとは認められない
その他福利厚生手当	祝金	賃金規定および再雇用者就業規則上、詳細な記載なし	【適法性 ○】 ・決算状況等に鑑み、従業員に対する祝儀の趣旨で支給することがある ・専ら会社の裁量に基づき支給されるものであって、労働契約法20条にいう「労働契約の内容である労働条件」に当たるとはいえない ・職務の内容等に照らせば、祝金の支給に関して労働契約法20条の趣旨の潜脱に当たると評価し得るような特段の事情があるとも認められない
賞与・退職金等	賞与	・正社員は、会社と組合が協定により妥結した基準に基づき、賞与の支給を受ける ・再雇用社員は、賞与の支給がなく、その代わりに寸志の支給を受ける	【適法性 ○】 ・職務の内容等を考慮すれば、功労報償、生活費の補助および労働者の意欲向上等も趣旨とする賞与について、再雇用社員と正社

			員とで異なる扱いをすることも不合理であるとはいえず、会社と組合の十分な労使協議の結果を尊重する必要性があるといえる ・退職金として2138万5804円の支給を受けている ・給与と給付金および企業年金を合わせて年収500万円程度とすることを想定しており、再雇用社員の収入の安定に対する配慮は相応に行われていたといえる

30 ハマキョウレックス事件［差戻審］
（大阪高裁　平30.12.21判決　労判1198号32ページ）

| 業務関連
手当 | 皆勤手当 | ・正社員は該当者には月額1万円を支給
・契約社員はなし | 【適法性✕】
・皆勤を奨励する趣旨で支給される手当
・職務の内容は異ならないから、出勤する者を確保することの必要性は、職務の内容によって両者の間に差異が生じない
・評価表の作成およびそれに基づく支給基準を作成し、この制度に基づき時間給が増加することとなっているが、そもそも皆勤の評価が直ちに反映するのか不確実な制度であり、皆勤の事実が事実上昇給に反映されていると見得る余地があるとしても、皆勤手当（月額1万円）と比べるとわずかな金額（最大で月額504円）にすぎないから、合理的な代償措置とはいえない |

31 日本郵便（大阪）事件［控訴審］
（大阪高裁　平31.1.24判決　労判1197号5ページ）

| 業務関連
手当 | 郵便外務業
務精通手当 | ・郵便業務調整額の支給を受ける正社員のうち主として外務業務に従事し、その担当する職務の精通度合い等を被告が定めるところにより評価した結果が所定の評価段階に達した正社員に対し、評価段階に応じて定められた手当額に調整率を乗じて算出された金額が支給される
・本件契約社員には支給なし（ただし、時給制契約社員に対しては、資格給の加算によって郵便外務業務への精通度合いが基本賃金に反映されている） | 【適法性〇】
・1審判決（15事件）と同旨 |
| | 外務業務手
当 | ・正社員には、外務業務に従事した日1日につき、各郵便局の取扱物数等により定められた支給区分に応じて570円から1420円を支給する
・本件契約社員には支給なし（ただし、外務業務に従事する時給制契約社員については、基本賃金のうち基本給の下限額に130円または80円が支給され、月給制契約社員については、基本月額および契約更新時に加算される額が、担当業務および正規の勤務時間によって定められている） | 【適法性〇】
・1審判決（15事件）と同旨 |

住居・家族 関連手当	住居手当	・正社員に自ら居住するための住宅を借り受け、住宅を新築購入したり、単身赴任の際に家族用の住宅を借り受けたりした場合に住居手当（最大で月額2万7000円）が支給される ・本件契約社員には支給なし	●旧人事制度【適法性〇】 ・1審判決（15事件）と同旨 ●新人事制度【適法性✕】 ・1審判決（15事件）と同旨（ただし、住居手当が支給される趣旨目的について、主として、住宅に係る費用負担の軽減ということにあるが、配置転換の有無についても考慮要素となると考えられると変更）
	扶養手当	・正社員には、扶養親族の状況に応じて扶養手当が支給される ・本件契約社員には支給なし	【適法性〇】 ・1審被告の扶養手当は、長期雇用を前提として基本給を補完する生活手当としての性質、趣旨を有するものといえる ・本件契約社員は、原則として短期雇用を前提とし、必要に応じて柔軟に労働力を補充、確保するために雇用されたものである等、長期雇用を前提とする基本給の補完といった扶養手当の性質および支給の趣旨に沿わない ・本件契約社員についても家族構成や生活状況の変化によって生活費の負担増もあり得るが、基本的には転職等による収入増加で対応することが想定されている
特殊勤務・ 残業関連 手当	早出勤務等 手当	・正社員には、始業時刻が午前7時以前または終業時刻が午後9時以降の勤務に従事した場合、350円ないし850円の範囲で早出勤務等手当が支給される ・本件契約社員には支給なし（ただし、正規の勤務時間として始業時刻が午前7時以前となる勤務または終業時刻が午後9時以後午後10時以前となる勤務に1時間従事したときは、勤務1回につき、始業終業時刻に応じて200円、300円または500円の早朝・夜間割増賃金が支給される）	【適法性〇】 ・1審判決（15事件）と同旨
	祝日給	・正社員には、祝日給として、祝日または1月1日から同月3日までのうち祝日を除く日に勤務した場合、1時間当たりの給与に支給対象期間（8時間）と100分の135を乗じた額が支給される ・時給制契約社員には、祝日に勤務した場合に、基本賃金額と100分の35を乗じた額の祝日割増賃金が支給されるが、正社員の祝日給とは支給額の算定方法が異なる上、年始期間に勤務した場合には祝日割増賃金が支給されない ・月給制契約社員には、正社員の祝日給と同様の算定方法による祝日割増賃金が支給されるが、年始期間に勤務した場合には祝日割増賃金が支給されない	【適法性✕】 ・祝日に勤務した場合においては、正社員および月給制契約社員と時給制契約社員との間で、祝日勤務に対する配慮を考慮した割増率は同じである →祝日給と祝日割増賃金の支給額の算定方法に関する相違は、不合理とは認められない ・年始期間の勤務に対する祝日給と祝日割増賃金の支給の有無に関する相違は、特別休暇についての相違を反映したものである ・年末年始勤務手当で説示したことは年始期間の支給の有無にも当てはまる →契約期間を通算した期間が5年を超えた以降も相違を設けることは、不合理と認められる
	年末年始勤 務手当	・正社員には、勤務した1日につき、12月29日から同月31日までは4000円、1月	【適法性✕】 ・年末年始勤務手当は、年末年始が最繁忙

311

		1日から同月3日までは5000円の年末年始勤務手当が支給される ・本件契約社員には支給なし	期になるという特殊性から、多くの労働者が休日として過ごしているはずの年末年始の時期に業務に従事しなければならない正社員の労苦に報いる趣旨で支給されるもの ・（本件契約社員は年末年始の期間に業務に従事することを当然の前提として採用されていることや、正社員の待遇を手厚くすることで有為な人材の長期的確保を図る必要があるとの事情や、各労働条件が労使協議を経て設定された事情等からすれば、年末年始勤務手当に関し労働条件の相違があることは直ちに不合理なものとはいえないが）本件契約社員にあっても、有期労働契約を反復して更新し、契約期間を通算した期間が長期間に及んだ場合には、年末年始勤務手当を支給する趣旨・目的との関係で正社員と本件契約社員との間に相違を設ける根拠は薄弱なものとならざるを得ない →契約期間を通算した期間が5年を超えた以降も相違を設けることは、不合理と認められる
賞与・退職金等	夏期年末手当	・正社員に支給される夏期手当の金額は、（基本給＋扶養手当＋調整手当）×在籍期間割合（30〜100%）×支給の都度定める割合により計算される ・正社員に支給される年末手当の金額は、夏期手当と同様の計算式にて計算した金額と（基本給＋調整手当）×在籍期間割合×評定区分に応じた成績率で計算した金額の合計 ・時給制契約社員には、夏期年末手当の支給なし（ただし、臨時手当〔基本賃金（1カ月平均）×30%×対象期間の実際の勤務日数の区分に応じた割合（100〜180%）で計算〕が支給される） ・月給制契約社員には、夏期年末手当の支給なし（ただし、臨時手当〔基本賃金月額×0.3×2.0による計算〕が支給される）	【適法性○】 ・1審判決（15事件）と同旨
休暇等	夏期冬期休暇	・正社員には、在籍時期に応じ、夏期休暇として6月1日から9月30日までの期間において暦日1日から3日まで付与され、冬期休暇として10月1日から翌年3月31日までの期間において暦日1日から3日まで付与され、いずれも有給である ・本件契約社員には付与されない	【適法性×】 ・1審被告における夏期休暇はいわゆるお盆休みではなく一般の国家公務員と同様に心身の健康の維持、増進等を図るための特別の休暇であり、冬期休暇は年末年始特別休暇に由来するものであり、年末年始の期間に限らず冬期の一定の期間に付与された特別の休暇（有給）である ・年末年始勤務手当で説示したことは夏期冬期休暇にも当てはまる →契約期間を通算した期間が5年を超えた以降も相違を設けることは、不合理と認められる

	病気休暇	・(1審判決〔15事件〕における認定事実）正社員には、私傷病につき有給の病気休暇（結核性疾患以外は少なくとも90日）が付与されている ・本件契約社員には、1年度内に無給の病気休暇10日のみが設けられている	【適法性 ×】 ・一般の国家公務員の病気休暇は、職員が私傷病になった場合にも安んじて療養に専念させ、健康体に回復させることによって公務能率の維持向上に資することにあると考えられるところ、1審被告の病気休暇も同趣旨である ・年末年始勤務手当で説示したことは病気休暇にも当てはまる 　→契約期間を通算した期間が5年を超えた以降も有給・無給の相違を設けることは、不合理と認められる

32 大阪医科薬科大学事件［控訴審］
（大阪高裁　平31.2.15判決　労判1199号5ページ）

基本給等	基本給	・アルバイト職員は時給制で正職員は月給制 ・アルバイト職員の時給と正職員の初任給は、フルタイムで換算すると、約2割程度の賃金水準の相違	【適法性 ○】 ・アルバイト職員は短時間勤務者が6割を占めており、短時間勤務者に適した時給制の採用は不合理ではない ・職務・責任・異動可能性・採用に際し求められる能力に大きな差異がある ・正職員の賃金は勤続年数に伴う職務遂行能力の向上に応じた職能給、アルバイト職員の賃金は特定の簡易な作業に対応した職務給の性質を有する ・金額の差異は2割程度にとどまっている
	労働日数による変動	・アルバイト職員は時給制で正職員は月給制 ・年末年始等の休日があった場合、正職員の賃金は減少しないが、アルバイト職員の賃金は減少	【適法性 ○】 ・一方が時給制、一方が月給制を採用したことの帰結にすぎない
その他福利厚生手当	医療費補助	・正職員を含むが雇用関係の有無を問わず広範な者に対し、付属病院を受診した場合の医療費を1人当たり月額4000円を上限として補助している ・当該補助の対象にアルバイト職員は含まれていない	【適法性 ○】 ・1審判決（12事件）と同旨 ・当該制度は大学との一定の関係を有する者に恩恵的に施されるものであって、労働契約の一部として何らかの対価として支出されるものではない
賞与・退職金等	賞与	・正職員には通年でおおむね基本給の4.6カ月分の賞与を支給 ・契約社員には正職員の約80%の賞与を支給 ・アルバイト職員には賞与は支給されない	【適法性 ×】 ・正職員の賞与は基本給のみに連動しており、賞与算定期間の就労に対する対価としての性質を有する ・賞与額の算定方法は年齢・在職年数に連動していない上、長期雇用を前提としない契約職員にも正職員の約80%の賞与を支給しており、長期雇用の期待や業績変動報酬の後払いという趣旨は、あるとしても付随的なものにとどまる ・時給額で評価されているとの1審被告の主張は、具体的な反映方法が不明であり採用できない ・使用者の経営判断を尊重すべき面も否定でき

			ず、アルバイト職員の功労も相対的に低いことは否めないが、新規採用の正職員の賞与の60%を下回る場合には、不合理な相違に至る
休暇等	年次有給休暇	・正職員については、採用後6カ月後に10日、1年後に採用月からの期間に応じて1〜14日、翌年始に16日、翌々年始に18日の年休を付与 ・アルバイト職員については、労働基準法所定の日数を付与	【適法性○】 ・1審判決（12事件）と同旨
	夏期特別有給休暇	・正職員は夏期に5日間の夏期特別有給休暇があるが、アルバイト職員にはない	【適法性×】 ・一般に、夏期の職務は体力的な負担が大きく、心身のリフレッシュを図らせる必要性・合理性があるほか、帰省・家族旅行に出かけることも多く、1審被告における夏期特別有給休暇の趣旨もかかる趣旨によるもの ・アルバイト職員であってもフルタイムで勤務する者は、夏期に相当程度の疲労を感じることは想像に難くない
	私傷病欠勤・休職	・正職員は、私傷病で欠勤しても6カ月は賃金全額が支払われ、6カ月経過後も休職期間中は賃金の2割の休職給が支払われる ・アルバイト職員にはそのような保障がない	【適法性×】 ・私傷病欠勤中に賃金・休職給を支払う趣旨は、正職員の長期就労に対する評価や今後の就労継続に対する期待を踏まえ、その生活保障を図る点にある ・アルバイト職員も契約更新により一定期間の継続就労があり得る ・正職員は一律対象であり、業績を左右し得る貢献をなし得る能力を有する者に限る趣旨とは認められない ・フルタイム勤務で契約期間を更新しているアルバイト職員に保障が一切ないことは不合理 ・長期就労の可能性等の差異を考慮すれば、賃金1カ月・休職給2カ月分を下回る部分のみが不合理というべき

33 メトロコマース事件[控訴審]
（東京高裁　平31.2.20判決　労判1198号5ページ）

基本給等	基本給	・正社員は年齢給・職務給（月給制） ・契約社員Bは時給制	【適法性○】 ・職務内容・配置の変更範囲に相違 ・正社員には長期雇用を前提とした年功的な賃金制度を設けることは一定の合理性あり ・契約社員Bの本給は、正社員に比べて一概に低いとはいえない ・契約社員Bには、正社員にない早番手当・皆勤手当も支給 ・契約社員Bは契約社員Aを経て正社員への登用制度の機会もある ・売店業務に従事する正社員は、関連会社再編によって転籍した者が一定割合を占めており、これらの者の契約社員への切り替えや賃金水準の引き下げはできなかったと考えられる

業務関連手当	資格手当	・正社員がL-3資格に昇格した場合、3000円の資格手当が加算 ・契約社員Bには資格手当なし	【適法性 ○】 ・資格手当は、正社員の職務グループにおける各資格に応じて支給されるもの ・契約社員Bは、その業務の内容に照らして同様の資格を設けることは困難
住居・家族関連手当	住宅手当	・正社員は、扶養家族の有無により月額9200円または1万5900円の住宅手当あり ・契約社員Bはなし	【適法性 ✕】 ・扶養家族の有無により異なる金額が支給されることからすれば、住宅費を中心とした生活費を補助する趣旨 ・生活費補助の必要性は職務の内容等によって差異が生じるものではない ・正社員であっても転居を必然的に伴う配置転換は想定されていない ・有為な人材の確保・定着を図る目的というのみでは正当化されない
特殊勤務・残業関連手当	早出残業手当	・正社員の早出残業の割増率は、2時間まで127%、2時間超は135% ・契約社員Bは125%	【適法性 ✕】 ・時間外労働の抑制という観点から割増率に相違を設けるべき理由はない ・正社員のほうが基礎賃金額が高く、これに加えて正社員の割増率を高くすべき積極的理由はない ・労使交渉により正社員の割増率が決められたという経緯は認められず、関連会社再編等の当時にかかる差異を踏まえた労使交渉が行われた形跡もうかがわれない
賞与・退職金等	賞与	・正社員には、夏冬に本給2カ月分+17万円または17万6000円を賞与として支給 ・契約社員Bには、夏冬に一律各12万円を賞与として支給	【適法性 ○】 ・一般に、賞与はさまざまな趣旨を含み得るものであり、いかなる趣旨で支給するかは使用者の経営および人事施策上の裁量判断による ・有為な人材の獲得・定着を図るという目的にも一定の合理性あり ・支給実績に照らすと、正社員個人の業績を中心に反映するものではなく、労務の対価の後払いや従業員の意欲向上策等の性格を帯びている ・契約社員Bは有期契約であって労務の対価の後払いを予定すべきとはいえない ・支給可能な賃金総額の配分という制約もある ・契約社員Bに対する支給額は正社員に比して相当低額ではあるが、直ちに不合理とまでは評価できない
	退職金	・正社員には勤続年数等に応じた退職金制度あり ・契約社員Bには退職金制度なし	【適法性 ✕】 ・一般に、退職金はさまざまな法的性格がある ・有為な人材の確保・定着を図る目的をもって無期契約労働者のみに退職金制度を設けることが一概に不合理とはいえない ・契約社員Bの有期雇用契約は原則更新され、定年が65歳と定められていること、控訴人らは10年前後の長期間勤務していること、契約社員Aは無期雇用となり退職金制度が設けられたことを考慮すれば、長年の勤務に

			・対する功労報償部分まで支給しないことは不合理 ・労使間交渉や経営判断の尊重を考慮しても、長期間勤務する契約社員Bに全く退職金を支給しないことは不合理（正社員の4分の1を損害と認めた）
	褒賞	・正社員には、勤続10年ごとに表彰状+3万円の賞金、定年退職時に感謝状+5万円相当の記念品を褒賞として贈呈 ・契約社員Bには褒賞なし	【適法性✕】 ・勤続10年に達した正社員には一律に贈られており、褒賞取扱要領上の要件は形骸化 ・業務内容にかかわらず、一定期間勤続した従業員の褒賞という観点では、正社員と契約社員Bに変わりはない

34 学校法人X事件[1番] (京都地裁　平31.2.28判決　労経速2376号3ページ)

特殊勤務・残業関連手当	大学夜間担当手当	・専任教員には、夜間における大学の授業を担当した場合、大学夜間担当手当が支給されている ・嘱託講師には支給なし	【適法性○】 ・嘱託講師と専任教員との間では職務内容と配置の変更の範囲において大きな相違が認められる ・大学夜間担当手当は、専任教員が日中に多岐にわたる業務を担当しつつ、さらに夜間の授業を担当することの負担に配慮する趣旨の手当としての性格も有している ・大学夜間担当手当と同趣旨の手当を支給していない大学または短大の割合が一番高く、専任教員のみに支給している大学も一定割合存在する

35 学校法人中央学院(非常勤講師)事件[1番]
(東京地裁　令元.5.30判決　労判1211号59ページ)

基本給等	本俸	・全専任教員の平成27年度における平均本俸額は664万9937円（原告が比較対象として主張する専任教員の3年間〔平成25年11月から平成28年10月まで〕の平均年俸額は666万5200円） ・非常勤講師の3年間（平成25年11月から平成28年10月まで）の平均本俸額は年228万3173円	【適法性○】 ・専任教員と非常勤講師は、職務の内容には数々の大きな違いがある ・一般的に経営状態が好調であるとはいえない多くの私立大学における教員の待遇の検討においては、国からの補助金額も大きな考慮要素となるところ、専任教員と非常勤講師とでは補助金の基準額自体に相当大きな開きがある ・原告を含む本件大学の非常勤講師の賃金水準が他の大学と比較しても特に低いとはいえない ・労働組合との合意により、非常勤講師の年俸額を随時増額するなど、非常勤講師の待遇について高水準となる方向で見直しを続けており、原告の待遇はこれらの見直しの積み重ねの結果である ・本件大学においてこれまで長年にわたり専任教員とほぼ遜色ないコマ数の授業を担当し、その中に原告の専門外である科目も複数含まれていたという諸事情を考慮しても、年俸額の相違が不合理であると評価することはできない

住居・家族関連手当	家族手当	・専任教員には続柄に応じて3000円 - 1万6000円を支給 ・非常勤講師には支給なし	【適法性 〇】 ・家族手当は、教職員が家族を扶養するための生活費に対する補助として支給されるものであり、労働者の提供する労務を金銭的に評価して支給されるものではなく、従業員に対する福利厚生および生活保障の趣旨で支給されるもの ・授業を担当するのみならず、大学運営に関する幅広い業務を行い、これらの業務に伴う責任を負う立場にある専任教員としてふさわしい人材を安定的に確保するために、専任教員について福利厚生の面で手厚い処遇をすることに合理性がないとはいえない ・専任教員は、その職務の内容故に、労働契約上職務専念義務を負い、原則として兼職が禁止され、その収入を被告から受ける賃金に依存せざるを得ない
	住宅手当	・専任教員の場合、世帯主には1万7500円、非世帯主には1万円を支給 ・非常勤講師には支給なし	【適法性 〇】 ・住宅手当は教職員の住宅費の負担に対する補助として支給されるものであり、労働者の提供する労務を金銭的に評価して支給されるものではなく、従業員に対する福利厚生および生活保障の趣旨で支給されるもの ・授業を担当するのみならず、大学運営に関する幅広い業務を行い、これらの業務に伴う責任を負う立場にある専任教員としてふさわしい人材を安定的に確保するために、専任教員について福利厚生の面で手厚い処遇をすることに合理性がないとはいえない ・専任教員は、その職務の内容故に、労働契約上職務専念義務を負い、原則として兼職が禁止され、その収入を被告から受ける賃金に依存せざるを得ない
賞与・退職金等	賞与・年度末手当	・全専任教員の平成27年度における賞与および年度末手当の平均額は年278万1975円（原告が比較対象として主張する専任教員の賞与および年度末手当の3年間〔平成25年11月から平成28年10月まで〕の平均額は年294万4178円） ・非常勤講師には支給なし	【適法性 〇】 ・賞与は、被告の財政状態および教職員の勤務成績に応じて支給される ・専任教員は、授業を担当するのみならず、被告の財政状況に直結する学生募集や入学試験に関する業務を含む大学運営に関する幅広い業務を行い、これらの業務に伴う責任を負う立場にある（それ故に労働契約上職務専念義務を負い、原則兼職が禁止されているほか、大学において一定数以上の専任教員を確保しなければならないとされていることも専任教員が他の教員と異なる重要な職責を負うことの現れである） ・一般的に経営状態が好調であるとはいえない多くの私立大学における教員の待遇の検討においては、国からの補助金額も大きな考慮要素となるところ、専任教員と非常勤講師とでは補助金の基準額自体に相当大きな開きがある

			・労働組合との合意により、非常勤講師の年俸額を随時増額するなど、非常勤講師の待遇について高水準となる方向で見直しを続けており、原告の待遇はこれらの見直しの積み重ねの結果である

36 井関松山製造所事件[控訴審]（高松高裁　令元.7.8判決　労判1208号25ページ）

業務関連手当	精勤手当	・無期雇用労働者のうち、月給日給者で、かつ当該月皆勤者に精勤手当（月額基本給に68.11分の1を乗じた額）を支給 ・有期雇用労働者は精勤手当なし	【適法性✕】 ・精勤手当を設けた趣旨は明らかではないものの、支給額および支給実態等、殊に無期有期契約のいかんを問わず、勤務日数といった明確に定められた支給基準により一定額が支給されるものとされており、職務の内容の差異等に基づくものとは解し難い ・1審被告には、賞与と異なり、精勤手当の支給の有無および支給額の多寡について格段の裁量もない ・手当の支給条件の差異について、人事政策上の配慮等の必要性を認めるに足りない ・月給日給者かつ当該月皆勤者のみに所定の額が支給され、月給者には支給されていないことからすると、収入が不安定になりがちな月給日給者に対する配慮に出たことがうかがわれる ・精勤手当の支給につき、無期契約労働者がより難易度の高い定常業務に従事していることによる見返り等であることを認めるに足りる証拠もない
住居・家族関連手当	家族手当・住宅手当	・無期雇用労働者には、扶養家族の続柄および人数に応じて家族手当（2000円～1万円）を支給 ・無期雇用労働者には、扶養者の有無および住宅の別に応じて住宅手当（3500円～1万円）を支給 ・有期雇用労働者は家族手当・住宅手当なし	【適法性✕】 ・家族手当および住宅手当を設けた趣旨は明らかではないものの、支給額および支給実態等、殊に無期有期契約のいかんを問わず、扶養家族の有無およびその人数、賃貸住宅への居住の有無といった明確に定められた支給基準により一定額が支給されるものとされており、職務の内容の差異等に基づくものとは解し難い ・1審被告には、賞与と異なり、家族手当および住宅手当の支給の有無および支給額の多寡について格段の裁量もない ・手当の支給条件の差異について、人事政策上の配慮等の必要性を認めるに足りない
賞与・退職金等	賞与	・無期雇用労働者の平均賞与額は、約36万～39万円程度 ・有期雇用労働者には賞与は支給しないが、夏冬に一律各5万円の寸志を支給	【適法性〇】 ・賞与は、労務の対価の後払い、功労報酬、生活費の補助、労働者の意欲向上等多様な趣旨を含み得るものであり、就業規則や労働契約において支給の定めを置かない限り、当然に支給されるものではないから、支給の有無は、使用者の経営および人事施策上の裁量判断による ・長期雇用を前提とする正社員に対し賞与の支給を手厚くすることにより有為な人材の獲得・

			定着を図るという人事政策上の目的にも相応の合理性が認められる
			・賞与の額は、正社員個人の業績を中心として支給するものとまではいい難く、労務の対価の後払いの性格や人事政策上の目的を踏まえた従業員の意欲向上策等の性格を有している
			・無期契約労働者と有期契約労働者とでは職務責任の範囲等が異なること、有期契約労働者に対し一律に寸志を支給し、また、組長以上の職制として昇進させる途を開いているなど有期契約労働者に対する人事政策上の配慮をしていることからすると、有期契約労働者に対しては寸志の支給に代えるとした1審被告の経営判断には相応の合理性を認めることができる

37 井関松山ファクトリー事件［控訴審］

（高松高裁　令元.7.8判決　労判1208号38ページ）

その他福利厚生手当	物価手当	・無期雇用労働者には、物価手当支給基準の区分により物価手当を支給（職務内容等とは無関係に、労働者の年齢に応じて支給） ・有期雇用労働者には物価手当なし	【適法性✕】 ・物価手当の支給の趣旨は、年齢に応じて増加する生活費の補助にあって、年齢に応じた支給基準により一定額が支給されており、職務の内容の差異等に基づくものとは解し難い ・1審被告には、物価手当の支給の有無および支給額の多寡について格段の裁量もないため、人事政策上の配慮等の必要性を認めるに足りない
賞与・退職金等	賞与	・無期雇用労働者の平均賞与額は、約35万～37万円程度 ・有期雇用労働者には、賞与は支給しないが、業績や評価に基づく一時金として、無期雇用労働者の約4分の1程度の額の寸志を支給	【適法性○】 ・賞与は、労務の対価の後払い、功労報酬、生活費の補助、労働者の意欲向上等多様な趣旨を含み得るものであり、就業規則や労働契約において支給の定めを置かない限り、当然に支給されるものではないから、支給の有無は、使用者の経営および人事施策上の裁量判断による ・長期雇用を前提とする正社員に対し賞与の支給を手厚くすることにより有為な人材の獲得・定着を図るという人事施策上の目的にも相応の合理性が認められる ・賞与の額は、正社員個人の業績を中心として支給するものとまではいい難く、労務の対価の後払いの性格や人事施策上の目的を踏まえた従業員の意欲向上策等の性格を有している ・両者には職務内容等の相違がみられること、有期契約労働者についても相当額の賞与を支給していること、無期契約労働者は基本的に中途採用であり両者の地位には一定の流動性が認められるなど、有期契約労働者に対する人事政策上の配慮が認められることか

			らすると、無期契約労働者と同額の賞与を支給するものとはしないとした1審被告の経営判断には相応の合理性を認めることができる

38 学校法人明泉学園事件 (東京地裁 令元.12.12判決 労経速2417号3ページ)

基本給等	調整手当	・専任教諭（無期契約労働者）には基本給の8%を支給 ・常勤講師（有期契約労働者）は基本給の5%を支給	【適法性 ○】 ・各就業規則または手当規程には、調整手当について「給料を調整するため調整手当を支給する」と規定されており、調整手当が基本給の8%または5%と定められ、基本給の額と連動して毎月固定的に支払われるものであったことを総合すれば、調整手当は、基本給名目で支払われる額との合計で全体として支給される基本給の額を調整するための手当としての性質を有するものであったとみるのが相当である ・専任教諭は、長期間の雇用が制度上予定され、管理職を含めた各役職の大部分に就いて重い職責を負い、重要な業務を担っていたのに対し、常勤講師は、長期間雇用が制度上予定されておらず、管理職を含めた各役職の職責を恒常的に担うことも予定されておらず、重要業務のうち担当しないものもあった ・無期契約労働者である専任教諭と有期契約労働者である常勤講師のそれぞれについて基本給をどのように設定するかにおいて考慮すべき各事情には相当な差異がある ・専任教諭と常勤講師との調整手当の差額が基本給の3%にとどまることも併せて考慮すれば、原告を含む常勤講師が教科教育、クラス担任、クラブ活動の指導等について専任教諭と同様の職務に従事していたことなどの事情を考慮しても、調整手当の相違は不合理であると評価することはできない

39 学校法人X事件[控訴審] (大阪高裁 令2.1.31判決 労経速2431号35ページ)

特殊勤務・残業関連手当	大学夜間担当手当	・専任教員には、夜間における大学の授業を担当した場合、大学夜間担当手当が支給されている ・嘱託講師には支給なし	【適法性 ○】 ・嘱託講師と専任教員との間では、業務の内容（業務の内容および当該業務に伴う責任の程度）について大きな相違がある ・大学夜間担当手当は、専任教員が日中に広範で責任の重い職務を担当しながら、さらに6講時以降の授業を担当することの時間的拘束や負担を考慮した趣旨および性質の手当である ・大学夜間担当手当として支給される月額も著しく多額になるものではない ・嘱託講師の担当授業数の増加に伴う時間的な負担に対しては本俸への加算という形で配慮がされている

40 社会福祉法人青い鳥事件 （横浜地裁　令2.2.13判決　労判1222号38ページ）

休暇等	出産休暇・出産手当金	・無期契約職員には、産前8週間・産後8週間の有給による出産休暇付与 ・有期契約職員には法定どおり（産前6週間・産後8週間の無給による出産休暇付与）	【適法性 ○】 ・無期契約職員についてのみ、全8段階によるグレード制職位が設けられ、グレード6以上の者が管理職として各課長職や就労支援センターの所長等の役職に就くこととされているほか、就業場所や業務変更などの配置転換が予定され、特に専門職としてソーシャルワーカー業務に従事するソーシャルワーカー正社員は、人事制度上、被告の組織運営面に関わる役割を担うことが予定されている ・有期契約職員は、管理職への登用や組織運営面への関与が予定されておらず、業務内容およびその変更の範囲について、無期契約職員とは職務上の違いがある ・被告において、将来グレード6以上の職位に就き、運営面において中核になる可能性のある女性のソーシャルワーカー正社員が、出産を機に仕事を辞めることを防止し、その人材を確保することは、組織運営上の課題であった ・出産休暇・出産手当金の制度は、組織運営の担い手となる職員の離職を防止し、人材を確保するとの趣旨が認められ、合理性を欠くとは認められない ・無期契約職員と有期契約職員との実質的な相違は、基本的には、2週間の産前休暇期間および通常の給与額と健康保険法に基づく出産手当金との差額部分にとどまる

41 トーカロ事件 （東京地裁　令2.5.20判決　労経速2429号26ページ）

基本給等	基本給	・Aコース正社員の基本給は本人給および職能給により構成され、本人給については50歳に達するまで、職能給については55歳に達するまで毎年定期昇給あり ・嘱託社員（有期雇用）の給与は、採用の目的等を勘案して個別に決定するものとされ、毎年定期昇給する旨の内規なし	【適法性 ○】 ・無期契約労働者に支給される本人給は生活給的性格のものであり、職能給は割り当てられた職務の複雑さおよび責任の度合いならびに本人の勤務成績および保有能力に応じ決定される ・Aコース正社員の賃金体系は、長期間の雇用が制度上予定され、雇用期間を通じた能力および役割の向上が期待されているAコース正社員について、年齢に応じた処遇により長期雇用に対する動機付けを図るとともに、能力等に応じた処遇により意欲、能力等の向上を促すもの ・嘱託社員は、長期間の雇用が制度上予定されておらず、期待される能力や役割もAコース正社員より限定的であるから、上記賃金体系を採用することなく、契約期間ごとの合意によって基本給の額を決定することに一定の合理性がある ・Aコース正社員と嘱託社員との間には、担当

			業務の範囲、期待される能力や役割、職務の内容および配置の変更の範囲には一定の相違がある ・長期雇用を前提とする無期契約労働者と短期雇用を前提とする有期契約労働者との間に異なる賃金体系を設けることには、企業の人事上の施策として一定の合理性がある ・有期雇用社員の正社員への登用制度が存在し、同制度が実際にも機能しており、嘱託社員には同制度によって正社員との相違を解消する機会が与えられている
住居・家族関連手当	地域手当	・関東地区に在住するAコース正社員に対しては地域手当を支給（当初は月額3万円、その後段階的に1万円に引き下げ） ・関東地区に在住する嘱託社員には支給なし	【適法性○】 ・地域手当は、平成元年ごろに、他の地区よりも家賃相場が高額であった関東地区において正社員を確保することが困難であったため、将来に向けて安定的に正社員を確保する目的で導入されたものであり、初任給の額が全国一律であるという正社員固有の賃金制度に由来する問題を解消するための手当といえる ・嘱託社員の賃金は、採用の目的等を勘案して個別決定され、家賃の高さその他の各嘱託社員の居住地域固有の事情を考慮して、採用した地区ごとに賃金額を決定することも可能である上、転勤も予定されていないことに照らせば、嘱託社員には、初任給額が全国一律であることから生じた関東地区における正社員の安定的確保という地域手当の支給に係る事情は妥当しない ・被告は、平成14年ごろには、関東地区における正社員の確保困難という状況が解消されたとの認識を有し、同年ごろ以降、地域手当の廃止に向けて企業内労働組合と協議を行い、地域手当を段階的に引き下げ、最終的には同労働組合と妥結して平成30年10月支給分から地域手当を廃止するに至り、このように労使交渉を経て地域手当が廃止されたことを踏まえると、請求対象期間（平成27年2月から平成30年1月）に正社員に対してのみ地域手当（同対象期間中は1万円）を支給していたことには一定の合理性が認められる
賞与・退職金等	賞与	・Aコース正社員に対する賞与は、各人の業績および勤務態度を勘案の上、毎年7月および12月に支給（平成27年から平成29年までの各年に、平均で基本給の約6.2カ月分を支給） ・嘱託社員に対する賞与は、採用の目的等を勘案して個別に決定（原告に対しては、同期間にいずれも基本給の3カ月分を支給）	【適法性○】 ・賞与は労務の対価の後払い、功労報償、生活費の補助、労働者の意欲向上等の多様な趣旨を含み得る上、基本給と密接に関連する位置付けのものである ・Aコース正社員と嘱託社員との間には、職務内容および配置の変更の範囲に一定の相違がある ・長期間の雇用が制度上予定され、雇用期間を通じた能力および役割の向上が期待されているAコース正社員に対し、賞与額を手厚くして優秀な人材の獲得や定着を図ること

			は、人事上の施策として一定の合理性がある
			・Aコース正社員は、年度中に被告の業績が悪化した場合、賞与を不支給とされまたは嘱託社員よりも低額とされる可能性があり、嘱託社員の賞与に係る労働条件がAコース正社員に比して一方的に劣位にあるとは必ずしもいえない
			・嘱託社員には正社員への登用制度により正社員との相違を解消する機会が与えられている

42 学校法人中央学院（非常勤講師）事件［控訴審］
（東京高裁　令2.6.24判決　労経速2429号17ページ）

基本給等	本俸	・全専任教員の平成27年度における平均本俸額は664万9937円（原告が比較対象として主張する専任教員の3年間の平均年俸額は666万5200円） ・非常勤講師の3年間の平均本俸額は年228万3173円	【適法性 ○】 ・専任教員については、1週間に一定時間数（コマ数）以上の授業を担当することおよび学長が必要と認めたときにはそれを超える担当時間数の授業をすることや、専攻分野について研究活動を行うことが労働契約上の義務とされ、本件大学の規程により3年に1回以上は論文を発表することが義務付けられている ・1審原告が専任教員と遜色のないコマ数の授業を担当したことは、本件非常勤講師給与規則の定める条件の下において、自らの意思により1審被告と合意したことに基づくものであり、法学論叢に複数の論文発表をしたのも、義務の履行としてではなく自らの希望によるもの ・1審原告は、専任教員と異なり、労働契約に基づき、教授会における審議、各種委員会委員等の委嘱等の大学運営に関する業務を行う義務を負うことはないなど、専任教員との間には、その労働契約上の義務とその履行としての活動において原判決に説示するような相違がある
住居・家族関連手当	家族手当	・専任教員には続柄に応じて3000円〜1万6000円を支給 ・非常勤講師には支給なし	【適法性 ○】 ・専任教員は、労働契約上、教育活動および研究活動のみならず、大学運営に関する幅広い業務を行う義務や職務専念義務を負うが、大学設置基準により一定数以上の専任教員を確保しなければならないとされていることに鑑みれば、給与上の処遇を手厚くすることによりふさわしい人材を安定的に確保する必要がある ・1審被告から支払われる賃金が1審原告の収入の大半を占めていたものであるが、労働契約上、収入を1審被告の賃金に依存せざるを得ない専任教員とは異なる事情の下にある
	住宅手当	・専任教員の場合、世帯主には1万7500円、非世帯主には1万円を支給 ・非常勤講師には支給なし	【適法性 ○】 ・専任教員は、労働契約上、教育活動および研究活動のみならず、大学運営に関する

323

			・幅広い業務を行う義務や職務専念義務を負うが、大学設置基準により一定数以上の専任教員を確保しなければならないとされていることに鑑みれば、給与上の処遇を手厚くすることによりふさわしい人材を安定的に確保する必要がある ・1審被告から支払われる賃金が1審原告の収入の大半を占めていたものであるが、労働契約上、収入を1審被告の賃金に依存せざるを得ない専任教員とは異なる事情の下にある
賞与・退職金等	賞与・年度末手当	・専任教員には支給 （全専任教員の平成27年度における賞与および年度末手当の平均額は年278万1975円）（原告が比較対象として主張する専任教員の賞与および年度末手当の3年間の平均額は年294万4178円） ・非常勤講師には支給なし	【適法性〇】 ・賞与および年度末手当は、教職員の勤務成績に応じて支給されるものであり、この勤務成績は一定の期間において労働契約上の義務と職責を果たした程度として把握されるところ、1審原告と専任教員とでは担当授業時間数等の労働契約上の義務に相違があることに加え、専任教員は、大学の運営に関する各種の業務を行う義務および責任を負うことなど、原判決に説示するような労働契約上の義務と職責における相違がある ・賞与および年度末手当については、専任教員の教育業務や研究業務の成果の評価が賞与額の算定要素とされてはいないが、上記の点に鑑みれば、一定期間就労したことに対する対価としての性格が、これらが1審原告に支給されないことを不合理であると評価すべきまでに強いものであるということもできない ・1審原告が多数のコマ数の授業を担当し、研究論文を発表してきたことについても、本俸と同様であって、上記の判断を左右するものではない

43 アートコーポレーション事件（横浜地裁　令2.6.25判決　労判1230号36ページ）

| 住居・家族関連手当 | 通勤手当 | ・正社員には支給
・アルバイトには支給なし | 【適法性✕】
・通勤手当は、通勤に要する交通費を補填する趣旨で支給されるものと認められる
・通勤に要する費用は、労働契約に期間の定めがあるか否かによって異なるものではない
・職務の内容および配置の変更の範囲が異なることは、通勤に要する費用の多寡とは直接関連しない |

44 大阪医科薬科大学事件［上告審］
（最高裁三小　令2.10.13判決　労判1229号77ページ）

| 賞与・退職金等 | 賞与 | ・教室事務員である正職員には年2回の賞与（合計：基本給約4.6カ月分）を支給
・アルバイト職員には支給なし | 【適法性〇】
・業績連動でなく、労務の対価の後払いや一律の功労報償、将来の労働意欲の向上等の趣旨を含む
・正職員の基本給は、勤務成績を踏まえ勤務年数に応じて昇給するものとされており、勤続 |

| 休暇等 | 私傷病による欠勤中の賃金 | ・教室事務員である正職員には、欠勤期間中、6カ月間は給料月額の全額を支給し、休職期間中、標準給与の2割を休職給として支給
・アルバイト職員には支給なし | 【適法性 ○】
・正職員が長期にわたり継続して就労し、または将来にわたって継続して就労することが期待されることに照らし、正職員の生活保障を図るとともに、その雇用を維持し確保するという目的で支給される賃金である
・教室事務員である正職員とアルバイト職員の間には職務の内容および配置の変更の範囲に一定の相違がある
・教室事務員である正職員が極めて少数である理由は、人員配置の見直し等に起因する事情があり、また、職種変更のための試験による登用制度が設けられていたという事情が存在する
・アルバイト職員は、長期雇用を前提とした勤務を予定しているものとはいい難いため、雇用を維持し確保することを前提とする制度の趣旨が直ちに妥当するものとはいえない
・1審原告は、勤務開始後2年余りで欠勤扱いとなり、欠勤期間を含む在籍期間も3年余りにとどまり、その勤続期間が相当の長期間に及んでいたとはいい難く、契約が当然に更新され契約期間が継続する状況にあったことをうかがわせる事情も見当たらない |

上段（続き）:
年数に伴う職務遂行能力の向上に応じた職能給の性格を有するものといえる上、おおむね、業務の内容の難度や責任の程度が高く、人材の育成や活用を目的とした人事異動が行われていたことからすれば、賞与は、正職員としての職務を遂行し得る人材確保やその定着を図る等の目的から支給されるものである
・アルバイト職員の業務は相当に軽易であり、教室事務員である正職員とアルバイト職員の職務の内容には一定の相違がある。また、職務の内容および配置の変更の範囲にも一定の相違がある
・教室事務員である正職員が他の大多数の正職員と職務の内容および変更の範囲を異にするに至ったことについては、人員配置の見直し等に起因する事情が存在したものといえること、また、アルバイト職員には正職員等への登用制度が設けられていることは、「その他の事情」として考慮できる

45 メトロコマース事件[上告審]
（最高裁三小　令2.10.13判決　労判1229号90ページ）

| 賞与・退職金等 | 退職金 | ・正社員には、退職金（計算基礎額である本給に勤続年数に応じた支給月数を乗じた金額）が支給される
・契約社員Bには支給なし | 【適法性 ○】
・正社員は、1審被告の本社の各部署や事業本部が所管する事業所等に配置され、業務の必要により配置転換等を命ぜられることもあり、また、退職金の算定基礎となる本給は、 |

			年齢によって定められる部分と職務遂行能力に応じた資格および号俸により定められる職能給の性質を有する部分からなるものとされていた
			・かかる退職金の支給要件や支給内容等に照らせば、当該退職金は、上記の職務遂行能力や責任の程度等を踏まえた労務の対価の後払いや継続的な勤務等に対する功労報償等の複合的な性質を有するものであり、1審被告は、正社員としての職務を遂行し得る人材の確保やその定着を図るなどの目的から、さまざまな部署等で継続的に就労することが期待される正社員に対し退職金を支給することとしたものといえる
			・売店業務に従事する正社員と契約社員Bの職務の内容、職務の内容および配置の変更の範囲には一定の相違がある
			・売店業務に従事する正社員が他の多数の正社員と職務の内容および変更の範囲を異にしていたことについては、1審被告の組織再編等に起因する事情が存在し、また、契約社員Aおよび正社員へ段階的に職種を変更するための登用制度を設け、相当数の契約社員Bを契約社員Aに登用していたことは「その他の事情」として考慮できる

46 日本郵便(佐賀)事件[上告審]
(最高裁一小　令2.10.15判決　労判1229号5ページ)

| 休暇等 | 夏期冬期休暇 | ・正社員には夏期休暇として6月1日から9月30日まで、冬期休暇として10月1日から翌年3月31日までの各期間において、それぞれ3日まで有給の休暇を付与
・時給制契約社員には付与されない | 【適法性 ✕】
・正社員に対して夏期冬期休暇が与えられているのは、年次有給休暇や病気休暇等とは別に、労働から離れる機会を与えることにより、心身の回復を図るという目的があると解され、夏期冬期休暇の取得の可否や取得し得る日数は正社員の勤続期間の長さに応じて定まるものとはされていない
・時給制契約社員は、契約期間が6カ月以内とされるなど、繁忙期に限定された短期間の勤務ではなく、業務の繁閑にかかわらない勤務が見込まれており、夏期冬期休暇を与える趣旨は、時給制契約社員にも妥当するというべき
・正社員と時給制契約社員との間に労働契約法20条所定の職務の内容や当該職務の内容および配置の変更の範囲その他の事情につき相応の相違があること等を考慮しても、両者の間に夏期冬期休暇に係る労働条件の相違があることは、不合理であると評価することができる |

47 日本郵便（東京）事件［上告審］

（最高裁一小　令2.10.15判決　労判1229号58ページ）

| 特殊勤務・残業関連手当 | 年末年始勤務手当 | ・正社員には、12月29日から31日までは1日当たり4000円、1月1日から3日までは1日当たり5000円（実際に勤務した時間が4時間以下の場合は、それぞれ半額）を支給
・時給制契約社員には支給なし | 【適法性 ✕】
・年末年始勤務手当は、12月29日から翌年1月3日までの間において実際に勤務したときに支給されるものであることからすると、郵便業務についての最繁忙期であり、多くの労働者が休日として過ごしている上記の期間において、同業務に従事したことに対し、その勤務の特殊性から基本給に加えて支給される対価としての性質を有するものである
・年末年始勤務手当は、正社員が従事した業務の内容やその難度等にかかわらず、所定の期間において実際に勤務したこと自体を支給要件とするものであり、その支給金額も実際に勤務した時期と時間に応じて一律である
・上記の性質や支給要件および支給金額に照らせば、支給する趣旨は、郵便の業務を担当する時給制契約社員にも妥当する
・正社員と時給制契約社員との間に労働契約法20条所定の職務の内容や当該職務の内容および配置の変更の範囲その他の事情につき相応の相違があること等を考慮しても、両者の間に年末年始勤務手当に係る労働条件の相違があることは、不合理であると評価することができる |
| 休暇等 | 病気休暇 | ・正社員には、私傷病の場合、少なくとも引き続き90日間まで有給の休暇を付与
・期間雇用社員には、私傷病の場合、1年に10日の範囲で無給の休暇を付与 | 【適法性 ✕】
・正社員に対して有給の病気休暇が与えられているのは、正社員が長期にわたり継続して勤務することが期待されることから、その生活保障を図り、私傷病の療養に専念させることを通じて、その継続的な雇用を確保するという目的によるものと考えられ、継続的な勤務が見込まれる労働者に私傷病による有給の病気休暇を与えるものとすることは、使用者の経営判断として尊重し得るものと解される
・上記目的に照らせば、時給制契約社員についても、相応に継続的な勤務が見込まれるのであれば、私傷病による有給の病気休暇を与えることとした趣旨は妥当するというべきである
・1審被告においては、時給制契約社員は契約期間が6カ月以内とされており、1審原告らのように有期労働契約の更新を繰り返して勤務する者が存するなど、相応に継続的な勤務が見込まれているといえる
・正社員と時給制契約社員との間に労働契約法20条所定の職務の内容や当該職務の内容および配置の変更の範囲その他の事情につき相応の相違があること等を考慮しても、私傷病による病気休暇の日数につき相違を設け |

| | | | ることはともかく、これを有給とするか無給とするかにつき相違があることは、不合理であると評価することができる |

48 日本郵便（大阪）事件［上告審］
（最高裁一小　令2.10.15判決　労判1229号67ページ）

| 特殊勤務・残業関連手当 | 祝日給 | ・正社員には、祝日において割り振られた正規の勤務時間中に勤務することを命ぜられて勤務したとき（祝日代休が指定された場合を除く）および祝日を除く1月1日から同月3日までの期間（本事件において、年始期間）に勤務したときに支給
・本件契約社員には支給なし | **【適法性 ✕】**
・祝日給は、祝日のほか年始期間の勤務に対しても支給されるものであり、年始期間については、正社員に対して特別休暇が与えられており、多くの労働者にとって年始期間が休日とされているという慣行に沿った休暇を設けるという目的によるものであると解される
・本件契約社員に対しては特別休暇は与えられず、年始期間の勤務に対しても、祝日給に対応する祝日割増賃金は支給されない
・年始期間の勤務に対する祝日給は、特別休暇が与えられるにもかかわらず最繁忙期であるために年始期間に勤務したことの代償として、通常の勤務に対する賃金に所定の割増しをしたものと解され、正社員と本件契約社員との間の祝日給およびこれに対応する祝日割増賃金に係る労働条件の相違は、特別休暇に係る労働条件の相違を反映したものと考えられる
・本件契約社員は、契約期間が6カ月以内または1年以内とされており、1審原告らのように有期労働契約の更新を繰り返して勤務する者も存するなど、繁忙期に限定された短期間の勤務ではなく、業務の繁閑にかかわらない勤務が見込まれている
・最繁忙期における労働力の確保の観点から、本件契約社員に対して特別休暇を付与しないこと自体には理由があるものの、年始期間における勤務の代償として祝日給を支給する趣旨は、本件契約社員にも妥当する
・正社員と本件契約社員との間に労働契約法20条所定の職務の内容や当該職務の内容および配置の変更の範囲その他の事情につき相応の相違があること等を考慮しても、不合理であると評価することができる |
| | 年末年始勤務手当 | ・正社員には、12月29日から31日までは1日当たり4000円、1月1日から3日までは1日当たり5000円（実際に勤務した時間が4時間以下の場合は、それぞれ半額）を支給
・時給制契約社員および月給制契約社員（本事件において、本件契約社員）には支給なし | **【適法性 ✕】**
・年末年始勤務手当は12月29日から翌年1月3日までの間において実際に勤務したときに支給されるものであることからすると、郵便業務についての最繁忙期であり、多くの労働者が休日として過ごしている上記の期間において、同業務に従事したことに対し、その勤務の特殊性から基本給に加えて支給される対価としての性質を有するものである
・年末年始勤務手当は、正社員が従事した業務の内容やその難度等にかかわらず、所 |

			定の期間において実際に勤務したこと自体を支給要件とするものであり、その支給金額も実際に勤務した時期と時間に応じて一律である ・上記の性質や支給要件および支給金額に照らせば、支給する趣旨は、郵便の業務を担当する時給制契約社員にも妥当する ・正社員と時給制契約社員との間に労働契約法20条所定の職務の内容や当該職務の内容および配置の変更の範囲その他の事情につき相応の相違があること等を考慮しても、両者の間に年末年始勤務手当に係る労働条件の相違があることは、不合理であると評価することができる
その他福利厚生手当	扶養手当	・正社員には、扶養親族の種類等に応じて、扶養親族1人当たり月額1500円〜1万5800円を支給 ・本件契約社員には支給なし	【適法性×】 ・正社員に対して扶養手当が支給されるのは、正社員が長期にわたり継続して勤務することが期待されることから、その生活保障や福利厚生を図り、扶養親族のある者の生活設計等を容易にさせることを通じて、その継続的な雇用を確保するという目的によるものと考えられ、継続的な勤務が見込まれる労働者に扶養手当を支給することは、使用者の経営判断として尊重し得るものと解される ・上記目的に照らせば、本件契約社員についても、扶養親族があり、相応に継続的な勤務が見込まれるのであれば、扶養手当を支給することとした趣旨は妥当するというべき ・本件契約社員は、契約期間が6カ月以内または1年以内とされており、1審原告らのように有期労働契約の更新を繰り返して勤務する者が存するなど、相応に継続的な勤務が見込まれているといえる ・正社員と時給制契約社員との間に労働契約法20条所定の職務の内容や当該職務の内容および配置の変更の範囲その他の事情につき相応の相違があること等を考慮しても、両者の間に扶養手当に係る労働条件の相違があることは、不合理であると評価することができる

49 名古屋自動車学校事件（名古屋地裁 令2.10.28判決 労判1233号5ページ）

基本給等	基本給	・正職員（無期労働契約者）と嘱託職員（定年退職後に再雇用された有期契約労働者）の間で、支給額に差がある（例：定年退職時の額と、嘱託後の額を比較すると、後者の支給率は、定年退職時の額の46.5%となる）	【適法性×】 ・正職員定年退職時と嘱託職員時でその職務内容および変更範囲には相違がなかったにもかかわらず、嘱託職員の基本給は、正職員定年退職時と比較して、50%以下に減額されており、その結果、原告らに比べて職務上の経験に劣り、基本給に年功的性格があることから将来の増額に備えて金額が抑制される傾向にある若年正職員（被告会社において、勤続年数1年以上5年未満の正職員）の基本給をも下回っている

			・正職員定年退職時の賃金総額は、同年代の賃金センサスを下回るものであったところ、原告らの嘱託職員として勤務した期間の賃金総額は、上記の基本給の減額を大きな要因として、正職員定年退職時の労働条件で就労した場合の60%をやや上回るかそれ以下にとどまる ・かかる対応は、労使間の交渉結果が制度に反映された事情もないことから、労使自治が反映された結果であるともいえない ・嘱託職員の基本給は長期雇用を前提とせず年功的性格を含まず、嘱託職員は退職金を受給しており、また、所定の要件を満たせば、老齢厚生年金等の支給を受けることができるが、これらの事情は定年後再雇用の労働者に多く当てはまる事情であり、上記不合理の認定を妨げるものではない ・嘱託職員の基本給が、正職員定年退職時の基本給を60%下回る限度で、労働契約法20条にいう不合理と認められるものに当たると解するのが相当である
業務関連手当	皆精勤手当および敢闘賞（精励手当）	・正職員と嘱託職員の間で、支給額に差がある（例：定年退職時の額と、嘱託後の額を比較すると、後者の支給率は、定年退職時の額の63.6%となる）	【適法性 ✕】 ・皆精勤手当および敢闘賞（精励手当）の趣旨は、所定労働時間を欠略なく出勤することおよび多くの指導業務に就くことを奨励するものである ・上記趣旨は、正職員と嘱託職員で、相違はなく、両者に該当するものである
住居・家族関連手当	家族手当	・正職員には家族手当の支給 ・嘱託職員には支給なし	【適法性 ○】 ・家族手当の趣旨は、従業員に対する福利厚生および生活保障を図ることにある ・正職員は、嘱託職員と異なり、幅広い世代の者が存在し得るところ、そのような正職員について家族を扶養するための生活費を補助することには相応の理由がある
賞与・退職金等	賞与	・正職員には基本給×正職員一律の調整率＋勤務評定分として賞与を支給 ・嘱託職員には賞与という趣旨で嘱託職員一時金を支給（嘱託職員一時金の算定方法は明らかではないが、嘱託職員一時金を正職員の賞与の算定方法により計算した場合、正職員の基本給×正職員一律の調整率の額にも満たないものとなる）	【適法性 ✕】 ・原告らは、被告の正職員として定年退職した後に嘱託職員として有期労働契約により再雇用された者であるが、正職員定年退職時と嘱託職員時でその職務内容および変更範囲には相違がなかった一方、原告らの嘱託職員一時金は、正職員定年退職時の賞与を大幅に下回る結果、原告らに比べて職務上の経験に劣り、基本給に年功的性格があることから将来の増額に備えて金額が抑制される傾向にある若年正職員の賞与をも下回るばかりか、賃金の総額が正職員定年退職時の労働条件を適用した場合の60%をやや上回るかそれ以下にとどまる帰結をもたらしているものであって、このような帰結は、労使自治が反映された結果でもない以上、賞与が多様な

330

趣旨を含み得るものであること、嘱託職員の賞
与が年功的性格を含まないこと、原告らが退
職金を受給しており、要件を満たせば高年
齢雇用継続基本給付金および老齢厚生年金
（比例報酬分）の支給を受けることができたこと
といった事情を踏まえたとしても、労働者の生
活保障という観点からも看過し難い水準に達し
ているというべきである
・原告らの基本給を、正職員定年退職時の
60%の金額であるとして、各季の正職員の賞
与の調整率を乗じた結果を下回る限度で、
労働契約法20条にいう不合理と認められるも
のに当たると解するのが相当である

■執筆者紹介

相良 朋紀　さがら とものり

TMI総合法律事務所　顧問弁護士

1967年東京大学法学部卒業。69年裁判官任官。一貫して民事裁判に携わるとともに、東京地裁において労働事件専門部の裁判長を務めた。司法研修所において民事裁判教官、裁判官研修担当教官、所長を歴任。仙台および広島の各高等裁判所長官を経て、2010年定年退官。10年弁護士登録（第一東京弁護士会）、TMI総合法律事務所顧問弁護士就任。

藤井 基　ふじい もとい

TMI総合法律事務所　パートナー弁護士

1993年東京大学法学部卒業。95年東京大学大学院法学政治学研究科修士課程専修コース修了。97年司法修習終了（49期）、弁護士登録（東京弁護士会）、TMI総合法律事務所入所。2003年南カリフォルニア大学ロースクール卒業（LL. M.）、ロンドンのシモンズ・アンド・シモンズ法律事務所勤務。04年ニューヨーク州弁護士資格取得、TMI総合法律事務所復帰。主に労働関係の分野を取り扱う。

近藤 圭介　こんどう けいすけ

TMI総合法律事務所　パートナー弁護士

2005年中央大学法学部卒業。05年司法試験合格。07年司法修習終了（60期）、弁護士登録（東京弁護士会）、TMI総合法律事務所入所。18年パートナー就任。主に、労働関係、M&A、一般企業法務の分野を取り扱う。主な著書として、『個別労働トラブルにおける和解のポイントと条項例』（新日本法規、2020年、共著）、『労働時間の法律相談』（青林書院、2020年、共著）、『M&Aにおける労働法務DDのポイント（第2版）』（商事法務、2020年、共著）、『新労働事件実務マニュアル（第5版）』（ぎょうせい、2020年、共著）等多数。

相澤 恵美　あいざわ えみ

TMI総合法律事務所　アソシエイト弁護士

2008年慶應義塾大学法科大学院卒業。08年司法試験合格。09年司法修習終了（新62期）、弁護士登録（東京弁護士会）、TMI総合法律事務所入所。主に、労働関係、訴訟一般を取り扱う。主な著書として、『個別労働トラブルにおける和解のポイントと条項例』（新日本法規、2020年、共著）、『M&Aにおける労働法務DDのポイント（第2版）』（商事法務、2020年、共著）、『企業のためのサイバーセキュリティの法律実務』（商事法務、2016年、共著）等。

本木 啓三郎　もとき けいざぶろう

TMI総合法律事務所　アソシエイト弁護士

2010年慶應義塾大学法科大学院卒業。10年司法試験合格。11年司法修習終了（新64期）、弁護士登録（第二東京弁護士会）、TMI総合法律事務所入所。主に、M&A、労働関係、一般企業法務の分野を取り扱う。主な著書として、『業務委託契約書作成のポイント』（中央経済社、2018年、共著）。TMI月例セミナー「従業員による不祥事への対応」など、多数のセミナーにて講師を務める。

大村 麻美子　おおむら まみこ

TMI総合法律事務所　アソシエイト弁護士

2012年中央大学法科大学院卒業。12年司法試験合格。13年司法修習終了（66期）、弁護士登録（東京弁護士会）、TMI総合法律事務所入所。主に、労働関係、知的財産、一般企業法務の分野を取り扱う。主な著書として、『契約類型別 債権法改正に伴う契約書レビューの実務』（商事法務、2019年、共著）。

藤巻 伍　ふじまき ひとし

TMI総合法律事務所　アソシエイト弁護士

2013年中央大学法学部卒業。14年司法試験合格。15年司法修習終了（68期）、弁護士登録（第一東京弁護士会）、TMI総合法律事務所入所。主な著書として、『業務委託契約書作成のポイント』（中央経済社、2018年、共著）。TMI特別セミナー「働き方改革に関する実務的対応」やTMI月例セミナー「外国人雇用のいろは」など、多数のセミナーにて講師を務める。

■執筆事務所紹介
TMI総合法律事務所

TMI総合法律事務所は、新しい時代が要請する総合的なプロフェッショナルサービスへの需要に応えることを目的として、1990年10月1日に設立。設立以来、「国際化そしてさらにボーダーレスな世界に進もうとしている新しい時代への対応」「専門性の確立」「専門領域の総合化」といった設立時の基本コンセプトを絶えず念頭に置きつつ、企業法務、知的財産、ファイナンス、倒産・紛争処理を中心に、高度で専門的な法律判断と、総合的な付加価値の高いサービスを提供できる体制を構築している。

労働法プラクティスグループ

TMI総合法律事務所内で人事労務に精通した弁護士で組織。元東京地方裁判所労働部 部総括裁判官や厚生労働省出向経験者、元主任労働基準監督官などをはじめ、豊富な知識と経験を有する弁護士を擁し、さまざまな労働問題に対して最良のアドバイスを提供している。

カバー・本文デザイン／株式会社ライラック
印刷・製本／株式会社加藤文明社

第2版
同一労働同一賃金 対応の手引き

2019年 7 月26日　初版発行
2021年 3 月28日　第 2 版発行

編著者　TMI総合法律事務所 労働法プラクティスグループ
発行所　株式会社　労務行政
　　　　〒141-0031　東京都品川区西五反田3-6-21
　　　　　　　　　　住友不動産西五反田ビル3階
　　　　TEL：03-3491-1231
　　　　FAX：03-3491-1299
　　　　https://www.rosei.jp/

ISBN978-4-8452-1393-1
定価はカバーに表示してあります。
本書内容の無断複写・転載を禁じます。
訂正が出ました場合、下記 URL でお知らせします。
https://www.rosei.jp/static.php?p=teisei